致，大彤彤，

鲁北岁月，你的绘画，温暖我心。

书与事：开放的隐居

Books & Stories：The Opening Secrets

唐玉雪◎著

文化发展出版社
Cultural Development Press

图书在版编目（CIP）数据

书与事：开放的隐居 / 唐玉雪著 . -- 北京：文化发展出版社，2017.11
ISBN 978-7-5142-1995-1

Ⅰ . ①书… Ⅱ . ①唐… Ⅲ . ①散文集－中国－当代
Ⅳ . ① I267
中国版本图书馆 CIP 数据核字（2017）第 278385 号

书与事：开放的隐居

著　　者：唐玉雪

出 版 人：武　赫
责任编辑：肖贵平
执行编辑：罗佐欧　　　　责任校对：岳智勇
责任印制：杨　骏　　　　责任设计：侯　铮
排版设计：青岛蓝科世纪信息咨询有限公司

出版发行：文化发展出版社（北京市翠微路 2 号　邮编：100036）
网　　址：www.wenhuafazhan.com
经　　销：各地新华书店
印　　刷：北京富达印务有限公司
开　　本：889mm × 1194mm　1/16
字　　数：315 千字
印　　张：17
印　　次：2018 年 1 月第 1 版　2018 年 1 月第 1 次印刷
定　　价：39.80 元
I S B N：978-7-5142-1995-1

◆ 如发现任何质量问题请与我社发行部联系。发行部电话：010-88275710

日过正午时，大梦初醒来

—— 为《书与事 —— 开放的隐居》序

“我认出风暴而激动如大海。”

奥地利诗人里尔克《预感》一诗里的金句，在老唐的《书与事》中的出镜率仅次于那句向马尔克斯致敬而融入他整个写作姿态中的“多年以后”。而当我企图用一句话概括阅读《书与事》的感受时，发现再也没有比这句话更兼具抽象与具象的概括力的了。

未见老唐有30年了。30年前高考结束的那个夏天，任凭我有再驰骋无羁的想象力，也绝不会想到，“多年以后”，我会给老唐的书写序。

我与老唐是同级文科的邻班同学，高中时代没有任何交集，从没有说过话，大约只是相互知道姓名。老唐知道我的姓名大概是因为我成绩不错，算一枚学霸。而我知道老唐的姓名，则是因为他当年即有“才子”之名。

当年，大多数如我一样至少表面看起来循规蹈矩的好学生，在一所省重点高中的高压生活中，几乎都浸透于不得不服从某种体制的悲情与古板 —— 对于与高考分数无关的爱好（包括真正意义上的课外阅读）怀有一种近乎原罪的心理。高考就是我们的宗教，课本就是我们的教义，我们熟知那教义的每一页的内容，以及每一页下面的注释中蝇头小字的内容。老唐则是一个扎眼的异数，就像是混在我们这云云鸦群中的一只大雁 —— 据说他读了很多很多的书，超出我们贫瘠的想象。

阅读的深广只是一个方面，更重要的是，老唐还会写，有激情并有自己的思维和思想。不过高中时代我并没有看过老唐的文章，对他最直观的印象倒是来自某年的某次学生联欢会，老唐唱了一首《毕业生》，是歌手张明敏改编翻唱电影《毕业生》中的经典歌曲 Scarborough Fair。匮乏艰苦的物质生活的倾轧与青春激情的燃烧同时作用在那个少年人的身上，双向造就了他的瘦——文艺而野性，飞扬而深情，赤诚而忧郁，与那首歌的旋律和味道恰好相互阐释。“蝉声中，那南风吹来，校园里，凤凰花又开……”

在阅读《书与事》的过程中，任凭老唐不断在文字中提醒，现在的他已经从“玉树临风”的少年变成了“玉树婆娑”的有了啤酒肚的中年男，我的记忆依旧被当年的那个少年形象顽固占据着，无法将他与我身边惯常所见的中年发福男的庸常形象联系起来。

其实，从某个层面上也可以说，老唐一直是个少年人，那一股保持敏锐痛感、追问生命价值，与时间对抗、与麻木平庸对抗的激情30年不散，而阅读和书写正是他的两种硬兵器。

真正对老唐的阅读有所了解，始于2010年的秋天。那时候，我正沉醉于写书评和文艺评论，博客经营得小有规模。有一天，博客上收到一个陌生人的信息，自称唐玉雪——这是我与老唐的第一次直接交流，于是我们成了网络文友。正好我刚建了一个QQ读书群，老唐就自然而然成了那个读书群的精神领袖，我也得以粗粗领略老唐精神殿堂的轮廓——文艺、历史、哲学、电影、音乐，相互错综交织，一个庞大的阅读和认知体系。我这个北师大文学硕士在这样的体系面前自惭形秽，甘当小学生。那段时间，经常对老唐说的话是“老唐，给我开个书单吧”，或者“老唐，这本书应该买哪个版本”。我也多次调侃过，要跟老唐读个文学博士学位。惭愧的是，我按照老唐的指点狂买了不少书，却有很多没有好好看，就分心忙别的去了，更怕被追问细节，就干脆不再跟他提起。半年之后，读书群因为一些原因解散，我与老唐就成了偶尔网上打个招呼的状态，但知道相互都有一份建立于书和文字之上的信任——真人对真人，心无芥蒂。

不过，半个月前老唐请我给《书与事》写序的时候，我还是挺意外的。半个月来，我于各种琐碎事务之余，一次次将自己抛进老唐的文字之河流中，其间多次激动地想拿起电话跟他谈谈，又都按下了这样的念头，让情绪平复——情绪，我们这种老文青从来不缺情绪，缺的是真正的思考。老唐这本书，使我真正走进他的精神殿堂，系统地领略了他的阅读时空和思考体系——超越情绪，深入思考，缔造思想体系，进行形而上的终极追问。这也正是老唐区别于普通老文青的醒目标志。

自缚于生命情绪而伤春悲秋、醇酒妇人，或死死抓住浪漫主义感伤的船舷而不服老，是大多普通文青的标配。即使如李宗盛，也几乎没有出离这个层级。李宗盛等著名的老文青当然各有才华，甚且横溢，但那才华的头顶覆着思想的天花板，所谓飞翔，也就像是在“楚门的世界”中幻觉自由。

粗略概括一下老唐在这本书中提供的思考，我想大约可以从两个方面切入：一是以世界文学与哲学研究为依托，结合世界历史与现实，从世界范围对极权思维与极权体制进行了系统的盘点、清算与思考，其中老唐用“咸鱼～烤鱼”的隐喻，对中国近现代历史的拟流水账式的重新书写，堪称奇思妙想；二是以书、电影、音乐为纬，以个人生活经历和生命体验为经，对生命意义执着追问，字里行间高密度分布着他的行与思、爱与痛，这个层面以最后部分的《天外飞仙》为大终结。

法国女权主义先锋、龚古尔文学奖获得者西蒙娜·德·波伏瓦有一部小说，叫《人总是要死的》，其中讲到有一个人活了600年，因为时间太长而无聊之至，他曾经一觉睡了60年。因为他总是不死，甚至令他的爱人感到愤怒——“抚摸一只永不衰老的手，是令人恶心的”。

波伏瓦想表达的是：如果人的生命无限长，那么此世人生的所有意义也就不复存在。换句话说，正是因为人生有限，当人直面这个真相的时候，才有可能从混沌走向生命意识的觉醒。自从生命意识觉醒的那一天起，人就开始了与时间的对抗，用记忆，用艺术，用文字，用影像……人类的整个看似浩繁的文化财产，其实都可以看作是生命意识与时间进行绝望对抗的成果。在多种方式的对抗中，人生变得多维、更多维……一辈子活成了几辈子。

老唐的这本书，从表层看，莫不是用记忆和文字与时间进行的对抗，在这个层面，老唐用白描的手法，藉由自己非常个人化的经历和生命体验，勾画出了出生于1969年前后的整个一代人的精神轮廓。

与此同时，因为老唐对这种对抗有着清醒的觉知，从而形成了另一个深度层面——对这种对抗进行的再审视与再挖掘，从而使时间发生了弯曲，直至冲破线性时间的局囿，达到变向和自由嫁接、自由生成。穿过这层层的镜像，追寻的是生命形而上的意义，以及灵魂的出路。

于我而言，后者才是最能激起我好奇心与热情的部分，可以坦诚地说，我对此有强烈的窥探欲望——如老唐这样纯粹而执着的阅读与思考者，到底可以走到哪一个层面。以至于，在阅读的过程中，我一直期待着一个特殊的时刻——穿过老唐的阅读丛林，以及他赤子般袒露的个人生活经历和生命体验，我将看到灵魂于终点的必然等待。

我真的等到了。当我看到最后几章所列的书目中出现了《悉达多》、《新约》及《天外飞仙》（他个人的文学创作）的时候，好奇心瞬间被点亮。我就像一个饥肠辘辘的人面对着一桌精美食物，既想粗暴饕餮，又怕暴殄天物。

显而易见的是，《书与事》已经触摸到了最普世的、最终极的思考。不过，看完最后的部分之后，我感觉自己的饥肠还没有得到足够的安慰，意犹未尽。大概，这也是我在《书与事》之后依旧会对老唐的文字怀有巨大热情和期待的理由。

我和老唐同龄，即使按照比较乐观的标准，我们的自然生命也属于日过正午的时候了。到了这个年纪，意识到大梦初醒来之后，总难免有深刻的惆怅。

这个时候，老文青们最常见的应对手法就是不服老。

对于自然生命的服老或不服老其实并不关键。别效仿某些著名的老文青而停留于浪漫主义的感伤情绪，别自傲于对抗时间的世俗才华，继续往前走、往上走，直面形而上的深渊，倾听和记录来自彼岸的回响。

这是我对老唐的期待，也是对他潜力的信任。当然这也不排除我的私心——得以继续用老唐的文字滋养思想，慰藉灵魂。

夜　深

——2017 年 8 月 16 日，美国密西根，Ann Arbor

作者自序

2013 年初，因着工作的关系，我前往鲁北的滨州，并从此开始我的工作、隐居生活。

每天，我完成了白天的事情，做完当天的工作总结、计划好次日将展开的问题解决方案，已是太阳西沉。一天里，开放的时间已经过去，隐居的时间正在来临。我打开书页，开始在书籍的海洋里遨游。生活中物理的太阳落下了，而精神的太阳却在执拗地升起。或者，昨天的太阳已经沉入山谷，今天的太阳却即将升起。此时，如果没有记录下这些所看、所思、所感、所想，将来在历史的法庭上，我们又将何以自处、何以辨白？

我的日常生活，如同我在滨州的隐居，如同这本书的名字《书与事，开放的隐居》。

其中，我的工作是开放的，而阅读是隐秘的；书的形象是开放的，而书的内容是隐秘的；事情的概括是开放的，而事情本身是隐秘的；同样，书是开放的，事是隐秘的；文字是开放的，感悟是隐秘的。

这也是生活已被割裂而成的两个部分。

不知不觉中，三年的时间就这样过去了。三年里，我在完成日常的职业工作之余，林林总总地阅读、翻看了三百多本中外书籍。阅读的生活是有章可循、有路径可依的。我记录下这些所思所感，作为给自己、以及对在鲁北三年时间的某种总结和回顾，或是某种因循的线路。正如我的师弟郭士清先生所说过的，身处于这个时代的人们，都应该有一种自觉、前瞻的记录意识和考古意识，都有义务记录下今天的一切，以便留存给未来的考古学家，并向他们预先证明：我们所处的世界，确实曾经存在过一个叫做“太阳”的东西，而不只是象他们所习以为常见到的那样，只有雾霾的白天。

将三年里阅读的经历汇集成书的想法，起源于2015年接近年底的一个上午。那天，深秋的寒风乍起，空气清冽，萧瑟依旧。我一上午奔波几十里，把老迈的车子进行了保养，回到空无一人的工地上。荒草连天，折射出我所置身的区域经济的萧条。在这里，空气也是社会经济的晴雨表，它的清洁与污染程度与经济的涨落之间存在着某种奇怪的反比关系。我的桌子上放着刚刚读完的西尔万·泰松的《在西伯利亚森林中》。在他的书中，他讲述了自己在贝加尔湖边隐居六个月的记录，每天散步，钓鱼，与零下三十度的低温对峙，阅读，并借助于与书的对话，实现与自己的和解。六个月，如同一生。

在我的面前，还有梭罗的《瓦尔登湖》，以及李总理夫人程虹女士翻译的自然主义经典《心灵的慰藉》，一部非同凡响的地域和家族史。我在想，在经历了如许之多的城市的喧嚣和倾轧之后，一个人，是不是只能在自然主义的森林和湖泊中寻得安慰？

时间像是凝固了。

我忽然想起，从某种程度上说，我也是在某个远方的城市隐居，经历着生活和职业的中年危机，并需要借助于工作和阅读来认识和发现自己。在阅读疲惫的时候，我看一眼女儿从遥远的另一座城市通过智能手机传来的经过加工和美化了的自己的美图，这样的休憩，让我在阅读的间隙里筛选灵感。我没有像西尔万·泰松那样隐居在西伯利亚的森林中，而是隐居在城市火热的工作和生活中。我并没有离群索居，我一边置身、并深深地融入社会，一边在社会滚滚向前的经济洪流中独善其身，保持内心的平静与和谐。这是我自愿选择的生活，也是我心仪的自在的生活方式。

开放和隐居，其实并没有什么矛盾，也不是什么噱头。我在这样的纠结里没有崩溃，也没有发疯。我从中体味到了幸福和自由，它就是生活本身。

在欧文·斯通最为著名的传记文学《渴望生活·梵高传》中，斯通以近乎完美的文学艺术的形式，描述了走向绘画创作成熟期的梵高的形象。那时的文森特·梵高，精神上已经出现了癫痫的症状。他在田野里支好了画架，并在幻觉中看到了他心中代表着自己对艺术的执着的女神玛雅。他对玛雅倾诉着自己生活的艰难、以及对于绘画的热爱，而实际上他正在把那些发疯的颜料向着空白的画布涂抹。几个小时以后，筋疲力尽的文森特扑倒在田野的土地上，他的胡子上沾满了泥土。他脑海里的幻觉消失了，眼前的颜料却渐渐地干透。它被文森特卷起来，带回那座有着橘黄色墙壁的旅馆的房间。从那以后，直至文森特死去的很多年以后，直至今天、未来的几百年以后，甚至直至人类的末日，这幅画被收藏在卢浮宫里，它震惊世界，并走进永恒。

这一段文字，从我看到的那一刻，便一直在感动着我。

2016 年 1 月，我与履职所在的单位签署的劳动合同即将在一个半月后到期。我提交了解除协议的申请。白天，我按照合同规定，有条不紊地整理好手头的工作和物品，与即将离别的同事们进行交接；夜里，我则在仍然可以使用的办公室里，整理三年来一千多个夜晚读书、思考、感悟、回忆的心得和成果，并在此基础上，完成了凝结着我一直以来阅读和执着目标的小说《天外飞仙》。我并没有像文森特·梵高那样发疯，我与他一样热爱生活，热爱艺术，热爱美，热爱阅读。对于我来说，我与这些元素是融洽、融合、和解的。归根结底，这些元素构成了我的生活。

谨以此书献给我的女儿。滨州岁月，她的绘画与笑脸，与我案头的书籍一起，给我安慰，并陪伴我一起度过在鲁北平原上的漫长而短暂的三年、一千多个日日夜夜。

是为序。

2016 年 2 月 1 日

目 录

日过正午时,大梦初醒来 …………………………………………… 深 夜 1

作者自序……………………………………………………………………… 1

2013 年 2 月 ………………………………………………………………… 003

汉娜·阿伦特:《黑暗时代的人们》

马尔罗:《反回忆录》

凯鲁亚克:《在路上》

今何在:《悟空传》《我的征途是星辰大海》

2013 年 3 月 ………………………………………………………………… 013

尼葛洛庞帝:《数字化生存》

沃尔特·艾萨克森:《乔布斯传》

查克·马丁:《决胜移动终端》

凯文·凯利:《失控》

丹尼尔·贝尔:《后工业化社会的来临》

2013 年 4 月 ………………………………………………………………… 019

切斯瓦夫·米沃什:《被禁锢的头脑》

波兰斯基:《波兰斯基自传》

范斯坦：《俄罗斯的安娜》

钱理群：《1948：天地玄黄》

2013年5月 …………………………………………………………………… 029

王鼎钧：《回忆录四部曲》(《昨天的云》《怒目少年》《关山夺路》《文学江湖》)

齐邦媛：《巨流河》

龙应台：《大江大海1949》

简帧：《水问》

2013年6月 …………………………………………………………………… 037

岳南：《陈寅恪与傅斯年》

刘海军：《束星北档案》

陈徒手：《故国人民有所思》

黄延复、钟秀斌：《一个时代的斯文：梅贻琦先生平生》

2013年7月 …………………………………………………………………… 045

傅高义：《邓小平时代》

邓榕：《我的父亲邓小平·激情年华》《我的父亲邓小平·文革岁月》《我的父亲邓小平·戎马生涯》

亨利·基辛格：《论中国》《世界秩序》

2013年8月 …………………………………………………………………… 056

茨维塔耶娃：《茨维塔耶娃诗选集》《茨维塔耶娃散文集》《茨维塔耶娃自传》

伊利亚·爱伦堡：《人·岁月·生活》(上、下)

夏加尔:《自传:我的生活》

2013年9月 ………………………………………………………… 065

卡尔·巴特:《罗马书释义》

罗素:《西方哲学史》

远藤周作:《深河》

钱文忠:《玄奘西游记》(上、下)

2013年10月 ………………………………………………………… 074

曼德尔斯塔姆:《曼德尔斯塔姆诗选》

娜杰日达·曼德尔斯塔姆:《曼德尔斯塔姆夫人回忆录》

索尔仁尼琴:《古拉格群岛》(上、中、下)

北岛:《时间的玫瑰》

2013年11月 ………………………………………………………… 081

马克·欧文、凯文·莫勒:《艰难一日》

汤姆·布罗考:《美国最伟大的一代如是说》

吉姆·德怀厄、凯文·佛林:《9·11的102分钟》

艾伦·索尔金:《新闻编辑室第一季·7:五月一日》

2013年12月 ………………………………………………………… 087

特拉克尔:《特拉克尔全集》

卡尔维诺:《看不见的城市》

莱昂纳德·科恩:《渴望之书》

特朗斯特罗默:《记忆看见我》《巨大的谜语》

于荣健:《虚位以待》

2014 年 2 月 …………………………………………………………………………… 101

勒克莱齐奥:《战争》

拉莱 · 柯林斯、多米尼克 · 拉皮埃尔:《巴黎烧了吗?》

欧文 · 斯通:《渴望风流：毕沙罗传》

约翰 · L · 雷克特:《智利史》

朱祥忠:《外交官带你看世界：智利》

2014 年 4 月 …………………………………………………………………………… 110

马尔克斯:《百年孤独》《霍乱时期的爱情》《族长的没落》《没有人给他写信的上校》《格兰德大娘的葬礼》《番石榴飘香》

萨尔迪瓦尔:《回归本源 —— 马尔克斯传》

2014 年 5 月 …………………………………………………………………………… 121

卡赞扎基斯:《自由与死亡》

玛格丽特 · 杜拉斯:《抵挡太平洋的堤坝》

西蒙娜 · 德 · 波伏娃:《名士风流》《女客》

罗伯 · 格里耶:《嫉妒 · 去年在马里安巴》

2014 年 7 月 …………………………………………………………………………… 128

巴别尔:《骑兵军》《敖德萨故事》

陀思妥耶夫斯基:《卡拉马佐夫兄弟》(上、下)

2014 年 8 月 …………………………………………………………………………… 134

奥克塔维奥 · 帕斯:《太阳石》

普鲁斯特:《追忆逝水年华》(上、中、下)

阿兰 · 德波顿:《拥抱逝水年华》

2014年10月 …………………………………………………………… 142

佛鲁姆:《健全的社会》《逃避自由》

赫伯特·马尔库塞:《单面人》

迈克尔·桑德尔:《哈佛公开课·伦理学·公正》

卡赞扎基斯:《希腊人卓尔巴的传奇人生》

2014年12月 …………………………………………………………… 147

保罗·奥斯特:《幻影书》《神谕之夜》《纽约三部曲》《布鲁克林的荒唐事》《孤独及其所创造的》

阎连科:《炸裂志》

2015年1月 …………………………………………………………… 155

欧文·斯通:《马背上的水手:杰克·伦敦传》

今何在:《西游·降魔篇》

熊培云:《我是即将到来的日子》

张大春:《大唐李白·少年游》《大唐李白·凤凰台》

2015年2月 …………………………………………………………… 163

凯文·凯利:《技术元素》

克里斯·安德森:《创客》

查尔斯·亚瑟:《数字战争》

尼古拉斯·塔勒布:《黑天鹅:应对不可预知的未来》

祝道松:《企业研究方法》

埃德蒙·菲尔普斯:《大繁荣:大众创新如何带来国家繁荣》

2015 年 3 月 …… 171

帕斯卡·梅西耶:《里斯本夜车》

马尔罗:《人的境况》

茅于轼:《中国人的焦虑是从哪里来的》

卡洛斯·富恩特斯:《墨西哥的五个太阳》

2015 年 4 月 …… 178

梭罗:《瓦尔登湖》

特利·威廉斯:《心灵的慰藉》

西尔万·泰松:《在西伯利亚森林中》

刘慈欣:《三体》《黑暗森林》《死神永生》

阿西莫夫:《神们自己》

2015 年 5 月 …… 186

黑泽明:《蛤蟆的油：黑泽明自传》

伯格曼:《夏夜的微笑》

陈焱:《好莱坞模式：美国电影产业研究》

玛格丽特·杜拉斯:《情人·乌发碧眼》《来自北方的中国情人》

韩寒:《后会无期》

汤姆·霍珀:《悲惨世界》（2012 年版）

周星驰:《西游·降魔篇》

克里斯托弗·诺兰:《星际穿越》

约翰·拉赛特:《超能陆战队》

米哈伊尔·卡拉托佐夫:《雁南飞》

许鞍华:《黄金时代》

2015 年 7 月 …… 196

钱穆:《国史大纲》(上、下)

裴士峰:《天国之秋》

薛爱华:《朱雀——唐代的南方意象》

蒋廷黻:《中国近代史》

2015年8月 …… 203

苏珊·阿布哈瓦:《大卫的伤疤》

阿莫斯·奥茨:《我的米海尔》

拉莱·柯林斯、多米尼克·拉皮埃尔:《为你,耶路撒冷》(上、下)

阿多尼斯:《我的孤独是一座花园》

2015年9月 …… 210

加来道雄:《平行宇宙》

曹天元:《上帝掷骰子吗》

阿西莫夫:《银河帝国三部曲》《永恒的终结》《我,机器人》

2015年10月 …… 220

伯尔尼埃:《科莱利上尉的曼陀铃》

汉娜·阿伦特:《在过去与未来之间》

萨尔曼·拉什迪:《羞耻》

费尔斯坦纳:《保罗·策兰传》

2015年11月 …… 229

赫尔曼·黑塞:《乔达摩·悉达多》

塞利纳:《茫茫黑夜漫游》

今何在:《若星汉天空》《西游日记》

勒克莱齐奥：《奥尼恰》

2015年12月 ………………………………………………………………… 239

沃尔克特、聂鲁达、布罗茨基等：《最明亮与最黑暗的》

穆德爽（筱木）：《米斯特拉尔传》

帕勃罗·聂鲁达：《聂鲁达自传》

斯卡尔梅达：《邮差》

后 记……………………………………………………………………… 250

2013年

此刻，夜深人静。我即将入睡。在这静寂里，山东半岛广袤的大平原上，我与世隔绝了。我沉醉于齐鲁文化的浸泡，我想象着，忽然之间会有一首歌吹走了阴霾的日子，并在我心里涌上某种微醺。我在想象中看到，公寓楼前4月初的春日，桃花盛开，艳若娇女，面对妖妖之桃林，我心空空如深谷、如风箱、如老竹，我置身于桃林之中，宛如置身于夏加尔画笔下的村庄，那绿色的树木，升起炊烟的农舍，睁开无辜大眼睛的山羊和牛马，飘逸在空中的亲吻着的情侣，挤奶的农妇，还有草帽，空气，家乡的河流，鱼群。我的心里偶尔闪过某种恍惚：一直以来，我是否只学会了工作的艺术，而忽视或尚未学会生活的艺术？

2013年2月

【阅读书目】

汉娜·阿伦特:《黑暗时代的人们》

马尔罗:《反回忆录》

凯鲁亚克:《在路上》

今何在:《悟空传》

《我的征途是星辰大海》

法明道:“你不苦学,如何得我衣钵?”

玄奘道:“其实我要学的,你又教不了我。”

法明道:“你想学的是什么呢?”

玄奘抬起头,望望天上白云变幻,道:

“我要这天,再遮不住我眼;要这地,再埋不了我心;要这众生,都明白我意;要那诸佛,都烟消云散!”

这句话一出,便犹如晴天一声霹雳!

那西方无极世界如来佛祖忽然睁眼惊呼:“不好!”

观音忙上前问道:“师尊何故如此?”

如来道:“是他!他又回来了!”

——今何在《悟空传》

一

1976年，20世纪法国文坛的传奇人物安德烈·马尔罗，在病床上平静地结束了自己非凡的一生。在他生命的70年里，他是作家、政治家、冒险家、报人、编辑、艺术评论家和鉴赏家。他还是西班牙内战期间志愿飞行队的首领。在第二次世界大战期间，他还亲自驾驶着坦克，在前方与德国纳粹军队作战。后来他被俘，被假枪毙，受伤逃亡。1945年以后，他追随着法国总统戴高乐，在政府里担当文化部部长，先后访问了他在年轻时代冒险期间曾经到达过的中国、越南、印度、日本等地。在他的《反回忆录》里，我看到记录和叙述的他曾经访问毛泽东刘少奇、周恩来、陈毅以及印度总理尼赫鲁和日本天皇等人时的情景。1972年，中美建交前夕，当时的美国总统尼克松为了了解中国领导人的信息，与基辛格等人准备案头功课，还亲自阅读马尔罗的有关中国的著作，并亲自把马尔罗邀请到美国，跟他攀谈关于中国、关于毛泽东和周恩来的情况。但很不幸的是，马尔罗在回忆录中的记录，是一堆让人感到沮丧的文字，他写道："这些事情真实发生过吗？还是只是在我的想象里？"他没有给人们留下任何可供考证、钩沉的资料证据，一切只能留给想象和感慨。也许他在构思和写作这部伟大的回忆录的时候，压根就不是在叙述历史，而只是在借助于历史和个人生活经历中的事件，表达自己对于世界的体悟。

也有一种可能，在20世纪二三十年代的时候，马尔罗确实曾经到达过中国，并且在广州居留过一段时间。这样的例子还有曾经的希腊作家卡赞扎基斯，他也曾在1957年前后到过中国的广州，次年去世。在马尔罗的小说《人的境况》的开头，他写道："1925年，广州宣布总罢工"。这是第一次总罢工，可也是他这本小说的开场白。可是，我们回到似曾相识的困惑：马尔罗真的在那一年到过广州并经历或报道过广州的工人总罢工吗？我们没法确认。这样的模棱两可，让人抓狂。

追寻着马尔罗的足迹，可以看到他生命当中与埃及和印度有关的艺术，与西班牙有关的风俗，东亚和南亚的文化、艺术品，以及一些考古遗迹。这些古迹与他笔下触目可及的关于法国岩洞的壁画混杂在一起，古老的柬埔寨、老挝和现代的巴黎融为一团，并在马尔罗的鉴赏之中和谐相处于同一画面、书页及思考的框架内，这是一个人对于世界万象的关注和关怀的一生，同时也是人类文化在这个人的大脑中的映射。马尔罗是一个艺术的亲历者，也是重大政治事件的参与者，他旅行、冒险、创作、归纳和汇总，成为那个时代里践行着自己的信念、兴趣和理想的艺术家中的杰出代表。

马尔罗去世近四十年之后，我也从青岛动身，奔赴鲁北。我做出这个远离家乡的举动，是我在反复阅读了马尔罗《反回忆录》之后实施的。这是不是意味着，我已经从某种程度上认可了马尔罗的生活方式，他的足迹带给他的荣光？这是不是某种追随？我无法澄清，也无法确认。可能在脑海深处的某一个位置，确实如此执拗的认为，马尔罗的身上体现着作为一个艺术家应当践行的典型品质，他所奉行的信条，可能就是某种正确的路径。

二

2013 年的 2 月中旬，春节刚过，因为工作调动的原因，我带着两包行李，离开青岛，去往省内鲁北的另一个内陆城市滨州。新履职的单位节后开工时间是农历正月初六，我女儿的生日则是农历正月初七。考虑到新履职不宜请假缺勤，只好忍住心酸，提前安置了妻女，动身前往鲁北平原的滨州上任。

与青岛不同的是，新居的城市干燥、少雨，昼夜温差大。城市的道路两侧，密集栽种着合抱的法桐。在城市空闲的地块里，则到处栽种着参天的白杨树。春节刚过，寒意料峭，落光了叶子的法桐和白杨树在风中瑟瑟发抖。

16 日，我前往单位的人力资源部门报到，安顿了住处，并在新公司同事的带领下，慢慢地熟悉新生活和工作的环境，力求尽快将自己融入新的城市。虽然春节已过，但似乎因为仍在正月里，城市的马路上不时炸响如雷的鞭炮声。在未来的三年时间里，我将逐渐适应这样不时升起的鞭炮声，这种嗜好鞭炮的传统，简直到了肆无忌惮、疯狂变态的程度。城市道路两旁林立鞭炮摊点，鞭炮的货品堆场象一座座此起彼伏的小山，冷不丁打眼一看，如同迈步走在露天的军火一条街，街两旁展现出强大的民间武装力量。鞭炮炸起的烟尘伴随着城市灰蒙蒙的空气，像是鲁北诸多县级城市几年来的某种无法摆脱的元素，跟华北地区上空常常经久不散的雾霾一道，形成一道独特的风景。

这里的民风质朴，人与人之间坦诚互让，重乎乡间情理。县级城市里，人与人之间没有太多的娱乐和互表情谊的场所及方式，大碗的白酒似乎就成了不多的可选媒介。这里酒风强悍，用古代抱得天上七仙女的董永先生的名字命名的“董公酒”，是当地名正言顺的招待用酒，酒质清冽醇香，但凡能上得酒桌的汉子，基本都是高度白酒一斤以上的豪迈，却让出身海滨城市、习惯于浅酌小饮、不谙酒场规则的我时常叫苦不迭。

三

在我居住着的工业园区公寓楼的前面，近500米处，是我平常办公的地方，那是一栋三层的办公楼兼厂房。在我工作和居住的区域之间，是一片几十亩的桃林。桃林周围，则是工业园区内修剪过的法桐行道树。公寓楼门前的那棵，在未来的三年时间里，将时常出现在我数码相机的镜头里，它随意、茁壮，在北方内陆干燥少雨的季节，它不卑不亢，而又与周围的桃林和睦相处。我喜欢它的样子，孤独，寂寞，在蓝天下甘于平淡，享受自己的生活，向纯粹的蓝天努力生长，不低头与荒芜杂草为伍，接受天空与大地的自然赐予，不齿巧取豪夺的富足，顺乎冬夏枯荣，不强求松柏之常绿。看到照片的朋友常说它与我的性格、脾气如出一辙，这葱绿的林木心怀高远，也曾放浪不羁、热爱自由。

夜里，我忙完了一天的事情，在办公桌前列好第二天的工作计划，然后便去食堂用餐。半个月来，我在鲁北很快便像此前如同机器般准确的生活一样，走上了正轨：结束了一天的工作之后，在没有应酬的夜晚，是晚餐、读书、跑步、洗漱，然后是泡脚、读书、休息。有时候，我伫立窗前，我听到在路灯光照射不到的暗夜里，北风吹拂下的桃林集体发出排山倒海般澎湃的声音。

我逐渐习惯了这样的新生活，一日三餐，简简单单；日出而做，日落而息；可以调素琴、阅金经，往来有鸿儒，进出有白丁；有案牍之劳形，无杂碎之忧心。唯一让心里感到不爽的，算是自打来这里便只见灰霾天。也许是因为北方冬天燃煤供暖的原因，天空大多数时间是阴阴沉沉的，很少见到太阳，看着窗外的百亩桃林尚未生发出新芽，我时常感到恼火，在自我调侃、闭门自修的时候，我常自号“不见太阳大师”。

天空晴朗的日子，是我心情最为舒畅的时间。我喜欢这里晴朗天空下的形象：树木，夕阳西下之后的云朵，黑影里苗木的轮廓，以及沉浸在这样静谧氛围里的从容和闲淡。这天，这树，这锈蚀斑斑的灯杆，多么壮美，多么纯粹，天高水长，一碧万顷。它不遮掩你眼，它不充塞你口，它让人心像眼睛和蓝天一样澄澈见底，它的光泽不掺杂半点物欲和占有的邪恶。这是自然的本色，也是我即将要去往的方向。这一切让人能够吐出体内的残毒，坚定脚步，朝向向往，出发。

在这样的昼与夜、阴与晴、生活分明的日子里，我时常回首曾经过去的岁月。此刻，夜深人静。我即将入睡。在这静寂里，山东半岛广袤的大平原上，我与世隔绝了。我沉醉于齐鲁文化的浸泡，我想象着，忽然之间会有一首歌吹走了阴霾的日子，并在我心里涌上某种微醺。我在想象中看到，公寓楼前4月初的春日，桃花盛开，艳若娇女，面对妖妖之桃林，我心空空如深谷、如风箱、如老竹，我置身于桃林之中，宛如置身于夏加尔画笔下的村庄，那绿色的树木，升起炊烟的农舍，睁开无辜大眼睛的山羊和牛马，飘逸在空中的亲吻着的情侣，挤奶的农妇，还有草帽，空气，家乡的河流，鱼群。我的心里偶尔闪过某种恍惚：一直以来，我是否只学会了工作的艺术，而忽视或尚未学会生活的艺术?

我躺在公寓的床上，耳朵里恍惚听到了南风吹响干燥林木的声响，如同崩雷震撼着遥远的巨川之源，山河掀起涟漪和潮汐，桃林在迎着季风开放，每个人内心深处都有一处哭墙，每个人都要面对自己的耶路撒冷，该拿什么缝合这伤口、黑夜又怎样焊上灵魂之银河？正如里尔克所言，我看见风暴而激动如大海 —— 雨季，就快要来临了。

四

第二次世界大战结束后，戴高乐将军当选法国总理，并在组阁时延请马尔罗担任政府的文化部部长。在邀请马尔罗担任政府职务为国家服务之前，戴高乐与马尔罗肯定有过一次内容深入的谈话。在马尔罗的《反回忆录》第二部第 2 章里，马尔罗记叙了他与戴高乐的这次会谈。可是，在这本亘古奇书的第 110 页，他却写道："就在此时，我毫无理由的猜测，戴高乐将军从未召唤过我！若干年以后，我的猜测得到了证实，我俩成了一段奇特故事的主人公，他知道这段故事肯定比我早，我想是有人把假想的将军对我的召唤，传递给我的同时，也把假想的我对他的召唤转告了将军，这也许能够解释我们首次见面的奇特性。"

这真是让人无可奈何而又充满神秘意味的一笔。文中透露出来的模棱两可，让我们感到困惑，可是从某种意义上来说，文学的本质可能就是这样的模棱两可。海明威，梅尔维尔，伍尔芙，都是在这样的模棱两可中获得了永生和永恒。他就像我们生活当中记叙的文本，一旦成为文本，就如同脱缰的野马，不再受制于它的造物，而拥有了无限的可供解释的可能性，就像此刻，我的生活。

五

17 日。

我在黎明之前醒来。远方那座滨海的城市，青岛，依然那么遥远。海浪沉睡了一个晚上，此刻是否正在远处苏醒？我无法确证，无从知晓。今天是周末，透过面前的窗玻璃，我看见对面的塔吊依然矗立、缓慢地旋转。2009 年，席卷全球的次贷危机、金融风暴，像一种远方的遥控机制。为了应对危机，国内启动了全国范围的刺激政策，四万亿，货币开闸放水，制造业全线开动，房地产的塔吊如同雨后春笋般拔地而起，鳞次栉比。尚未出正月，城市里的建筑业便已经拉开架势，提前热身，全然想象不到就在短短的两年后，他们将再度陷入泥潭，以同样的速度争先恐后地赤裸着身子蜂拥上岸。此刻，半里外的打桩机已经在“吭吭吭”地发出压抑着的工作的声音，新的一天开始了。

这是一座与黄河密切相关的城市。高高筑起的抵挡黄河洪水的堤坝，引洪渠，横跨河上的庞大的钢铁桥，把船只连锁在一起搭起的浮桥，带着奇怪的泥土味的水质，引用黄河水蓄积起来的人工湖。土质松软的冲积平原上，成片栽种着细高的白杨树，因为土壤太软，白杨树随着季风的吹拂，以相同的角度偏倒向一个方向。

夜里，我感到无聊、或是阅读困乏的时候，常沿着城市中心的迎宾大道乐安街散步。出了大门南行，先后是城市横向的干道一至五路，然后是纵向的新城路、乐安大街、胜利路。三路的左侧是实验三小，旁边有两个书店，出售学生教材和被人改写的盗版名著，像是有人对这个国家的孩子有仇、存心要把他们送入蒙昧的深渊。

从三路往南是四路、五路的核心商业区。这个城市里唯一的一座齐纳影城位于四路上，与国内一线城市院线同步上映着最新的影视，这是这个城市除了网络以外最接近外界信息的地方。影院东侧是一小，再东面，是城市的夜市、另类的商业区，显现着国内县级市普遍的三产业畸形发展态势。

按照经济的眼光，四路、五路核心商业区的业态保持着一个区域得以持续繁荣的几乎所有要素，集中着这个城市的风味小吃，各个层次的饭馆、酒店、旅馆、零售商店、便利店、娱乐休闲设施，四面通达的开放街区。唯一另类的，是它旁边低层居住区沿街暧昧的灯火，警务人员的时常扫荡，人们看待这里的事关风化的眼光和 态度。

这一片区域似乎成了欲望与品位、天使与魔鬼、地狱与天堂、伤风败俗与优闲生活的混杂交融之地，美女如云而又嫖客遍地，空气中弥漫着烹炒煎炸的美食和活色生香的堕落气氛。这里的建筑是城中村的民众堆砌而起，面对拆迁的大潮仍能我行我素、岿然不动，实在是这个城市在这个时代里的一朵奇葩。

下午，我骑着一辆新买的自行车，在阳光下转遍了这座城市的东区，它的公园、学校、商业区、生活区，以及烟火弥漫的烧烤店集中地。那里浓厚的孜然油烟薰得我头晕目眩，泪流满面。

位于城市南部的公园里，一个人也没有。公园的规模不大，称其为公园，实在有点夸张，就像扬州人把一个仅仅植了几棵梅树的丈高的土丘命名为梅花岭一样，让人莞尔。回来的路上，我看见乐安街西侧新建的高层建筑矗立在视野尽头的天际线上，像一道遥远的幻影。

六

像每次出发、远行一样，我的行包里依然装着几本可供路途之中、休憩时候阅读的书籍，以便消磨时光，并为暂时脱离曾经熟悉环境的大脑提供不同的视角和观照。我从家里随身携带了汉娜·阿伦特的《黑暗时代的人们》，以及马尔罗的《反回忆录》，今何在的燃情青春之作《我的征途是星辰大海》《悟空传》，凯鲁亚克的《在路上》。

新春伊始，我踌躇满志，怀抱一种在路上的心情，放眼远方的城市。一万年来谁著史，三千里外觅封侯。今何在的青春写作与我的心境有着某种神秘的契合。阿伦特，她犀利而深奥的文字，则给我醍醐灌顶的指引，她让我认识什么是恶，并由此洞察历史上各种黑暗时代的本质。而凯鲁亚克，是的，凯鲁亚克，这远在万里之外的异族人，1960’/1970’年代的西方青年们的精神领袖，他驾车穿越美洲大陆，自我放逐，自我救赎，岂不是像极了今天远赴鲁北平原的我自己，别样的心路，何其相似。

七

“12 月巴黎的夜晚，宛如杜米埃的画，错落有致的烟囱上方寒星点点。…… 火炬映在了波德莱尔笔下的塞纳河上 ……。”

“我来到人世不是为了分享仇恨,而是为了分享爱。”

“生命一旦受到痛苦质疑,它就成了谜。”

“对黑暗的抗争开始了!”

“在奥斯维辛,所谓人,就是有人想从他们身上夺走的东西。”

—— 马尔罗《反回忆录》

七年前的一个星期天,在青岛市四方区北岭山的一家即将倒闭的论斤称量卖书的书店里,我偶尔看到了马尔罗的《反回忆录》。我在书中信手翻到的两个句子,让我一下子爱上了这本书:

“12 月巴黎的夜晚,宛如杜米埃的画,错落有致的烟囱上方寒星点点。…… 火炬映在了波德莱尔笔下的塞纳河上 ……”

这真是惊艳的两句。

后来,我买下了这本书,并从中发现了更多的惊艳。

比如,“我来到人世不是为了分享仇恨,而是为了分享爱”;

比如,“生命一旦受到痛苦质疑,它就成了谜”;

再比如,“对黑暗的抗争开始了!”;

以及,“在奥斯维辛,所谓人,就是有人想从他们身上夺走的东西”。

从那以后的很多年来,马尔罗都是我所尊崇的作家。我每年总是抽出一点时间、有时候甚至是专门拿出时间,反复阅读他的传记《反回忆录》。有时候我将它信手翻开,信马由缰地读去;有时候,我则专注于其中的几个页面,反复阅读、反复品味。他在其中关注伟人,关心伟人的品质和他们实现伟大的手段;他关注圣人,关注圣人们与社会发生关系的特性。在回忆录里,他书写的是有史以来最难写的东西:时间，以及人类在时间里混沌不清、纠缠不休的意识流动。《反回忆录》像是一本为未来五十年之后的人所写的书，超越了时间的限制，只服从于自己生命的感悟和思考。它以一个人物的死亡开篇，又以另一个人物的重生结尾，循环往复，无止无休。

马尔罗浩瀚而无所畏惧的文字中，透露出某种要超越夏多布里昂《墓畔回忆录》的雄心，那是世界传记文学中雄浑磅礴的典范。马尔罗同样在诉说人类伟大的命运，“那是繁星的冷漠和江河永恒的涛声所无法磨灭的东西——人类与死亡的抗争”，在他笔下，那是从古老东方、从尼罗河的法老墓到欧洲的古老岩洞壁画、隐藏在老挝和柬埔寨亚热带森林深处，以及美洲的土著艺术到纳粹巧取豪夺的历史和艺术品的着迷，对艺术的爱。

历史的事件消失在马尔罗的想象中。那些曾经伟大的、在人类历史上留名的事件，以及围绕这些事件的人物，他们或它们真的存在和发生过吗？还是仅仅存在于他的想象里？他访问过的那些人，是否仅仅是历史上的某种影像？

此刻，我不胜冒昧和浅薄，怀抱当年马尔罗超越夏多布里昂的雄心，用马尔罗《反回忆录》的模板要求自己，以图记录下自己在未来的三年内、在鲁北平原上的阅读、思考、夜与昼之间的生活的线路。我的文风受到马尔罗的影响如此之深，以至于我时常模糊时间、地点、现实和梦境的界限，时时游离于对过去的回忆和对未来的向往、对现实以及此时此刻时间流逝的慨叹之中。如同庄周梦蝶，是耶非耶，化为蝴蝶。我的恍惚，竟逐渐成为生活的一种常态，如同一只仙鹤，时常朝着空中的一轮梦想的明月翩翩飞去。马尔罗，他广博的学识和对于世界、对于生命本身深刻的洞察，如同穹庐，笼盖我情感和思维的四野，只在那风吹草低之时，才偶尔见那真理和美善的牛羊。

我只愿类似的文字，能够融汇着我的记忆、怀念、感慨、忏悔，以及我在阅读过程中引发的触动、领悟、联想、幻觉。三年里，我行走在时间中，我的记忆，即将凝结为时间的断片。

这是何等的痛苦啊，而这样的痛苦，如此幸福。

2013 年 3 月

【阅读书目】

尼葛洛庞帝:《数字化生存》

沃尔特·艾萨克森:《乔布斯传》

查克·马丁:《决胜移动终端》

凯文·凯利:《失控》

丹尼尔·贝尔:《后工业化社会的来临》

一

“爸爸,我想你了……”

“嗯,宝贝乖,爸爸也在想你。”

“爸爸,为什么你这么长的时间里,只在微信的语音里跟我说话,在电话上跟我说话,在 QQ 上跟我视频说话,我却摸不着你、抓不着你呢?”

“语音、电话、视频通话,不是一样可以看到、或者听到爸爸吗?”

“不一样,我觉得那里面的你,只是个会说话的假爸爸,不是真爸爸。”

“……”

“爸爸，上次我想你想得都哭了，你第二天就回来陪我了。这次我想你又想哭了，你为什么没回来？你是不是不爱我了？你为什么工作总是那么忙？”

“……”

二

“爸爸，你刚在家住了一天，怎么又要收拾行李？”

“对呀，爸爸马上又要出发了，所以要做好行前准备啊。”

“爸爸，那你下一站是哪里？”

“呃，爸爸是一个职场上的巴斯光年，冲出亚洲，飞向宇宙！那里的天空浩瀚无垠呃。”

“嗯，好吧，那祝你好运，燃烧吧，小火箭！”

三

科学与艺术，是两条平行的道路。两条道路的两端，分别站立着上帝与人，而人将通过科学与艺术这两条道路，抵达上帝造人的初衷和期望人类最终抵达的境界。

在科学领域，贯穿我的大学、青春时代的书籍，最重要的几本的作者，别是在20世纪七八十年代就预言了今日美国和世界发展前景的未来学家托夫勒、奈斯比特，将数字化生存状况提升到哲学层面的尼葛洛庞帝，以及如今风头正盛的KK(凯文·凯利)。在科学的道路上，与这几个人同行的，还有牛顿和爱因斯坦、波尔等人。而在另一条有关艺术和文学的路上，则有托尔斯泰、卡夫卡、陀思妥耶夫斯基、艾略特、卡赞扎基斯、李白、苏轼、屈原等人。这些科学和艺术领域的先知们，就像是我们的领路人，而他们，就像是上帝的关门弟子，钟情和属意的人，悄悄地承受着神的恩赐，告诉他们未来前行道路的方向和亟待绕开的障碍。他们的文字和智慧有时候跟我们在一起，有时候又不可思议地远离，于是人类的时代便呈现出睿智和愚蠢、文明与粗俗、黑暗与光明交替前行的曲折路线。在一个人的生活当中，读过这些书，与没有读过这些书的人，对于世界、对于历史和未来，有着截然不同的选择和三观。就像先贤们所说，你看到什么，你就是什么，你相信什么，你就将成为什么。你所相信和看到的，就是你的命运。

在鲁北的阅读生活，同时也是我即将给女儿列出的未来学习的书目。在感慨和思考中，我的思绪穿越到2017年。我在想，如果此刻，我身处的时代是在2017年，而不是如今的2013年，即使是短短的四年的时间，时间也会在此刻与四年后的我们的世界之间拉开庞大的距离。如果给我的孩子推荐书目，除了上述的这些，我还想推荐给她阅读有关智能时代，有关终极算法，有关未来可能飞速发展的人工智能等。杰克马，埃龙·马斯克，扎克伯格等人，这些可疑的外星人将成为未来时代的弄潮儿，阿里巴巴，百度，腾讯，会变得更加强大。

四

大风从辽阔的鲁北平原上掠过，刮了整整一天，灰霾被吹散了。

傍晚的时候，天晴云开，风停了。太阳西沉之后，一颗大星在西南的天际出现，像一滴晶莹的葡萄酒。马路上行人稀少，只有晚归的车辆呼啸着，向城市的中心开去。冰凉的夜的精灵出现了，它们开始笼罩并接管了城市。它们从空中俯冲下来，包裹住人们的身形、情绪、思想和言语。楼群在黑暗里隐身，并把峥嵘掩藏于寂静，如同永恒的装甲，站立、守护成喧哗城市的墓碑。

我依然还想念青岛。虽然仅仅过了一个半月的时间，我便看上去似乎已经对那座海滨城市变得淡漠。它的温度，海水的味道，红色的坡屋顶，绿树，高低起伏的山头公园，海水浴场裸露的人群，星期天早晨随着天主教堂的钟声扑扑楞楞缓缓飞起的鸽群，只被存放于内心某个狭窄的角落。青岛的样子已经经过了内心意识的过滤和改造，它们已经变成了另外的样子，就像一幅幅印象派的画作，成为印象，只在需要的时候不经意间打开，浏览一眼，微微而笑。我心已远走，如此而已。

五

一个多月来，我在工作地点与青岛的家之间来回奔波。我所隶属的企业是制造业集团，每周只在星期天休息一天。我每隔两周回去青岛一次，时常在星期六的下午。下班之后，我乘坐大巴从滨州到淄博，再从淄博转高铁，来往于青岛和淄博之间。每一次在淄博踏进高铁车厢，火车开启，胶东半岛荒芜的冬天、枯黄的原野、以及大片光秃秃的沿线树林的灰色树干便扑面而来，隔着窗玻璃像要把我吞噬。高速列车撇下昔日每每停靠的荒废的小站，无所留恋地扬长而去，象要切断历史、身世、往日的记录、档案、回忆和所出之地。生活的本质就是不断远离的过程，而我则独对旅行本身有着某种神秘的暗合，象是某种通感、某件事情的同谋、相类似的经历，或是别的什么。

远方的城市从地平线上出现。夜间，城市密集的点点灯光呈现在视野里。火车在潍坊暂时停靠。在停车上下客的瞬间，大海的味道穿越了胶东半岛广袤原野之后抵达鼻息，我嗅到了它微弱的气息。那是充满海洋噪动的气息，从中可以分解出海浪的喧哗，漂泊的船舶的寂寞，渔网的纠缠，打渔女深情的呼唤，风暴来临前的肃穆和宁静。这时，动车的电子屏上显示：室外温度 3 度。

很多次，从淄博踏上高铁奔赴青岛，时间都接近黄昏时分。坐在动车上，远处是雾霭沉沉、缓缓旋转着的灰色的原野。车声震荡，前方是锚地已明的旅程。错车的时候，对面的来车像一枚鱼雷发出尖锐的鸣叫呼啸而过。我想象着自己身在深海，被鱼雷穿刺而过，化身泡沫，散落于碧玉一样的海水之间。而此时，旧的太阳已经坠落，星辰即将在东方天际威猛地出现，象阵容严整的队伍。我的耳边幻听出夜间海浪拍打礁石的声音。离开了青岛我思念大海，远离了内陆我怀念大地。我在路上，心就是一条大路，沿途的风景擦肩而过，变化为我的信息，我的基因，我的记忆和历史。那闪光的树,延伸的道路,不尽的故事,我的爱,我的沧桑。

动车时常在夜幕降临时分抵达。夜色里的栈桥孤独、寂寞,在路灯簇拥下烟行媚视,楚楚动人。在青岛这座道路曲里拐弯、高低起伏、没有南北西东的滨海城市里生活久了,乍一来到内陆道路横平竖直的平原城市,我常常在那笔直而专横的路网之中失陷,陷入迷路的慌恐和困惑。鲁北平原上的那些四平八稳的笔直街道与我格格不入,在滨州经纬分明的道路分布的城市里,我对空间的概念经常倒转、挪移,海洋里水干了树上挂满鱼,猫和老鼠甜蜜蜜,在刹那间迷路和颠倒的迷茫中,我恨不能变身为横行的螃蟹家族,因着厌倦了地球磁场的多次变换,索性放弃跟随磁场的变化、从此横着走了一样。

六

我时常离开新加入的城市出门旅行。有时候骑自行车,有时候搭乘城际的灰狗巴士,在广袤的胶东半岛奔驰,远离了城市的视野。阳光耀眼,树木在一点点返青,原野上偶尔呈现出一片德州巴黎沙漠般的荒芜。归来的时候常在深夜,黑暗覆盖了大地,幽暗遮掩了万民,而心中的灯火却正在燃起,阅读,艺术,这就是心中那比永恒的江河湖海和冷漠星空更加强大的对于死亡和平庸的抗争。我渴望远方的景象,时常想象让那远赴川西的徒步、入海口滔滔的黄河水、即将随五月而来的东南的季风、诗人们钢铁般的语言的风暴、梦想、文字把我炸成碎片,我愿像那飘落之桃花缤纷坠地,随风而去。这些在我脑海经常飘摇而起的想象,意念,对于自由的渴望,爱,让我想把自己的身体化作婴儿,在时间的舢板之上,跟随理性的河流顺水而去,遁入江湖。

七

农历的七九、八九时节。

原野上偶尔吹来潮润的东南风。鲁北的天气，昼夜温差较大，早晨起来，看到天空，以及脚下的土地，才发现春天在不知不觉中到来了。路旁法国梧桐的树干有了温润的意思，土地上出现了潮湿的气息，传送着春天到来的信息。我房间里的暖气停了，放眼向窗外望去，天空不再是原来浓重的灰霾，恰如海神波塞冬的大海领地，天上有了些许蓝色。白昼日益增长，黑夜天天缩短。春天不经意的来临，恰如人生之新生。这是复苏的季节，也是激励人们因着生命之必将老去之后，更应焕发生机和斗志的季节。春天之后是盛夏，盛夏之后是深秋，再后面，还有冬天，冬天结束之后又是春天、夏天，周而复始，生生不绝，这样的天理循环，量能充足。

此刻，我已年逾四十，即将接近生命的秋天，进入回忆之年。曾经的人，事，感悟，书籍，写下的文字，浏览的城市、山川，可能的信息均被装入内心的硬盘。我的身体是一台电脑的机箱，负载着这些程序和内存，随着岁月的河流东奔西突，间或接入社会的宽带，与其进行短暂的交换，便继续沿着固定的航程，成为节奏不变的步伐，就像那远在城市另一端海岸线的尽头，孤独的石老人伫立在海雾和浪涌之中，以数万年来不变的姿态，面向海神波塞冬的领地，沉默地谛听海潮的声音。

人生豪迈，江河万里，不能画地为牢，自怨自艾。并驾骐骥，不随驽马之迹，比翼鸿鹄，不与鱼鸭争食。暖阳下，独立高山，放眼江河，上欲乘风归去，下悯众生。想念那远方的城市，就是追随心灵的故乡，追随灵魂飘荡的地方。

月亮圆了。我呼吸着鲁北依然料峭的空气，在公寓外的空地上散步。窗外的那片桃林，在经历了冬日的白雪覆盖之后，开始零星的窜出骨朵了，只是，花骨朵隐身于春夜的暗影之中。我满心欢喜，默念着“桃之夭夭，灼灼其华”的句子，心里想象出十几天后桃花开放、漫天绚烂的盛景。

在梦里，我又回到了那座滨海的城市。我看见中山公园里的樱花开放了，排山倒海般的单樱、双樱把我淹没。思念如同歌声般降临。沉浸于花海之中，我思念清晨青岛的海边，湖北路上的天主教堂上空缓缓飞起的鸽群，青岛山上的落日，远处的栈桥傲然延伸向海水，早班的 5 路电车启动了，嗡嗡的镇流器的声音充塞了我的耳鼓。

2013 年 4 月

【阅读书目】

切斯瓦夫・米沃什:《被禁锢的头脑》
波兰斯基:《波兰斯基自传》
范斯坦:《俄罗斯的安娜》
钱理群:《1948: 天地玄黄》

1948 年，中国的社会与政治面临着重大变局，文化生态与文化体制即将迎来深刻的变化，然而山雨欲来风满楼，谁能穿越世事纷纭，看透历史的变数？被郭沫若斥为“粉红色”作家的沈从文，在一封信里透露出了深刻的历史预感：“大局玄黄未定 …… 一切终得变。从大处看发展，中国行将进入一个崭新时代，则无可怀疑。”

—— **钱理群:《1948: 天地玄黄》**

一

我所在的公司即将开发的地块，分别位于城东的开发区和老城的西部，中间隔着 205 国道和大半个城区遥遥相望。其中城东的地块要用来建设厂房，启动时间暂时无期。老城西部的地块则用于开发商品房。

3 月份，我们会同规划设计、前期策划的协作单位南下考察，确定了规划设计的方向和思路，很快便呈现了设计成果。利用规划设计和办理审批手续的空当，全体上下齐心协力地协调腾空、整理即将动工的地块。先按照未来预想的道路位置，把城东的地块大致划片，然后将老城西地块里积蓄的树木移植过去。

3 日，责城东地块的胖崔跑来城西找我，请示暂时闲置的城东地块的处置。他吭哧了半天，说："反正闲着也是闲着，不如把城东的地块分成小块，该种菜的种菜，该种树的种树，剩下的地面，实在不行，就先弄一批鸡养着，将来也是给员工的一点福利。"

见我抬眼惊奇地看他，胖崔连忙解释，道："嗯，是农场里放养的鸡苗，养来吃的鸡，不是叫的鸡。我大致算了算，多了太累，少了不够，养 56 只吧，数字很好记，像地图如鸡的国度里的族群的数量，五十六个民族五十六只鸡，还挺顺口。跟我们员工的数量差不多，偶尔的死几只，也不会出现短缺。"我们一齐笑，定下来数目。

胖崔临走的时候，我提醒他，除了养鸡，还要混养几只鹅。他不解，忙问原因，我便给他解释："民俗有云，叫做'贵鹅贱鸡'，大致的意思是说，鹅性警觉，稍有动静便呃呃不止，所以通常鼠类、蛇类、黄鼬等不愿靠近，鹅与其他家禽混养，有很有效的自我保护能力。而鸡则性贱，大抵是因为鸡的生活习性不好，比如哪里干净便往哪里排泄，哪里肮脏便去哪里刨叨，两厢遭遇，除了叨食便是互掐。"

胖崔听了，便挠了挠头，笑着说："晕，养个鸡，还有这多讲究。"

隔天，我去城东督查，见胖崔带人已经围了地面，用铁管、尼龙绳支好了网，买来了半大的鸡苗开张了。我见胖崔领人给每只鸡都剪短了翅膀，在每只鸡的嘴巴上方都戴上了一只塑料夹鼻式的东西，忙问胖崔："这是啥玩意儿？给鸡苗也戴上眼镜、防止逗儿眼吗？"

胖崔笑道："看来你也有不知道的。这是咱们避免鸡苗互斗用的，在农村，应付惯了各种奇葩家禽的中国农民给家养的笨鸡戴上如同眼镜的塑料夹子，这夹子从其鼻孔穿过固定，前面故意立起屏障，让鸡苗的眼睛只能看到眼下的食物，看不到对面的对手，鸡与鸡之间就没有了对视，也就避免了敌意，鸡与鸡之间就没啥争斗了。”

我吃惊的下巴颏许久才合拢，心想：哇擦，中国农民真是大智慧唻，他们对付家养鸡的办法，与历史上的诸多统治者对付人民的办法如出一辙啊，剪除其翅膀，给他戴上遮眼罩，让他们只看到眼前的利益，偶尔的摘下来一次，不是为了自由，而是让他们互掐。我笑着对胖崔道：

“嗯啊，所以老子在他的经文里说，治大国如烹小鲜，管人民类似养鸡啊。”

二

9日，老城西地块里的移树进入了第三天。

园里的工人在忙碌着，两百多棵行道树如同一群难民，遭遇了中国黎民的拆迁待遇。新发的枝桠原本娇柔如水，吹弹得破，此刻却七扭八拐，落叶翻飞，衣衫褴褛，不得已带上随身行李，被铲车的铁手一把挖出，命运就此改变。连根合抱的泥土，那是它们硕果仅存的记忆，法桐、樱树、夹竹桃、皂荚，曾经辉煌的历史，见过的荣光，十年风雨岁月的印痕，全部灰飞烟灭。莫非是一场灭顶之灾？从东园到西园，从南园到北园，一样的土壤，不一样的温度，水土截然不同。如同我从青岛到滨州，同样的海水翻涌，不同的苦咸。

人活一世，草木一秋，从这个意义上说，人与树木原本是同样的物种，同样的生息。这些正在移植的行道树的命运，也是我的命运，从青岛到滨州，适应新的土壤，找到新的树坑，经历新的气候，被砍去树冠、锯掉枝芽、清理去根系里残存的泥土、不多的留恋。那曾经附着的甲虫、藤蔓、草叶，那曾经生长的叶子和枝蔓，在挖掘机的作业下被践踏于地，随着树倒猢狲散，一个人要把对于原乡的眷恋深藏于内心、骨髓，那是命里的果壳、带血的槟榔，只能在灵魂的闲暇之余聊以咀嚼，只为能在新田地里生发新芽，焕发出新生命，荣耀那新的天空和大地。

那伤痕累累的被移植的行道树啊，我的苦难的兄弟姐妹！我在工地栅栏的后面含泪守望你们，并默默地为你们献上祈祷和祝福，就像为了我自己的祈祷和祝福一样。

园区里移树接近了尾声。这是西北角目前硕果仅存的一棵了，明天它也要被移走，重新落户到另外的园区。桃树、法桐、白蜡要全部转移到东园。满地是翻掘后的新鲜黑泥，截断的残枝，像厮杀之后的古战场。这是为了告别的聚会，为了种植的挖掘，为了重生的死亡，砍去了树冠，明年的春上即将生发的新芽。

行道树移植的现场沉寂下来了。横七竖八的被挖出来的法国梧桐倒伏在路边，树冠已经被锯去，剩下的枝干如同被切断的谴责的手指指向路人。挖出的根系被修剪成一米见方的球形连在树干上，像被爆头的尸首。满园都是狼藉，血洗之后的古战场，锯沫，那植物的淋漓鲜血，划出一道弧线，记录下屠戮的过程。

挖树是为了建设。那用燃烧的斧子砍拓的先行者约翰说，我砍伐、烧毁，是为了给那未来播种子的开路，我烧毁那荆棘，为要给那种子准备肥沃之土壤。

此时，伏地等待装车运走的法国梧桐有着某种极致的美，巨大的色彩反差下，如同要赶在夏天来临之前最后怒放出生命的璀璨。这热烈与春天曾经绽放一时的短花期的樱花一般，只是，法国梧桐叶子温暖、斑驳，同时体现出克制的激情。这是油画一样的法国梧桐，拥抱生命力成熟期的法国梧桐，阳光普照下的法国梧桐。

三

我所居住的这座鲁北平原上的城市，市中心的中央公园里，有一片巨大的水体，实际上那是一处内陆湖，连通着护城河，蜿蜒伸向远方，直连入黄河。每逢雨季，河水涨溢，水体绵延泛滥，让城市注满润泽。水体北侧有一道两米宽的栈桥傲然伸入湖中，正对面是一处人造沙滩。周末休息、或者天气晴朗、月明星稀的夜晚，我时常徜徉于此，远望沙滩，聊慰思乡之苦。

此刻，城市正在从深夜中醒来。东北风吹来了城东化工厂排放废气的古怪气味。鼻息的感受先于头脑清醒。一段时间以来，我发现自己每天睁开眼睛之后的第一件事，不是洗漱，不是如厕，甚至不是伸伸懒腰、打个哈欠，而是首先面对的是要战胜一个人对于现实的无力感，好像我们所处的这个世界是个老鼠化的世界一样，每日里狗苟蝇营，所有人都是水桶中的螃蟹，被各种利益捆绑、纠缠、互相拉扯、扭掐，然后深陷于桶底，一起坐井观天、直至沤烂。

11 日晚，起读切斯瓦夫·米沃什《被禁锢的头脑》。阅读进展 130 页。

《被禁锢的头脑》，最早的中文版是在 20 世纪 50 年代，曾由香港火炬社、张爱玲遗嘱执行人宋琪主持翻译出版，80 年代台湾也曾出过译本，书名译作《攻心记》。

大陆完整译本系由乌兰、易丽君从波兰文直接译出（前者还译过卡普钦斯基《与希罗多德一起旅行》），并汇集了德文版、英文版序言，广西师范大学出版社 2013 年 3 月出版。国内著名学者崔卫平为中译本撰写了中文导读。

在我的眼前出现的，是一座让人惊悚、战栗、恐惧、以至于愤怒的钢铁雕塑，Karma，韩国。雕像上是数不清的男人搭成的人梯，同时每个人都蒙着下面人的眼睛，表达的是一代人对一代人盲目的跟从、一代人对一代人的蒙蔽和愚弄、一个阶层对一个阶层的欺骗和遮掩。

这组图片形象地阐述了米沃什在《被禁锢的头脑》一书中所试图说明的问题。

四

与后来者阿里克谢耶维奇等后辈作家所采取的非虚构性写作方法不一样的是，茨维塔耶娃、阿赫玛托娃等人使用的是诗意。她们固守着对于世界充满美和想象艺术信念。而她们的后辈阿历克谢耶维奇，则冷静、现实的多。在广袤无边、美丽富饶的俄罗斯大地上，除了托尔斯泰，普希金，莱蒙托夫等人笔下广袤的俄罗斯土地，平原高山，湖泊矿藏之外，还有阿列克谢耶维奇笔下那诡异、残酷、荒凉的切尔诺贝利废墟，阿富汗弱肉强食的娃娃兵战场。但是，范斯坦《俄罗斯的安娜》一书中，世界似乎也已经接近于这样的废墟了，一个诗人的毁灭，她的一生并不亚于一场核事故带来的灾难。核事故只是一个地点，一个区域的灾难，而一个诗人的悲剧，则是一个时代、一个国家和一个民族的悲剧，更加深远，也更加残酷。置身于21世纪初的人们，也许应该感到庆幸，每天凌晨一觉醒来，摸起放在床头的手机，打开光源，所看到的首先是今天的日期、此刻的时间，然后找到自己在这个时代里的定位。感谢上帝，你没有在上个世纪三四十年代的俄罗斯，也没有在上世纪六七十年代的美国，更没有在21世纪的初的朝鲜，你是在此刻改革开放以后繁荣昌盛的中国。世界第二大经济体，轰轰烈烈的建设场景下，富有，自由，充满着活力，偶尔还有一点点满足之后的颓废。

被禁锢和群氓主动的盲从，甚至一个社会里的精英阶层失去独立思考能力的臣服和追随，原因皆根源于这些群体的存在虚无感、荒谬感、寻找意义的必要性和强大的洗脑机器的功能。历史地看，这样的例子不止出现在20世纪30年代至40年代中叶纳粹的德国，也出现在1905年以后的俄国，更极端地绽放于斯大林时期的俄国和1945年以后的东欧。而在地球的其他地方的某些民众们，虽然在米沃什的书中未能被纳入上述行列，略有族群歧视的嫌疑，但这些民众似乎并没有因此而强烈地表示不满。

在一部前南斯拉夫拍摄的经典老片《瓦尔特保卫萨拉热窝》中，曾有一个让人回味无穷的镜头 —— 面对街道对面对峙的南斯拉夫抗议民众，德军比绍夫上尉扫了一眼旁边已经僵硬了的两具抗议者的尸体，低声对身边的党卫军说："谁过来就打死谁!"，可是当一个、两个、三个、四个 —— 当对面所有的抗议民众都迎着枪口向纳粹走去的时候，法西斯撤退了。这是群体的胜利，而主要是人性的胜利。

事实上，在一些地方，有一些戕害和荼毒的方式远甚于屠杀和肉体消灭。

比如，像《俄罗斯的安娜》中的阿赫玛托娃 —— 她不独是俄罗斯的安娜，也是东方的安娜 —— 她那惊人的美，用范斯坦的形容来说，那是一种高傲的女皇一般的美 —— 这是一个女诗人对于另一个自己所尊敬的女诗人发自内心的无私的赞美。在这风雨如晦的夜晚，我通过传记文字而触摸到她流亡的命运，并对其中的悲怆和流离感同身受。阿赫玛托娃的二段婚姻都不快乐。在斯大林时期，战争和解冻，她的诗歌被禁，她唯一的儿子被斯大林关入古拉格集中营当人质，并以此换得她保持沉默。而茨维塔耶娃，那与阿赫玛托娃并列的璀璨的双子星座之一，也面临同样的命运，她与阿赫玛托娃一起，共同体味凛冽、寒冷的俄罗斯的政治的冬天。

我闭上酸痛的眼睛，为深陷入前苏联的恐怖统治的两位女诗人的命运而唏嘘。如同写作《被禁锢的头脑》时期的米沃什所看到和感受到的一样，我们也曾看到过封口胶满天飞舞、天地噤若寒蝉的日子。曾经温暖慈善的面孔，瞬息之间戾气大作，互相之间对立的立场，如同高悬的堰塞湖一样不可调合，横亘仇视、隔绝、误解、愤怒，毫不妥协，无法磋商，失去交集，共同瓦解。你我之间，汉贼不两立，夏虫难语冰，乌鸦纷飞，情景如此相似 —— 什么叫做俄罗斯式的意识形态控制？就是有人故意不让你知道另外的信息；什么是俄罗斯的阿赫梅派？简而言之，就是在这样的控制体制下，为了冲破牢笼和压制，而由此产生的对世界文化的　眷恋!

再比如，20 世纪 60–70 年代，同样在东方某地出现、并屡见不鲜的剃阴阳头，批斗会，大字报，挂牌子游街，"喷气式飞机"，互相检举揭发，夫妻离间，父子脱离关系，朋友背叛了朋友，母亲出卖了儿女，殉命太平湖的老舍，学生批斗老师，这样的丑陋，美其名曰"文化大革命"……

而多少文采风流、人性的光辉被湮灭于历史和意识形态的灰尘、人性恶的暗流之中。

没有在深夜里痛哭过的人，不足以谈人生，正如没有在年轻时轻狂过的人，不足以谈青春。为什么有一些人渣做出了禽兽不如的暴行、其中的罪恶程度和道德的堕落水平，即使是让最白痴的人都可以一目了然，而与此相关的人和部门、单位和机构，却还在为其遮遮掩掩、担保、站台、背书？究其所以，原因只有一个，那就是这些人、部门、单位、机构，跟做出这些暴行和罪恶的人渣一样，也是人渣，甚至是人渣中的人渣，他们还披着国家和社会公器的文明和法治的外衣。而这样的识别和判断，并不深奥，并不需要多么专业的理论，它只需要常识。

现实中的种种丑恶的事情，那些陈腐、顽固、邪恶的残渣余孽是怎样产生的？它们存在、传播、延续、繁衍的机制和基因是什么？它们对环境的互动关系又是怎样的机理和模式？我对这一切一无所知，充满困惑，直到翻开这本米沃什的小册子《被禁锢的头脑》，如同找见一把钥匙，一面镜子，一把解剖的刀子，聊以提供给我们探究类似答案和类似现象、并映照现实的工具。在此观照之下，可在艰难中看到顽石现出缝隙。

而在钱理群笔下，1948 年前后，面对大局玄黄未定之年的中国诸多高级知识分子，胡适、冯至、朱自清、沈从文、萧军、胡风、丁玲、赵树理等个体，他们同样面对着米沃什笔下“被禁锢了头脑”的知识分子们所即将面对的命运。他们的处境和心理，正如书名所暗示的，颠簸动荡，玄黄未定。

五

23 日，《波兰斯基自传》。

五年前，我在当当网上买到了波兰斯基的自传，那真是一部才华横溢的大部头著作。波兰斯基忠于波兰，这在当年他的祖国里，在某种意识形态威压之下的国度里，是多么可怕的罪名！后来，在 20 世纪 90 年代，波兰斯基的祖国从高压环境下解放了，他的同胞和同行，也勇敢地拍出了波兰人自己的悲怆，自己的南京大屠杀，自己的辛德勒名单，这就是瓦伊达的《卡廷森林》。瓦伊达借助影片中主人公的台词宣告了自己的主张："对卡廷森林事件的态度，可以看到一个人对波兰的忠诚与否"。影片中的那些冷酷的枪声，坚定地坚持自己信念的人民，满怀忏悔和羞愧而自杀的个体，对于真理和真相的坚守，悲剧和罪恶，构成了无与伦比的震撼。它们不是粉饰太平的小清新，不是所谓的可以独立存在和发挥作用的正能量，不是道貌岸然的心灵鸡汤，它们是可以称为良心电影的电影，波兰斯基，瓦伊达，以及站在他们身后的他们的同胞和同行，也都是可以不辱没导演这个名词的导演。

很难想象，历史上一直多灾多难的波兰，涌现出了那么多的文学大师，电影大师。米沃什，辛波斯卡，波兰斯基，瓦伊达，群星闪耀，划破天际，其尖锐没有任何道理可言，他们在东西方的铁蹄来往践踏的间隙里，创造出了苦难的花朵。

米沃什在《被禁锢的头脑》里说，"我闭上眼睛，装做对丑陋视而不见，只把注意力集中到诗歌韵律和萨士比亚之中，可是最后发现，唯一的道路还是出走"。看来，诺贝尔奖也无法平衡米沃什内心深刻的失望，他最终还是流亡西方，并看到那时丑陋的波兰、他的祖国在与动物农场如出一辙般的丑陋制度中集体阵亡。

在过去的岁月里，人类社会已经经过了近百年的制度创新和改变，世界已经不再是原来的样子。不再是村子、小镇、县城，甚至已经不再是一省、一国。思想的藩篱已经阻隔不了现实对于未来可能性的残酷选择，即使再强大的自欺欺人、再执着的闭上眼睛、视而不见，时间和世界照样在以其固有的节奏和脚步声中滚滚向前。

"时机尚未成熟，成为他们的命运。"

未来的新世界，到底可能是赫胥黎的《美丽新世界》，还是乔治·奥维尔的《动物农场》？到底是要受制于科学机器的统治，还是专制制度的压榨？《共产党宣言》发表已经近两百年，《美国独立宣言》发表也已逾三百年，今天的我们依然还在质疑：

这世界会好吗？会有多好？

瓦伊达《卡廷森林》一片结尾的镜头，一直如烙印般刻在我的脑海里：

近两万名波兰军官一个一个地依次走进早已为他们准备好的枪决室。他们低着被剃掉了头发的脑袋,口中念诵着圣经上的主祷文:

“在天我们的父……”(枪声)……

“我们愿尊你的名为圣……”(枪声)……

“愿你宽恕我们的罪……”(枪声)……

“正如我们宽恕别人的罪……”(枪声)……

(画面黑下来,枪声)。

2013 年 5 月

【阅读书目】

王鼎钧:《回忆录四部曲》(《昨天的云》《怒目少年》《关山夺路》《文学江湖》)

齐邦媛:《巨流河》

龙应台:《大江大海 1949》

简帧:《水问》

“天堂有九重,但每一重也都住有一个魔鬼,看你怎样避开他;
地狱有十八层,但每一层也都住有一个天使,看你怎样遇到他。”

——王鼎钧《回忆录四部曲》

一

我的大学同窗 Koyo,在上学的时候就经常喜欢搞一些与众不同、特立独行的调调。比如,我们一起念书的时候,他就喜欢摄影,看各种默片时代的老电影,阅读各种奇奇怪怪的书,像马尔克斯、尤利西斯之类。他还是我们的班长,专业课的学习成绩列于前茅,他拿过系里的奖学金,入了党,加入过学生会,并在里面做过一定级别的小头头。总之,他是老师们印象里的好学生。

毕业之后，Koyo 也是职场上的硬通货。他先是在一家国企做人事管理，后来被猎头挖到一家更大规模的国企分管人力资源。他在工作之余，扛着相机周游世界，拍摄各种可以登上摄影杂志而毫不逊色的摄影作品，到国内、国际上的各座名山大川徒步、暴走，从尼泊尔的喜马拉雅山南坡到川西和藏南，亚丁和稻城纯净天空下的险峻山峦，留下过他的足迹和影像。

在走山和云游之余，Koyo 还像在大学里的岁月一样，向我们曾经一起战斗过的同窗们推荐被沉闷的日常生活所忽视的外面的精彩世界的信息，王鼎均，简帧，张大春，北野武，宫崎骏，还有韩国的导演李沧东，让我们不至于被碌碌无为的岁月和生活淹没。

在我们心中，Koyo 一直是一个无疆的行者，羊群里从容的领头羊、领路者，是在我们的队伍前头高举生活的马灯的人，也是生命道路上可以互相说话、互送温暖的伙伴。他沉默寡言，但每每在路口，在拐弯处，在泥泞地，在旷野，在濒临悬崖和水草林木的险恶边缘，他却是那个在你身边提示小心、在意的人。他在我的大学毕业留言纪念册上写道："在路上，要有三两个知心朋友，一本好书，足够的食物，水要多带，旅途中口渴是很危险的。"

5 月 7 日，此时的滨州大地，春雷阵阵，电闪交加，中雨，雨点在水洼里敲打出清脆的音声。而我在微信上阅读他向我们大家推荐的宫崎骏新片的影评。他对日本的动画片情有独钟，一如他的心地、他的像在大学时代一样刮的铁青的洁净的下巴，以及宫崎骏镜头里的世界。电影的台词中说："隐约雷鸣，阴霾天空，但盼风雨来，能留你在此"。这也几乎是我们同窗全体的心声。

二

1994 年，大约距今近 20 年前，Koyo 向我推荐了台湾"五四"新文化余脉式的散文家王鼎均，以及混杂了五四传统和近现代精神分析学派思想的散文家简祯。90 年代初，那时候我情思困顿，事业停步不前，在社会的底层动荡彷徨，是我生命历程中的雨季，几几乎沦为街头波德莱尔式的流氓无产者和咖啡馆浪人。当时，Koyo 复印了简帧和王鼎钧先生的文章寄给我，跟我讨论他所属意的简祯的现代性，以及王鼎均大气游虹里的家国情怀。那时，他便跟现在一样，一直尊称王鼎钧先生为“先生”。他说，王先生祖籍山东的古兰陵，先生在时，当地尚为民国的临沂县兰陵镇，今改为苍山县。当地有语：苍山的响马、郯城的贼。苍山是个有故事的地方，而王先生的书，是大时代中的小人物书写出来的真正的历史记录。

1995 年初春，我去德州旅行，跟送我到车站的阿炳一起逛书店。我在书店里翻找到了 Koyo 一直在推荐的王鼎均先生的《大气游虹》，以及简帧的《渔父》，我还在那里买到了海子和骆一禾的诗选，墨西哥著名诗人奥克塔维奥·帕斯的诗集《太阳石》。

从那之后的近 20 年，2013 年的五一长假刚过，Koyo 特地让他们公司的同事、一批跑台湾航线的可人的空姐、空哥，从当地的书店里捎回一套台湾尔雅出版社出的王鼎均自传四部曲给我，在我眼前重现了昔日的文字江湖、关山夺路的惨痛和沧桑。尔雅出版社出的是竖版的繁体，打开书页，满纸都是唰啦唰啦岁月苦涩的回响。怒目少年、关山夺路，字字句句里蕴藏着流亡时代梦破碎的声音，情思流淌，苍茫沉重的难以翻动。后来，大陆出版了三联版的新版本，我听说后，又重新在网上买到了一套。这些书给我留下了丰富的体验，或激动、或愤怒、或哀伤、或感慨、或深刻剖析、或沉湎感动、或静心反思、或远望憧憬，这是一段人生中沉浸于书里的快乐时光。

时至今日，我已是四十出头、哀叹只长胡子不长钱的年龄，曾经怒目的少年、如今老迈的中年婆娑男，所谓的生命之历程，不过是一半倒霉、另一半处理倒霉而已。简帧在新版的青春习作《水问》“序言”中慨叹，书中收集的文章都曾是青春时期激情的冲撞，青春以何许代价才换得从容！连她自己都说，她再也写不出、找不到这书里的感觉，只是修订一次而已。而作为读者的你我，是否也只能找回那青春的记忆？是否青春已经远去，只留下了脸上青春的痘痘？我们又有多少时日可待留存？

三

“山园故国周糟在，潮打空城寂寞回。”

这是龙应台在她的《大江大海 1949》一书中曾经引用过的句子。这本书在大陆没有出版，网路上偶尔看到评论，极尽破口大骂的情状，几乎丧尽了读书人的斯文。

2012 年下半年，我的一位前同事的妈妈去台岛旅行，帮我带回来此书，才得以一饱眼福。那个冬天，前东家的开发项目进展得格外忙碌，拿到这本书后，我只有利用上下班在班车上的来回两小时进行阅读。我奔波于青岛和城阳的班车上，没有座位的时候，就依靠在车内过道的栏杆旁，借着班车里昏黄的灯光阅读。我读书时一直有在书本上写写画画的陋习，但龙应台的这本，却在我手里保持了清洁，原因是班车上颠簸拥挤，阅读时只能一只手抱住班车的栏杆，一只手卷着书页翻读。台版图书竖排的格式让书卷起来阅读时，眼光上下移动浏览阅读不受影响，适合于这样的阅读环境。读到眼睛疼的时候，我便抬眼看看远处车窗外灯火阑珊的城市，回顾一下书中的情怀。那是一段一直让我记忆犹新的读书经历。

在该书的扉页上，龙应台写到：“向被时代侮辱、践踏、伤害的人致敬”。她说，这些失败的人以失败教导了我们，什么是真正值得追求的价值。她说，历史和时代对这些失败的人们欠着一声“对不起”。在另一页上，她则饱含深情的将该书献给美君、槐生，她的爸爸、妈妈。书中的情感和观点，真是作者在周游世界、见过了世界文化和思想的大世面之后的深切感悟，凝聚着一个颠沛流离者的创痛和反思。它让我对那个来自遥远海岛上的作家群体肃然起敬，并因此打开了对来自那个区域的其他作家的关注，齐邦媛、王鼎均、简祯、余光中、夏志清等人，他（她）们是中华新文化史上的另一个分支、另一个故乡。它让我们不得不面对这样的文化现实：其实，在 1949 年以后，真正意义上的中国传统文化的精髓，一直牢固地扎根在台岛。

四

“渡不过的巨流河，流淌着巨大的历史悲伤，如此美丽，如此独特，如此愉悦。”

——齐邦媛《巨流河》“序言”

10 日夜。

一口气读完了齐邦媛先生的《巨流河》。

这真是激情激荡、深情款款、而又笔调克制的中国式回忆录典范。其中深厚的国学功底、开阔的现代观念、大时代苦难岁月、青春时期颠沛流离的深切体悟，内敛、节制的情怀，哀而不伤的中国传统美学法统和优雅气度，直读到酣畅淋漓、泪水 涟涟。

从巨流河，到哑口海，两代人的悲欢离合，颠沛流离。

抗战前后的东北，战火纷飞的武汉，颠沛流离的西南，三江汇流的重庆，多少往事和慨叹，淌不尽的国恨家仇。齐世英、张大飞、朱光潜、钱穆，四个洁净的形象，堆积起近一个世纪的历史记忆。齐邦媛教授在八十高龄书就《巨流河》，真是奇迹！

合上书页，我在想，待我女儿上了小学之后，慢慢认字多了，我一定要带她细读这本书，为她讲解、注释其中的家国情怀、人文信念、对于文化的忠诚和对于教育的坚守。

五

13 日。

清晨，灰狗巴士在高速公路上向着蒙山奔驰。我像每一次的乘车旅行一样，被困于巴士之内，虽然心怀走遍天下的梦想，但步履却无法跨出高速公路一步，只能依靠在车窗玻璃前，注视着远方。先是广袤无垠的鲁西平原，然后，是山峦起伏的鲁中丘陵地带，这是裸露于阳光之下的山东半岛斑斓的地面图景。

这是我的骨子里深深热爱着的乡村。

在我的印象里，我所喜欢的画家夏加尔、文森特·凡·高、米勒，都曾用自己的形式语言和画笔描绘过欧洲的村庄。那些梦幻般的景象，田野里收获麦子的景象，播种的景象，山羊，奶牛，漂浮在空气中的亲吻的情侣，阿尔乡间的吊桥，从看到的那一刹那便蚀刻在心灵的图版上，即使经历了如许岁月的冲刷也依然难以磨灭其深刻印象。此刻，我望向车窗外，我也看到了自己镜头里即将抓住的村庄的形象：麦子抽穗了，绿色笼罩下的土地，斑驳的田野地块，彩色的房屋的山墙。

而为着这样的土地，多少人为之洒下汗水、泪水、鲜血、生命，其中又凝结多少青春、谎言、怪谲的命运。

蒙山之行还有另外的一项任务，与同事们一起参观孟良崮战役纪念馆。

克罗齐说过，一切历史都是现代史。乔治·奥威尔在他的《1984》中则一针见血地指出：谁掌握了过去，谁就掌握了未来；谁掌握了现在，谁就掌握了过去。对于很多人来说，这是一种颠覆性的历史观，颠覆之后的历史观将自动在人的头脑中筛选和解读史料素材。而对于更多的人来说，长时间的灌输式教育，已经让他们麻木的头脑将一切有异于所灌输内容的东西全部视为奇谈怪论和异端邪说。

1947 年 3 月底，国民党军队对共产党控制的山东和陕北区域实施重点进攻，以 24 个整编师 45 万人向山东区域发起大规模进攻。整编第 74 师在 1946 年 12 月攻涟水，破华野 6 师（纵）、10 纵 6 旅、7 师 19 旅 13 个团的防御后占领涟水城，进入山东，并乘胜追击，攻克沛阳、新安、郯城，直取临沂与蒙阴。国民党军队国防部作战次长刘斐和作战厅长郭汝瑰作为潜伏在国民党军队高级将领中的共产党员，给予 74 师张灵甫错误的作战计划，让其上孟良崮而致使张灵甫的美械装备无法发挥应有的功能。刘、郭二人同时将资料密泄给共产党。张明知这是错误的战略，但仍决定前往孟良崮，由孟良崮渡汶河攻取坦埠，决定采取“中心开花”战略，牺牲自己、弃重装备于孟良崮下，只带轻武器上孟良崮，并期待附近的国民党军队 25 师、

83 师驰援，以里应外合形成合围共产党。共产党之华东野战军则采取“百万军中取上将首级”、“以中央突破对中央突破”的战略针锋相对，于是形成核心张灵甫 74 师 3.2 万人固守孟良崮、外围华东野战军 10 万人攻坚和打援、再外圈为国民党军队 40 万人合围的铁桶式绞肉机格局。最终以共产党外围打援、中心拔点取得胜利，完胜后撤出。

这样的搏杀背后，蕴藏着多少人性的征战、意识形态的对立、机变权谋的无情！此情在在，血浓于水的口号多么苍白和矫情。

今天的人们无从想象，当年青春时期的张灵甫从北大历史系毕业后投笔从戎、再进入黄埔步兵科的动机。那是国家和民族大动荡的时期，加上日本入侵，同仇敌忾，救国图存。张灵甫作为抗日铁军的 74 军将领，八年抗战连年血战，参加了中华民族主要的对日会战——南京保卫战、兰封会战、徐州会战、武汉会战、南昌会战、上高会战、两次长沙会战、浙赣会战、鄂西会战、常德会战、长衡会战、湘西会战，多次负伤不下火线，是公认的常胜将军。万家岭、张古山大战中失腿残躯，斑斑鲜血，浸染征衣，竟至一代美男，落得“瘸腿将军”的外号。而后，内战烽烟再起，一代名将折戟山东。

千军万马的征战厮杀，不同人群的你来我往，所夺的无非是脚下的这方时而滚烫、时而冰冷之土地。

在孟良崮下，2800 名共方烈士长眠地下。参观他们墓园的时候，我仍然在想着有关张灵甫的资料。这些逝去的人们，行将鲜血洒在大地，就像以血和命做的投名状，他们可曾得到了当年自己所曾信仰着的投资收益？土地，村庄，麦子，果腹的食粮，生存的尊严，梦想中的所归之地，可曾有过他们分毫？一霎那间我竟陷入恍惚：如果时光可以倒转，当年那些敌对的双方，枪口互指的人们，可会为今天的结局而把枪口掉转、或者放下？

也有某种可能，无论何时、何地，理想主义都是一种与生俱来的不可救药的传染病，其传染性，即使在一个人经历了濒临死亡之境也未必能够获得终生免疫。在当下的世界、当下的时代，当我们目睹了大战、动乱、天灾、腐败、沉沦、谎言和欺骗，目睹了各种奇形怪状的死法、眼花缭乱的投毒、黑蛇白蛇眼镜蛇的横行，人性堕落的速度和水准越来越超越底限，伤害和侵蚀把这不可救药的传染病逼退到内心深处越来越逼仄的空间——莫非，这就是一种命运的安排，一种惩罚？如此说来，那些已经逝去的人们应该庆幸，他们已然得到了解脱，不再纠结。

归程，夕阳映照下的田野呈现出一片温柔的金黄，山丘起起伏伏，田野广阔延伸。我从蒙山归来，依然被困于高速公路和巴士之内。我感到疲倦，只能沉醉于这奇景。

2013 年 6 月

【阅读书目】

岳南:《陈寅恪与傅斯年》

刘海军:《束星北档案》

陈徒手:《故国人民有所思》

黄延复、钟秀斌:《一个时代的斯文:梅贻琦先生平生》

“唯此独立之精神,自由之思想,历千万纪,与天壤而同久,共三光而永光。”

—— 陈寅恪

一

2005 年夏天,我的一位老领导王灏远先生带我去北京出差。当时,全国范围内的房地产市场处于热火朝天的状态,几乎所有的城市都把有可能开发建设的土地翻了个底朝天,见缝插针,恨不能在 50 层的顶楼上再加盖 40 层似的。我们在北京一边参观学习业内具有影响力的项目,一边考察、思考中关村、798 工厂等处的创意产业发展状况。工作之后的一个下午,我们一行四人前去北大燕园以及清华的清华园,在那里,我第一次瞻仰、凭吊了王国维先生的纪念碑。纪念碑后面,是史学大师陈寅恪先生拟稿的碑文。碑文的结尾，是陈寅恪先生一生践行的学术理想和准则，“唯此独立之精神，自由之思想，历千万纪，与天壤而同久，共三光而永光。”一言见之，当真如醍醐灌顶，永志不忘，瞬间觉得清华园里人声寂寂，黄昏时分的潺潺流水沁入心脾，清凉无匹。

王灏远先生是我非常尊敬的一位老领导，他是一位真正的学人，山东大学历史系毕业，博览群书，温文尔雅，对考证，史料，学养有着某种本能的贴近和融合。他是我生活中认识到的不多的几个恬淡的人。我从没听到他在背后说过、评论过别人，他对某些事情表示反对时，从不生硬、粗暴地说“不行”或“不准”，最重的语气只是“这件事情这样做是有问题的”，或者“这样做法是很奇怪的”。时间久了，他的这种习惯也影响到周围的一些人，甚至，曾经神采飞扬的老唐在日常工作中批评一些事情和人员的时候，也只不过是说一句“这很奇怪”或者“这是有问题的”。

我们是在 2002 年初初次见面、并作为同事一起共事。那时我们一起跨部门合作，推动所在单位的一个中等规模的住宅项目，他带同我们一起与设计单位、新闻媒体沟通，谈判，并顺利完成了项目工作。不久，我们一起合作筹划一个远在青岛郊区的别墅项目，我跟随他学会了用历史的方法指导现实和未来的思维模式。后来，我们一起去上海、广州、深圳、北京等地观摩学习，共同的兴趣和工作的趋向拉近了我们的距离。

2003 年春，我们一起去上海。那时候的魔都已经开始风声鹤唳，非典的阴影在空气中徘徊，机场的候机楼、星级宾馆等公共场所也开始大量地出现戴白色口罩的行旅之人。粤港的艺人们在雨中戴着口罩，送别离世的哥哥张国荣。归程的时候，王灏远先生用一种王家卫电影台词的句式说：“明天上班，如果我们哥俩戴着雪白的口罩去公司，一起出现在电梯上的同事们会不会被吓傻？”

3 月底、4 月初的上海潮湿阴冷，我感冒了，头晕得厉害。王灏远先生独自承担着我们差旅期间的工作任务。我则每天缩在房间里，开着暖风，缠着围巾、裹着被子浑身不停地发抖。房间的隔音效果很差，左边的 26 号房是两个嗓门很大的四川人，每天晚上十一点回房，然后扯着高八度的川音说“悄悄话”。右边的 22 号房住着两个新婚的鬼佬，晚上泡酒吧天天到下半夜两点，喝多了便走错房间，在我的电子门上用磁卡“吱吱”地叫门，没动静时，便叽里咕噜地发出各种疑问的声音。每到这时，我总得披了被子冲着房门狠踩一脚，大喊一声“Twenty-fourth！”，把那两个笨蛋轰走。等到折腾的差不多的时候，窗外高速路上的大巴又在开始轰鸣，新的一天又要开始了。

那时候，对于非典的恐惧让我感到自己已经病入膏肓。我躺在床上思考生与死的问题。生是一棵树，死也一棵树，时时勤浇水，莫让树枯萎。恍惚中神秀大师的声音那么缥缈。他的师兄弟慧能紧接着跳出来反驳，生也不是树，死也不是树，本来没有树，水往哪里浇？我感到自己已经糊涂了。秩序对于我来说已经是生命中的一种必不可少的形式，而此刻，脑子里却有个声音在告诉我，混乱和非理性实在是世界上最理所当然的事情，万物的来源不过取决于上帝的一次掷骰子。我掐了一把自己的胳膊，我还在醒着吗？

夜里，发烧的症状稍微好些了。我挣扎着起来喝水，依靠在床头看东方电视台的深夜影城。电影频道在放映曾经的老青年谭咏麟和曾志伟主演的老电影《双城故事》。屏幕上的阿伦和志伟还是那么青春年少，而现实中的两人早已垂垂老矣，只有那个似乎总那么优雅的 Magic 张，还是在象妖精似的年轻。时间在一步一步地朝前走，我的心情和记忆却在不停地往回流。我在遥远的上海，我觉得自己离开某一个地方已经接近二十年。一个人身在远方，心里在念想，却放又放不下，生与死，其实并不是你不谈就可以不死的了。我念叨着电影里的那些耳熟能详的台词，青春历历在目。我忽然感到刹那间的迷离。

2006 年，我与王灏远先生一起去上海，参观学习上海新天地和泰康路的田子坊、8 号桥，顺道观摩松江和青浦一带的公寓、LOFT 等项目。时值中秋，上海的天气依然 38 度，蒸笼似火。我们从一个项目地出来，紧接着便打车前往下一个目标，马不停蹄地奔波。傍晚的时候，我们中暑了，晚饭上来的时候，我们两个人喝了不到一瓶啤酒，连饭也没有胃口吃，便回房间昏睡。在那之后一年时间里，我在一位学外语的朋友指导下翻译一本原版的关于 LOFT 的书。那时候，关于老建筑改造、关于历史遗迹的保存等领域，我们只在默默耕耘，无话可说。

二

2008年中，王灏远先生从我所服务的公司离职，从那以后，我们见面的次数便少了许多。但我知道他还一直在工作之余保持着一个学人的习惯，包括很久之前他就一直在持续关注和搜集已故的著名学者王献唐先生的资料。后来，在2013年初，我也离开了曾经效力了近14年的公司，远赴外地，在山东半岛的西北部，鲁北平原的滨州履职。我与王灏远先生已有些年头没有见面，只偶尔在电话上急匆匆地聊几句。

离职之后的王灏远先生也一直在留意于青岛城市的狭小断层，并不断地从个人经验和生活记忆出发，通过文字折射出地方风俗的变迁流转，从而再现青岛这个年轻城市的普遍性特征。2015年，他完成了十多万字的关于青岛西镇的回忆，记载了青岛城市西南角上一片不大的沿海居住社区的历史变迁。那是一片自青岛市开埠以来就存在着的老城区，聚集着大片三两层高的陈旧建筑，类似于周星驰先生在电影《功夫》里所呈现的包租婆的社区。他自幼生长在那里，耳濡目染着其中的诸多旧事。

他所记叙的城区，恰是我所熟悉的地方。

20世纪80年代末，我考上大学，提着不多的行李，第一次走进青岛。那时候青岛还是一个小城市，主城区域限制在现在的山东路以西，山东路以东就是散发着发酵过的人粪尿味道的农村菜地。上学期间，我时常去往西镇一带，那里有我感兴趣的红旗影院，坐落在云南路上；还有二七剧场，在火车站西面的广州路一带，影院的椅子都是可翻动的硬木板，里面即使是在冬季的时候也没有暖气，坐下去一会儿，屁股就能感觉到冰凉。每当电影结束，剧场里面都是叮叮当当的一片翻椅子的巨响。那一带除了影院，就是四川路、贵州路一线的前海，没课的时候，我常去那里坐在海边的石头上发呆，看同样悠闲的人们甩杆子钓鱼，或者下网子捞螃蟹。八十年代末的时候，我的宿舍在海洋大学八关山山腰的四楼，上铺。阴雨连绵的上午，我躺在床上，侧一下头，就可以看到隐在薄薄的雨雾中的西镇城区。当时繁华、热闹的中山路，通过栈桥前伸进海里，忽然变得孤独而寂寞。浪花翻卷，拍打着岸边的礁石及防波堤，像是看着黑白的电影默片，无声无息地流淌着历史的故事。

王灏远先生所记录下的文字汇集为《西镇感旧录》，我不断地通过微信、微博看到他陆续发布出来的节选，它们恬淡，醇厚，让人在这浮躁的时代里安静下来，反思生活的本源和可能的未来，把记忆留给记忆，把精神回归精神，把人重新提升到人的高度，其中凝结着的法统和底蕴，隐隐散发出陈寅恪先生在清华园所撰写的纪念王国维先生碑文的风采和神韵，它们让我从琐碎的世务中，从与现实的"不挑衅、不呛火、不犬儒、不反驳"的"四不政策"中拔擢出来，耙梳出人文的风骨，正像我们曾经所共同反复吟诵着的：

"唯此独立之精神、自由之思想，历千万祀，与天壤而同久，共三光而永光。"

三

15日。

读完了《陈寅恪与傅斯年：大师之后再无大师》，掩卷长叹。

一个民族的瑰宝，大师级的文化高峰，生命飘摇，死于人鬼颠倒的疯狂年代。这个民族已彻底摧毁了未来大师诞生的土壤，进入了万劫不复之地。

因着没有彻底清算和反思文化大革命，大量的封建遗毒与极权主义合流的残渣余孽死灰复燃，而既得利益阶层则出于种种目的，乐观其成，甚至选准时机对其推波助澜、混淆视听、别有用心的颠倒和篡改。这让人不由得引起警惕，那些疯狂鼓吹重回文革的，到底是愚人，还是混蛋？

对比晚年不幸的陈寅恪先生，于1949年大地陆沉之际远走台湾的梅贻琦先生，却幸运得多了。他于抗战前后、国难期间执掌清华，前后数十年，是清华发展最快、大师云集最多、人才出类拔萃的速度最显著的一段时期。梅先生后来在台湾逝世，身无长物，只有哪怕在病床上垂危之际也片刻不离的一个小包，里面是清清楚楚的清华收支账目明细，点点滴滴彰显出廉洁、奉献、心系教育的大师风范。

白云苍狗，岁月已逝，又有多少旧事跟随滔滔江水而去。水流潺潺，我眼前的空气中也隐约显现出面目清矍的梅贻琦先生、目盲的陈寅恪先生瘦削的身影。陈先生为王国维书写的碑文，值得我们一字一顿、以坚定的语声朗读：

“独立之精神，自由之思想。”

四

我的印象里，曾经非常熟悉《束星北档案》一书的作者刘海军这个名字，只是从未见过其本人的真面。大约从 1993 年起，我经常在《青岛日报》的“副刊 · 文艺”版上看到他的文字，有些是读书评论，有些是散文，大概那时他已经在日报的文艺部里担任编辑和负责人了吧，我不知道。那时候经常在那个版面上出现的名字有王国强，刘海军，耿林莽，刘增人，于荣健等人，都是当时青岛有名的文化人。那时的日报文艺部，是这个城市高端文化生活的一个窗口，“副刊 · 文艺”的这个版面，每周五出版一期，上面总是能推出一两本至少是在当时的青岛读书界所关注的前卫书籍，并附有精辟入里的评论。作为一个大学毕业后留在青岛的外地学生，我那时在这个陌生的城市里举目无亲，只有这个窗口，带给我些许的亲切和温暖，除了大学图书馆的图书检索室，这个窗口是我那时的现实生活中带来读书启蒙最大的一个所在。后来，大约在 1996 年前后，我的一些评论和随笔、散文，也经常大小不等地出现在那个版面上。

刘海军先生《束星北档案》一书的主人公，是一位极具悲剧性的天才的量子物理学家，他在 20 世纪中叶，曾经焕发出耀眼的光芒。

那曾是一个让人眼花缭乱的时代，也是一个在人类科学史、思想史上发生革命性变革的时代，一个改变整个人类命运的时代。在那个时代里，沿着19世纪末普朗克对于量子的发现的道路，进入20世纪的天才的物理大师们陆续推出了改变人类文明进程和命运的成果：1906年爱因斯坦狭义相对论，1916年广义相对论，后来是德布罗意波，薛定谔波动方程，狄拉克方程，波尔的原子、电子理论，海森堡的不确定性原理，随之而来的是哥本哈根解释，然后，是中子，中微子，可怕的裂变理论出现了。这时，1939年第二次世界大战爆发，战争让世界两大阵营的科学家们开始了光明与黑暗的赛跑，犹太人，包括大师级的犹太物理学家在此之前被纳粹迫害时成群地转移到美国、英国；在哥本哈根，波尔与海森堡也曾经为着光明与黑暗的赛跑而产生了永远无法弥合的决裂。从此后，海森堡在他的山洞里继续眺望裂变和重水，而波尔则乘坐一架英国轰炸机，在缺氧的情况下，气息奄奄地被偷到英国，后又运到美国。再然后，泡利和费米，计算，爱因斯坦和奥本海默，洛斯阿拉莫斯实验室，曼哈顿工程，后来有了“瘦子”和“小男孩”，以及紧接着他们在广岛和长崎的让人内心复杂而恐惧的爆炸。

再后来，是很多人都知道的事情，雅尔塔会议，前苏联爆炸了原子弹，中国内战，韩战，冷战，铁幕时期，氢弹在美苏成了常规装备；中苏交恶，前苏联从红色中国撤走了专家，1964年底，中国爆炸了核弹，一个拥有几千年文明的古国，曾经在战火纷飞的年代里长时间地被欺凌和宰割达上百年，终于拥有了可怕的武器，致命的武器，这可能是保证一个民族永不再遭受瓜分命运的最后的防线，这个民族的历史从此被分为完整的两截。而此刻，文化大革命，一个幽灵，也与原子弹的命运一起同步出现。再以后，是古巴危机以及更加混乱的肯尼迪被刺，越战升级，直到约翰逊下台，尼克松执政，中美建交。

这时，《束星北档案》一书的主人公，束星北先生在哪里呢？

1926年，束先生留洋并到爱丁顿门下研究量子物理，战火纷飞的年代，他学成后就职于浙江大学，与研究应用物理的王淦昌共事，为访华的波尔所推崇。1952年起，束先生作为一个个人进入了多事之秋。据史料记载，当时的青岛海洋大学还是尚未内迁济南的山东大学，束先生当时在山东大学任教，并在学术和政治观点上，与时任山东大学校长的华岗产生了严重分歧，并因此被捕，肃反，审查，声辩，检讨。后来，他看着自己曾经的同事王淦昌不知去向，并最终根据国家发布的原子弹爆炸的新闻喜讯，推测出了王淦昌先生确切的去向，他失声痛哭，然后，放弃最后的心理阵地，成为一具真正的行尸走肉。

也许可以试着想象，当一个在量子物理研究上的成果和造诣足以与爱因斯坦、波尔等大师相提并论的个人，一个其研究成果足以改变人类命运的学科的参与者、当事人，面对着一个足以改变和重塑中国几千年历史的时刻，却因为人为的、命运的原因，被隔离于这个足以改变历史的事件之外，在这时，在一个看上去貌不惊人、行不出众的个人的身上，忽然凸现出了一个庞大到属于一个民族、一个国家、人类世界的科学、历史的悲剧，这样深刻的一种悲剧压在我们身上，使人几乎无法呼吸。

束星北背后的量子物理领域发展的大背景，以及中国核应用的大背景是两个强大的多的光源，这样的光源越强，打到束星北身上的光线就越强，凸显出来的悲剧的力量便越大。束星北以自身的力量融合进了前面的背景并与那些背景里的大师们并驾齐驱，所以他是伟大的；束星北与当时中国开发核应用的事件、以及与参与这个事件的大师们失之交臂，或者眼看着这样的事件的出现，而自己却不得不置身事外，直到放弃自己最后的阵地，这样的反差映衬出了悲剧的大小。

刘海军先生在《束星北档案》一书中付出了巨大的心血和努力。这从每一章后面的引文、行文中原生态的访谈内容、几年如一日的持之以恒的毅力足以看得出作者的艰辛。然而，国内现有的新闻制度的培养熏陶，以及编辑的职业习惯，却可能从某种意义上不知不觉中害了他，使他未能深刻地写出束星北的这个悲剧。刘先生依赖于采访材料，甚至为了材料的完整，舍弃了蕴藏在材料当中和背后思想本身的力量。他关注了极端环境下、孤立状态中的个人，并把书写中主要的光线凝聚到了主人公的身上，却未意识到，一个天才的物理学家的命运，注定不能等同于一个普通人，这个个人在量子物理发展、中华民族开发核物理应用的这两个巨大洪流之中的位置和错过，其中悲剧的力量和深度，仅仅靠档案材料之中的文字，显然是不足以与之匹配和承载的。这无疑是书写者的遗憾。

2013 年 7 月

【阅读书目】

傅高义:《邓小平时代》

邓榕:《我的父亲邓小平·激情年华》

《我的父亲邓小平·文革岁月》

《我的父亲邓小平·戎马生涯》

亨利·基辛格:《论中国》

《世界秩序》

"很难说除他(邓小平)之外还有哪个人能如此成功地把一系列性质组合在一起:权威、丰富的经验、战略意识、自信心、人脉关系和领导中国转型所需的政治判断力。

—— **傅高义《邓小平时代》**

一

上个世纪的 80 年代末,我走入了青岛这个城市。从那以后,位于市南区西部的中山路就一直是我步行次数最多的一条路。

最早逛中山路的时间是 1988 年中,那时候我刚上大学。当时的中山路上有三个书店，中段中国影院的对面，是当时在图书业内很有名的古籍书店；沿着中山路往北，中山路与胶州路交界口上，是新华书店；在中山路的最北头，则是外文书店。那时候，我刚完成了高中的学业，在踏进大学校门之前，我几乎读完了中国古典文学中的大部分经典书籍，但涉及到现代思想的则涉猎得较少。1988 年以后，我的很多有关西方现代思想启蒙的书籍，基本上都是在那里购买到的，比如佛罗伊德的“精神分析”系列，卡西尔《人论》，佛罗姆《逃避自由》《健全的社会》，马尔库塞《爱欲与文明》《单面人》，以及福科《性史》《癫狂与文明》，文德尔班《哲学史教程》，罗素《西方哲学史》，马斯洛《动机与人格》，等等。那时候，父母给我每个学期的 350 元“经费”，除了吃饭和看电影，基本上全部投到了这三个书店里。那时候，我从不买衣服，每个学期都穿同一条牛仔裤，正面穿脏了就翻过来接着穿，以至于裤子僵硬，脱下来抖两下子后，可以直立在地上。

那时候的中山路上有很多树，全是法国梧桐。一到夏天，凉爽的海风从南到北吹过，走在店铺林立的中山路上，真是一种享受。我逛中山路的次序，通常是每个星期天的早晨 8 点钟左右，从海洋大学乘 1 路车到湖北路，在圣弥埃尔大教堂门前看街头的青年艺术家的露天画展（那时候青岛的新锐画家赵德伟、苏海青等人都在那里画油画，高东方则在那里展出画过的水粉画），然后沿着湖北路和德平路的碎石路西下，溜达到中山路。北行几十步，穿过中山路三角地上竖立着的三面大广告牌，马路对面就是古籍书店。在古籍书店里面翻检一通后，结了账继续北行，先后逛外文书店和新华书店，然后坐在马路牙子上稍事休息，顺带着看几眼街上的美女。中午时分，沿着中山路南行，到南头进科技馆，这里是青岛最早全天候放映香港片录影带的地方。我就是在这里，亲自体验了香港 80 年代新兴起的新电影运动的主要历程，新浪潮电影时期的香港主要导演和演员的几乎全部作品，我都是在这里领略到的。比如吴宇森、徐克、周润发、刘德华、成龙等。那时候，在我的床头，垫子底下，除了未洗的臭袜子，就是科技馆镭射厅的电影票根，红红绿绿的一大堆。

夏天周日的时候，我通常在看完了录影之后继续南行，到栈桥或者小青岛外的港外沙滩上躺着晒太阳，或者踢拉着拖鞋溜达到第一海水浴场去游泳。一个夏天下来，我的皮肤逐渐由白变黑，如同一只非洲鸡。

大二的时候，市场经济的风气吹开了青岛的大门，在即墨路上开始有了小商小贩。买卖服装的人们开始在中山路北段汇聚，每到休息日，即墨路上人头攒动，讨价还价的声音乱成了一锅粥。那时候的人们还很少有辞职专门经商的，在即墨路上卖衣服打拼的，有很多是从监狱里劳改回城的释放犯人，他们失去了原有的单位和工作，只能在自由职业的荒漠里踢打出一片属于自己的空间，那是青岛草根阶层的人们中第一批富裕起来的人。那时的星期天，我除了继续到教堂门前看画展外，已很少再到中山路上的书店去凑热闹。我身处于俗世的成败与内心的向往之间的矛盾之中不能自拔，我去学校的图书馆比去中山路更多一些，只除了夜色来临以后，我步行去科技馆的录影厅里看电影的惯例。

后来，我迷上了小说。自从大二的某一天，我去古籍书店里偶然碰到了两本马尔克斯的《百年孤独》和《族长的没落》，以及后来最早由作家出版社推出的米兰－昆德拉的四部书《玩笑》《生活在别处》《为了告别的聚会》和《生命中不能承受之轻》，我的爱好全面转向了西方现代文学。从那时起我也自己尝试着写小说，《荒山》《人·狗·森林》《迷惘岁月》《冰河期》，林林总总地写完了几十万字。我往一些文学杂志的编辑部里投稿，可是文稿经常如石沉大海。有的编辑认为我在模仿海明威，水平却比海明威差出了一大截，并以此为理由，拒绝了我的好几次投稿。我为自己的这几次被拒的理由感到受宠若惊，有种无上荣光的暗爽。那时候我开始思考自己的未来，我依然在梦想远方，我时常想象着，有朝一日，我会随着突如其来的一场大雨一起，投入到轰轰烈烈的某种运动的潮流中去。而时隔不久，类似的一场洪流真的如期来临，我的几乎整个青春的思绪被这洪流挟裹而去，直入万劫不复之境。

1992 年大学毕业以后，我开始了在这个沿海城市打拼的岁月。那时候，我把自己不多的一点行李寄存在一家木器厂的单身宿舍里，自己独自在城市里流浪。夏天，青岛的街头第一次出现了夜市，中山路的悬空天桥附近是我经常活动的所在，我从当时四方区的海泊桥附近的鞍山路市场上批发了新掰下来的玉米棒，回到木器厂的宿舍里煮熟，然后骑三轮车运到天桥零售，每晚可以赚到40元左右。我的同学董六当时在一家国营的机绣花边工厂里做业务员，经常把他们厂里出口剩下的带花边的窗帘布尾货赊给我，让我在夜市上兜售。空余的时候，他也偶尔陪我在摊位上站街卖布，抽烟，打发时间。后来，大约1993年夏天前后，中山路两边的树木被砍伐不见了，白天，毒辣的太阳悬挂头顶之上，烤灼着黑色的柏油马路，穿越中山路的海风也无法把热浪带走。受炎热气温的影响，加上城市东迁的潮流涌起，走在中山路街上的人群也大大减少，马路边上的店铺开始变得萧条，只有夜间，华灯初上时分，人流才开始慢慢聚拢而来，马路上偶尔显露那么短暂的一刻生气。

1993年以后，中山路上的古籍书店和新华书店、外文书店似乎都在这个年头里被改造搬迁而去，中山路变成了一条完完全全的商业街，只剩下商业的街。我也似乎一下子失去了再去中山路的理由。很多年以后，学苑书店在东方贸易大厦的后面开业了，那里又成了我经常光顾的地方。学苑的旁边，是博山路浓烟滚滚的烧烤一条街，每到夏天，海风吹起的时候，空气里弥漫着一种古怪的烤肉与孜然混合的香气，以及小贩们用土制的煤球炉子炒辣味海螺的味道。那时候，我经常一个人顶着浓浓的烟气前往学苑书店，并成为在那里站着看书的常客。

学苑书店，不是书店，我们书店，以及，已经消失了的大地书屋，都曾经是我上个世纪90年代初开始就经常流连的地方。它们是某种趣味，某种吸引，气质，圈子，不声不响，安静地沉默于这座曾被称为“文化沙漠”的城市。

大地书屋位于中山路南段东侧的一条小路上，小路与中山路平行，路名安徽路。书屋的老板老张还在世的时候，我曾经经常去安徽路他的店面，在里面站着看免费的书。青岛电视台的“生活快车”栏目开播的时候，有一次与他们的编导一起喝酒，还针对大地书屋策划过节目。后来，某个早晨的日出时分，大地书屋在太阳的逆光里随着老张的离世而没落。

而学苑书店，则承载着我的青春记忆。它位于潍县路、四方路、高密路、博山路等一系列以山东境内县城命名的城市区域里，在城市中泛起的一堆烟火缭绕的烧烤店之林中默默伫立。那个时代，我用着一种摩托罗拉出品的寻呼机，在城市里狼奔豕突。下班后，我经常走过博山路上的那家曾经红火、而现已倒闭的菲利普电器行的门前，去学苑书店里做站客读者。在沉静的站立中，我啃读完了世界电影史，美国电影概论，读完了凯鲁亚克和金斯堡的嬉皮士作品系列。我的一位朋友赠送给我一本从学苑书店买到的西川的诗集，在那本名为《隐秘的汇合》的诗集中，他写道："雨季来临，在那名为山之阳的地方，南风吹响干燥的林木，崩雷震响于遥远的巨川之源……"直到后来，经济的大潮泛起，拆迁的风云席卷了城市，中山路汇入改造的宏伟叙事，我战栗于这可怕的商业的巨兽，并因此断绝了与学苑的勾连。直到很多年后，学苑在东部繁华的市中心开设了分店，我慕名而去，失望而归，它与我的青春渐行渐远，形同陌路，而我，已在城市的污泥浊水中漂流了三十年。

二

哦，这是不是我的幻觉？我记不起了。

很多年以前，我经常在与你约会的时候去那里看书。我记得你当时在博山路的电器行里上班。黄昏时分，我常在学苑书店看书等你下班。我的眼睛盯在书上，心却飞到了你的身边。我一目十行，大脑中却常常一片空白，我的内心时常被你的形象充满，它盘旋来去，如同某个魅影，某种声音，某道久而弥香的气味。我至今还保留着你曾经送我的西川的那本名为《隐秘的汇合》的诗集，那是我们生命交集中的某个唯一的物质的证据。由着它的显现，我在时间的那端回首，尚能记起几十年前我们曾经模糊的话语和情愫。在一个人的时候，我时常感到恍惚，我怀疑我的生命里你是否真的存在过，我不能肯定。你是不是一个幻影？你有多高？是胖还是瘦？你是否长发飘飘？也许你就根本没有爱过我，喜欢过我，我的影子可能都从未在你的印象里出现过，这是否梦境？一切是否我的幻觉？也许时间的流逝，终究要让我们从纯粹的内心世界转向对于物欲的追求，我们消失了曾经的梦想和虚幻，转而求取那近在眼前的，并把那眼前的视为生命中的唯一。就像你的现在，你是否每天关注房价的涨跌，有没有房子，父母是不是退休下岗？你是不是在想着房子装修过程中瓷砖的价格，这家的比那家的便宜三毛钱，那家的比这家的耐用十一年？也许你也像我，每天要应对如此之多的繁琐和纠结，与人争吵，并抽时间与自己争吵。经过了这么多年，我终于还是要无可奈何地承认某种失败，并终于明白，我们终究无法抵抗普世浑浊的命运。看看今天的你我，我们可曾愧对曾经的青春？我们是否曾经有过某个中秋，月圆之夜，波浪轻轻拍打沙滩的回响，四下里万籁俱寂，曾经夜钓的渔人都回家过节了，你我在海边护栏边伫立，天地有大美而无言，而一个人的内心，却因认出风暴而激动如大海，我们也曾在沙滩上依偎，静坐。

那时，我们是否便预知了今日的命运？

三

2004年的某一天，我闲来无事，又去中山路周围闲逛，那里已经成为这个城市里下等人的聚居之地。新兴的城市新中心位于青岛城市的东部，高档繁华的建筑移离了人们的目光。在中山路上，此时只剩下了老建筑和曾经长期居住、也许将永远居住在这里的原住民。从某种意义上说，也许中山路已就此被人们抛弃。各种狭窄萎琐的小商业门头在中山路上的局促之地内互相拥挤。在中山路的南端，原来科技馆的位置，已经成了专门宰杀外地游客的贩卖海货的摊点。在那些摊点里，小贩们用海绵或者发泡材料夹杂在包装海米的纸盒子底层，并把这些盒子专门卖给外地游客或者粗心大意的本地人，用海米的价格出售纸壳。那天，我从中山路的这些曾经熟悉的地方路过，感到中山路已经变得如此陌生，我怀想起几年前的中山路，以及我在这些房子里看电影的青春时代，我感到心中充满了沙粒。

从那天的中山路闲逛以后，这条路似乎就此一下子从我的记忆中消失，直到某一天，我从报纸上读到了一则关于中山路重建的消息。报纸上，用大幅的照片详细说明了未来建成后的中山路的雄伟姿态。令我震惊的是，新的中山路的规划者们把远在巴黎的拉德芳斯的著名现代建筑巨门原封不动地照搬到了青岛。我看着那副清晰的以巨门为代表性建筑的中山路未来效果，感到内心充满了恐惧和寒冷，这条即将由古怪的建筑充斥的中山路，也许注定将成为许多人心中的一个可怕的梦魇，对这条曾经古典的老路带有浓厚的邪恶风格的改造，将在人们的内心深处制造出仇恨的种子，未来的中山路，将注定再次从人们的视野和记忆中被人离弃。

2008 年，不知道是什么原因，原来规划的中山路的拉德芳斯巨门方案并没有落地实施。在这条路的北头，接壤市北区馆陶路的地方，人们在保留原有德式建筑的基础上，引进了部分时尚商业元素，把那里改造成了德国风情街。在中山路的中段，青岛市开埠时卖柴草的集市“劈柴院”，则被重新翻建成了地方民俗文化大舞台，算是让这条与青岛城市共同历经时代风雨的街道得到了新的生命。

2014 年的一天，我驾车从中山路上穿越而过，未敢稍作停留。我向街道两旁巡视来去，如同在与这条曾经跟自己青春作伴的街道、它的书店、影院、流动在期间的时光……做着某种仪式的告别，如同在与自己的青春道一声艰难的珍重，如同我记忆中的曾经的港片闪回，新浪潮的黄金时代，80 年代，爱与革命，冲动与诗歌，大把大把燃烧的荷尔蒙，枪炮玫瑰……繁殖吧母牛！生命短促啊！那风起云涌的天王，城市之狼，大佑，列侬，U2，国荣，哈里森，斯达……它们渐行渐远，青春，再见；青春，永不再见。

四

“从某种程度上讲，我们仍然生活在邓小平时代”。

——冯克利《邓小平时代》译者，封底。

14 日。

我所在公司的项目已经进入到景观落地执行阶段。我受公司委托，南下沪深广武，与合作单位洽谈合作事宜。我打小惧夏，无论暑热、夏雨、台风、雷电，均让我胆颤心惊，苦不堪言。而此时的广武沪深正是暑气蒸人的季节，即使心生怵意也要无奈启程。我从济南飞武汉，从一个热都飞向另一个热都，好象变成了一只包子，在济南是水煎包，到了武汉成了蒸包，乘高铁到达广深，又被回锅成炭烤油煎包，等到最后回到鲁北的滨州，经过一路上灰尘污染的空气的蘸酱涂抹，便成了周游南方中国的土包子。

我在夜色中抵达武汉。我在久仰的大学旁住下，信马由缰浏览江城夜色。不眠之夜，街边的宵夜摊开始上客，三三两两的夜游神在灯下出现。光头的小老板牵手长裙飘飘的女大学生，刚收工的民工后背上挂着晶亮的汗珠，蹲在路牙石上唏溜热干面。热浪滚滚，夏日的信息如此清晰。雨季虽未到来，乌云却正在凝结。

第二天，谈完了事情，我搭乘广武高铁继续南下。火车启动，又很快地加速。一个又一个涵洞，如同穿越一条条光的走廊。湖北，湖南，广西，广东，车轮轰鸣，内心孤寂；车行过后，窗外的空气沉寂，而内心开始喧嚣。身份卡和蓝色票，旅人的伴侣，心和脚步，总有一样在路上。远方的城市华灯初上，新闻联播的片头音乐响起，手机短信互联网，断肠人在天涯。

广州站终于到了。高铁与城市地铁交叠在一起，如同钢铁的巨兽。我向来有迷路掉向的缺陷，广州车站的庞大和复杂让我抓狂，迷失，如果不是与精通信息搜索的同事一起，真能在一见到广州站名字的时候就晕倒在站台上。从广州，再向东莞，车辆咆哮，太阳光带着热量从头顶砸下来，砸出汗水、烦躁、冲动、愤怒，污言秽语的闸门打开了，拳头、无影脚、丢你老木从嘴里迸出，节操碎了一地，无法捡拾，又被匆匆奔忙的脚步和地铁的轮子践踏、辗碎，随风飘散，溶入江河和草木，热浪继续，重新生长。

东莞，东方的索多玛城，此刻正从夜的邪恶中苏醒。它的阴险陷阱和重重圈套、火车站不动声色的迷局、纷纷扰扰揽客宰人的乱象，透视出某种管理权威的缺位和放纵。

我进入东莞发往深圳的城铁，如同进入了非中文、非英文的世界，周围充满了说着咿咿呀呀的奇形怪状语言的怪咖，似乎是港腔，又象粤语，更象某个早已消失了的部落语言的碎片、全世界共讲而唯独我不解的密码。这时，列车广播里传来播音员散布列车抵达信息的普通话的声音——感谢上帝，我终于找到了自己存在的证据。

16 日。

夜里 11 点，延误后的航班终于在上海浦东降落。潮热的气浪扑面而来，这是今年第一次面对桑拿天。象青岛的七月，高温、高湿，感觉人群早已象洗净了的牛羊排骨，一股脑地抛进高压锅里咕嘟，不由分说地就被炖成酱汤、清蒸肉、汽锅涮肚，不听解释、不做说明，一意孤行，直到骨酥肉烂方才罢休。

凌晨六点，出上海出发奔杭州。十点到达，谈判两小时，午餐后参观一小时，四点从萧山飞济南，一天四城，疯狂摇滚，为了孩子和未来奔波。闭上眼睛，孩子的形象在脑海浮现、上升，穿过时间和磨难的大海，你我的情缘得以保鲜，不致于风干。女儿，我愿意两手空空仅仅奔你而去。

五

> "邓小平到底做了什么，让中国这样脱胎换骨？"
>
> "施了魔法，"我第一次这样开玩笑，但随后解释说，"大概是改变了执政党的基因吧，从一个残酷斗争的党，到一个可以内部谈判的党。"
>
> ——傅高义《邓小平时代》

"呃，老唐，这次你又要给大家介绍一个怎样的怪咖呢？"

"好吧，好吧。大约在 2005 年前后，我在青岛的网络 BBS 里认识了一个美女。她是个崇拜波伏娃、伍尔芙、阿赫玛托娃的家伙，我们叫她 Lucy 吧，就像吕克 · 贝松导演的《超体》里面，那个由斯嘉丽·约翰逊扮演的猛女的名字一样。只是我认识的这个 Lucy 胆子很小，像是卡夫卡笔下天天缩在山洞里的甲虫。她属于那种很奇怪的直爽女子，不拘小节，也不讲究穿着。几年前，有次吃饭的时候，这个文邹邹的 Lucy 同学还矜持地推辞，“伦家是女孩子，不喝酒的”，但有次跟我老婆他们出去参加樱桃节，就看见她三下两下直接爬上树，摘下一堆樱桃，坐在泥地上吃得那叫一个香甜，差点把人笑死。她在国内的时候，经常整天跟一批奇怪的人踅摸有美食的地方，要不就喝各种奇怪的茶叶。前脚美滋滋地在群里显摆自己新买的花裙子，后脚就直接变成彪悍的女汉子。”

“她也喜欢读书吧？”

“嗯，不是一般的喜欢读书，并且读的都不是一般的书。我这次回青岛，带回了一本《罗马书释义》，一开始读，感到很吃力，后来再读的时候，就忽然觉得真是很深奥，简直受益匪浅。我读的《罗马书释义》《前后哥林多书》《圣经》和刘小枫的系列基督教学术文章，都是她推荐的。”

“晕。莫非她有做修女的想法吗？”

“切！她才不可能去做修女。她先是在青岛大学拿到了英语专业八级，然后便报考中西方比较文学研究生，硕士毕业后在一家外贸学校教书，在教书期间接触了基督教，然后便开始研究神学，后来跟着青岛法盟学法语，学德语，学西班牙语，然后就被外派出国游历。岁月是把杀猪刀啊，可以把各种淑女范，毫不留情地雕刻成让人意想不到的奇葩女汉子。这才几年啊，她仍然天天贪吃得要命，去大非洲转了一圈，捎带脚又学会了意大利语，阿拉伯语，读了满肚子学问，还一直抱怨说自己找不到生命的位置、不甘心、没出路，自己纠结了 10 年，矫情。”

“这不就是传说中的神人吗？”

“嗯，谁说不是呢，她出国的地方是北非的摩洛哥，一个到处都是撒哈拉、地中海、大西洋、卡萨布兰卡等异域风情名字的国度，让人想起来就怀念青春梦想的地方。她在那边的孔子学院，把跟着她学习的老外修理得一个愣一个愣的，即使是花岗岩脑袋也完全可以想象得出，出国给老外上课的时候，Lucy 绝对是直接手抡铁锤，把那中文的方块字像钉子一样楔进老外们的扁脑壳里。你看她刚回国，就直接发微信，微博，要求国内的这帮曾经跟着她混的穷鬼们请她撸串、哈啤酒、吃嘎啦。”

“哇擦！神往！”

“呃，等有时间，我给你找几张她在北非拍摄的照片看看吧，这会让你产生男儿勇敢闯四方的励志豪情。她去摩洛哥孔院教学 8 个月，照片拍了数千张，只是，拍照片的水平却一直有点烂而已，你凑合看吧。”

“那也毕竟是生命的精彩片段啊，再烂也值得看。”

“嗯，感谢老邓吧，要不是他，我们逛个狗屁街啊，别说高铁了，连坐个绿皮火车都得被挤成相片儿，坐高铁可能都是扯犊子，哪里还有什么跑到大非洲开办孔子学院、走南闯北的见见世面的说法啊。你说，那样的话，我们得是多大的一坨坐井观天的傻逼啊。”

2013年8月

【阅读书目】

茨维塔耶娃:《茨维塔耶娃诗选集》
《茨维塔耶娃散文集》
《茨维塔耶娃自传》
伊利亚·爱伦堡:《人·岁月·生活》(上、下)
夏加尔:《自传:我的生活》

“亲爱的,如今的彼得堡正是冬天,异常地寒冷。”

——帕斯捷尔纳克:《致茨维塔耶娃的信》

“在我们这个世纪,再也没有比茨维塔耶娃更伟大的诗人了”。

——布罗茨基

“我已陷入了绝境,我再也无法生活下去了,请原谅我,但以后(的生活)会更糟。”

“古往今来的诗人啊,谁的命运不是黑人?”

——茨维塔耶娃:《茨维塔耶娃诗选集》

一

2008 年。在我的印象里，从来没有哪个年头象这一年一样，让人心里大起大落的了。

先是我所在单位、所在部门的直接上级像走马灯似的更换了两轮；接着，我被公司外派到位于青岛市榉林山脚下的一个破产清算的工业厂区里，去主持那里的老厂房改造项目。

那年的 4 月底，我去北京和天津参观类似的老城区改造项目，结束参观后却买不到 28 日夜间返回青岛的火车票。那一年是中国历史上首次取得了夏季奥运会的承办权，全国一片沸腾。青岛作为北京奥运会伙伴城市，承办当年度的奥帆赛，整个上半年，直至夏季和旅游季节结束，去往青岛的火车票都一直处于紧张状态。北京和青岛除了与奥运会、奥帆赛有关的建设项目，一律被禁止露天施工。27 日，我思虑再三，从北京坐城铁到天津，又从天津买到了去往济南的长途大巴车票，下午三四点钟，我在济南的章丘一带高速公路的换乘点，搭上了去往青岛的长途汽车，等到达青岛，已是入夜八点多钟了。28 日早晨，上班刚打开电脑，消息框里就蹦出了 28 日凌晨 4 点北京至青岛的 T195 次列车在胶济线上倾覆的惊天新闻。我握着鼠标的手不由得一阵颤抖："感谢上帝，多亏没买上那班火车票，好悬呐！"

再后来，是 5・12。汶川的房倒屋塌，淋漓鲜血，大自然的凛凛神威下，让人倍感生命的脆弱、命运的无常、历史进程的随机和偶然。那天，是我所在公司的某个商业项目举行开工仪式的日子。下午时分，我们还在会议室里总结经验教训，有敏感的女同事觉察到了轻微的摇晃。接下来，又是 8 月 8 日奥运会的普天同庆，中国人赢得了世界庆典仪式宗师的王者招牌。随即，未到年底，席卷全球的金融风暴来临了。

那一年年中的一天，与我们合作建设榉林山老厂房改造工程的政府招商机构的工作人员与我们一起联欢，他们的首长逐一给我们介绍自己的成员，其中一个与我直接进行工作对接的公务员，是一个看上去不到 30 岁的小伙子，清瘦，文雅。他的首长告诉我们，这个小伙子在俄罗斯留学 7 年，研究俄国文学，并且取得了在俄罗斯任教、教授俄罗斯人俄国文学的教师资格。这样的任职资历让人抓狂，这像是在说，一个印度人在中国学了 7 年中文后，取得了在中国教授中国人中国文学的资格一样。我生性不愿与人在饭桌上拼酒，就只好在谋求与人的共同语言上下笨功夫，我买到了许多与俄罗斯文学有关的书籍，在阅读上闭门自修。于是，在那一年，我疯狂买书，即使来不及阅读也要买。在买过的那些书目中，就有这些一直到 2013 年远赴外地履职后才开始静心阅读的册子。

二

茨维塔耶娃，这是一个因诗歌而得以永恒的女人。

此刻，呈现在我面前的，是茨维塔耶娃一袭黑衣的黑白照片。她的额头宽大，脸颊瘦削，头发挽向脑后，发型一如与她年代相近的英国女作家佛吉尼亚·伍尔芙。我打开茨维塔耶娃回忆录的扉页，这个伟大的俄罗斯女诗人就以这样的形象出现在我的面前。

1992 年秋天，在一次关于茨维塔耶娃的国际研讨会上，诺贝尔文学奖获得者布罗茨基说，茨维塔耶娃是我们这个世纪最伟大的诗人。有人问，她是俄罗斯最伟大的吗？他说，她是全世界最伟大的。有人又问道，那么，里尔克呢？布罗茨基有些气恼地说，在我们这个世纪，再也没有比茨维塔耶娃更伟大的诗人了。

瑞典皇家科学院诺贝尔评奖委员会主席也曾经说过，茨维塔耶娃没有获得诺贝尔文学奖，不但是她的遗憾，更是评奖委员会的遗憾。

茨维塔耶娃，作为一个诗人，似乎在我们这个素来没有尊重诗人传统的国家，一直没有得到应有的重视。连同她的同胞阿赫玛托娃一道，我们几乎对这个一生都在自己的诗歌里关注生命、死亡、爱情、友谊、艺术、自然、上帝的伟大的女诗人一无所知。事实上，何止阿赫玛托娃、茨维塔耶娃，甚至连布罗茨基、沃尔克特、佛洛斯特、埃里蒂斯等一大批伟大的诗人，甚至连我们自己国家的伟大诗人，海子、骆一禾、食指、西川、北岛，等等，我们都没有过应有的关注和重视。这不只是我们这个国度的悲哀，也是我们所处的这个时代的悲哀。

关于茨维塔耶娃，现在的人们似乎无法说得更多。从她的自传和介绍里，我们只能大略地知道，她曾经度过一段长长的流浪生涯。某一年的冬天，她途径彼得堡，后来又在柏林，再后来，是在巴黎度过了长达 14 年的异乡人生活。再后来，她最终未能抗拒缠绕在自己心头浓重的对于俄罗斯的乡愁。这乡愁如此之深，甚至使她忽略了她的挚友帕斯捷尔纳克关于当时俄罗斯国内政治环境极其恶劣的暗示：“亲爱的，如今的彼得堡正是冬天，异常的寒冷”。乡愁使她归依俄罗斯的大地，而政治却使她深陷牢笼。

很多年以后，1941 年的 8 月，茨维塔耶娃，这位因未获得诺贝尔文学奖而被诺贝尔文学奖评奖会主席引以为遗憾的伟大的女诗人，她最终无法承受自己精神与物质的双重危机。一个伟大的诗人，甚至当她想向组织申请一份在这个国家作协食堂当洗碗工的工作、以获得维持生活的面包的时候，她获得的竟然是无情的拒绝，并最终使她留下一封给儿子的遗书后自缢身亡。诗歌让她的生命得以辉煌，但为诗歌而生活的信念却把她推向了十字架，她等待刀尖已经太久。她用她曾经写诗的笔写下：“我已陷入了绝境，我再也无法生活下去了，请原谅我，但以后（的生活）会更糟。”这样的语言让人唏嘘，即使一个可以获得诺贝尔文学奖的伟大诗人，最终生命的价值仍然无法大于那么一两片聊以为生的面包，在这样的不等式面前，我们还有什么话可说呢？而这一切悲剧的产生，究竟是来源于物质的匮乏，还是来自于精神的蒙难，甚至，难道它产生于人类本性之中不可避免的、足以造成一切人间不公和丑陋的政治基因？

无论如何，当我面对茨维塔耶娃的形象，我都无法抑制内心忽然升起的尖锐的痛苦感。

特朗斯特罗默曾经在他的诗句中质问：“黑夜怎样焊住我灵魂的银河？”这沉重而深刻的质问此刻在我的脑海里回响，让我无法平静地入睡。至少，这样质问可以使我内心保持哪怕一丁点的空间，容留一口自由的空气以便呼吸，从而让我不至于因缺氧而突然昏厥。

三

“谁记得一切，谁就感到沉重。”

——伊利亚·爱伦堡：《人·岁月·生活》

我们国家曾经有一段历史，与俄罗斯的历史有过一定程度的重合，尤其是十月革命以后、以及 1949 年以后。那是两个伟大的民族政治合作的蜜月时期。在这个时期里，我们被输入了技术，也被输入了意识形态、思想和体制，同时，作为一种友谊和文化的载体，我们也接触到了这个民族的文学艺术，于是，我们知道了普希金——“啊，假如生活欺骗了你 / 不要悲伤 / 不要难过”，托尔斯泰——“幸福的家庭都是相似的，不幸的家庭各有各的不幸”，以及，屠格涅夫，陀思妥耶夫斯基，果戈理，契诃夫，法捷耶夫，高尔基，奥斯特罗夫斯基。再后来，我们也知道了肖洛霍夫，马雅克夫斯基，爱森斯坦等人。可是，在爱伦堡这里，透过爱伦堡这本厚厚的《人·岁月·生活》里流露出来的蛛丝马迹，我们知道，伟大的俄罗斯文学艺术远不止这些。

2008 年 5 月的一天，我从卓越网上买到了爱伦堡的这本《人·岁月·生活》，厚厚的两大本，被称做是俄罗斯版本的《光荣与梦想》、以及苏联“解冻文学”的开山巨作和“欧洲的文艺史诗”。这本书里的很多观点有自相矛盾之处，有些甚至被批评为错误的，即使后来的爱伦堡自己也说：“此书当然是极其主观的，我根本没有打算写一部时代的历史。它与其说是一部编年史，倒不如说是一部自白书更恰当些。”

关于已经过去的那上个世纪，关于那个世纪中曾经有过的文学和艺术，现在的我们又能说些什么呢？我们又了解些什么呢？那些曾经影响过中国一代人和几代人的文学艺术，他们真的像我们曾经崇拜过的那样，不可更改，其上没有浮翳吗？他们是俄罗斯文学的全部吗？

爱伦堡，这个从西方文化领域进进出出过的作家，他看到了世界文学、文化的全貌，他把怀疑精神灌输给他的同胞，这个先知，又在他的这本书里说些什么呢？

从彼得大帝改革以后，曾经野蛮粗俗、只懂得讴歌战争和武力的俄罗斯人看到了来自欧洲的文明。巴黎的奢华和开化成为俄罗斯人追求的最高境界。一百年后，作为对于彼得大帝改革的回应，俄罗斯文化进入了以普希金为代表和开始、并以托尔斯泰为结束的黄金时代，那耳熟能详、脱口而出的铿锵的诗句，深远而悲悯的宗教情怀是黄金时代的色彩和声响，那是璀璨的恒星，金色的太阳，一座座高峰拔地而起，成为大师殿堂里永恒的标记。

后来，是群星泛起的白银时代。象征主义，阿克梅派，四 B，血的清洗，残酷斗争，无情打击。马雅可夫斯基，他看着天空穿裤子的云，作为某个政治势力的旗手，却最后饮弹自尽。这单纯而奔放的诗人最终无法逃脱悲剧的命运；古米廖夫，与马雅可夫斯基一样伟大的宗师，被摧残致死，他遭遇的是枪毙；别雷，布宁，勃留索夫，叶赛宁，后者因为对农业运动发布了不同的意见而被冷落；白银时代令人仰望的双子星座阿赫玛托娃、茨维塔耶娃，那歌唱爱情和永恒的绝对孤独的女人，因为吃不上面包而自己结束了生命，她给儿子的遗言说："生活很艰难，可以后，日子可能更糟"，布罗茨基曾经说过，"茨维塔耶娃是我们这个世界最伟大的诗人"，甚至，布罗茨基执拗地认为，"她比里尔克还要伟大"；还有，那到处漂泊的曼德尔施塔姆，他没有师承，"什么是阿克梅派？阿克梅派就是对世界文化的眷恋！"上帝，这本可以耀亮天际的星群，只因被错生了时代，他们被时代的乌云隐藏。

再后来，是帕斯捷尔纳克，那灰发的看门人站立在门外。多年前的某个夜晚，托尔斯泰、柴可夫斯基在鲍里斯的庭院里倾听钢琴，里尔克在历史的某个时刻与他擦肩而过；布尔加科夫，这个想用手中魔鬼的笔触探索彼拉多、大师和玛格丽特秘密的魔幻现实主义大师；还有，几个月前拖着残老身躯接受了人民封号的俄罗斯民族的良心索尔仁尼琴，格罗斯曼 —— 这众多的道德律和苍穹的代言人，他们有着共同的命运，那就是监狱、流放、封锁和冷落，那遥远而寒冷的古拉格群岛，内心的镣铐，体制的监牢。

而爱伦堡，爱伦堡 ……

他的文学成就没有这些俄罗斯的文学大师们那么伟大，他在自己的生命的里程里看到了他们当中的许多人，并与他们结识，交往，他也经历了其中的许多人命运的直接或间接的改变者，斯大林，布哈林，基洛夫 …… 在万马齐喑的年代里，爱伦堡四处奔走，他是记者，作家，活动家。他用回忆录《人 · 岁月 · 生活》，把世界打开在俄罗斯人民的眼前，并把俄罗斯的天才作家们介绍给自己的人民。他反思，并把真相告诉人们，他把那些被人刻意遮掩的日常生活揭示在光天化日之下，很多年以后，他的这部巨著被人们尊崇为“解冻时代的开山之作，欧洲的文艺史诗”。

四

2013 年的夏天，骄阳似火，蝉鸣声响彻耳鼓。

在鲁北仲夏的一个周日的中午，我坐在窗前阅读爱伦堡。在他笔下的茨维塔耶娃，体味着那伴随了她一生的深刻而让人绝望的孤独，这孤独最终把她送入死亡。这个把自己看做是注定负担有特殊使命的犹太人的女人，这样的姿态并不是一种傲慢的孤立，而是一种命运的安排。“古往今来的诗人，谁的命运里不是黑人？”这样的形象，让我感到冷汗涔涔，尤其是在我抵达鲁北平原、见到了生命中如此之多的孤独和灾难之后。

在爱伦堡回忆录《人 · 岁月 · 生活》的开篇，他写道：“谁记得一切 / 谁就感到沉重”，是的，我当然记得，我也无法轻松，因为，遗忘的时间，远没有到来。

五

“一切在荒谬的稀薄空气里维持的生命，都需要某种深刻而又持久的思想，用以使自己富于生气，否则，它们就不可能继续下去”。

—— 加缪《西西弗斯神话》

此刻，展开在我面前的，是一本由湖南美术出版社出版的小册子，西方现代艺术家故事丛书中的一本，《夏加尔自传：我的生活》。书籍窄窄的，像是一个可以随时装进上衣口袋的笔记本。

夏加尔，1887 年生于俄罗斯的一个农村。如同在预言或宣告一个天才画家的诞生，那一年，伟大的文森特・凡・高，在法国南部的阿尔勒绘制他后来闻名世界的不朽作品《向日葵》。

有时候我在猜想，也许在今天，生活于信息时代、并习惯于在网络的高速公路上奔驰的人们已经难得再有心思停下来，细细地品读夏加尔和他的画作了。农村的丘陵，公鸡的孔武和山羊温柔的眼神，马，猫，母牛，暮色里收耕的农夫，伸向家畜嘴边的树枝，人与动物难得的和平，男人和女人飞升在空气中一样的爱情。1911 年，在战争阴云聚集的欧洲，在夏加尔的画笔下短暂地出现，它们古怪，神秘，充满着纯真的情感和激情的颤动，并要命中注定终将成为永恒。在夏加尔的那些反映出人类原始的历史、童年的梦幻、并带有某种对于现代状况和希望的表达的作品中，容易让人感到，自己距离真正的人类生活是多么的遥远，它让人思考，每天的劳作到底是在为了什么，爱情在哪里，那戴黑手套的未婚妻，那马戏团的女演员，玫瑰，与画家脉脉相向的山羊，贝拉，青春的贝拉，持康乃馨的年少的贝拉，鲜花，五颜六色的调色板衬托出洁白的新娘的裙裾，这是不是我们存在于别处的生活？

夏加尔生活的时代，生活于今天的人们似乎注定只能从史书上进行重温。

在夏加尔画着他的不朽画作的同时，1916 年，卡夫卡完成了他的《变形记》，佛洛伊德在写他的《精神分析引论》，达达主义在兴起，英国人第一次把坦克投入了世界大战，毒气被列入了屠杀人类的武器的行列。而此前不久，远在美国大陆的格里菲斯刚刚拍摄完成了他的电影史上的经典之作《一个国家的诞生》。我们当然无从想象，如此众多的文化成就，如何能够在这样一个令人感到羞耻的混乱的时代里，与夏加尔的梦幻共存。

今天，在这夏日阳光耀眼的星期天的早晨，我们不用畏惧阴雨连绵的冬天，没有寒意透骨、渴望太阳的日子。也许，这正适合看看夏加尔的画作，那里有我们长期以来梦寐以求的绿色，梦境，渴望，以及久居都市的现代人们所久违了的激情。

2013 年 9 月

【阅读书目】

卡尔·巴特:《罗马书释义》

罗素:《西方哲学史》

远藤周作:《深河》

钱文忠:《玄奘西游记》(上、下)

"你们必晓得真理,真理必叫你们得以自由。"

——《圣经·新约·约翰福音》8 章 32 节

一

1990 年 12 月 24 日,平安夜,雪花大如铜钱,覆盖了青岛的城市。我在中国影院看完了晚场的电影,思维还沉浸在徐克和程小东营造的非现实的世界里。脚踏着咯吱咯吱作响的雪地,我在中山路上独自游荡。向南左转过红星影院和新建的肯德基的店面,就是缓缓上坡的湖北路东段。在湖北路尽头的山坡顶部,是自青岛市开埠就建成了的天主教堂,也被称作是圣弥埃尔大教堂。教堂门前的脚下,凹凸不平的马牙石路让我慢下了脚步。我听见教堂里面唱诗班咏唱赞美诗的歌声从天而降,如同常春藤将我掩映、包围。

我依然记得，引导我对基督教、天主教产生了初步认识的我的外婆。很多年前的胶东半岛，也是这样风雪飘摇的冬天，也是这样弥漫在胶东半岛起伏的丘陵地带的大雪天，她给我讲起一些她所经过的奇异的见证。

1942 年 11 月底，胶东海阳、莱阳、栖霞、乳山一带遭到日军扫荡，日本军人在胶东乳山马石山制造了惨绝人寰的“马石山惨案”。那时候我的母亲出生没多久，还在吃奶。日军途径海阳徐家店坛山村，在村口屠杀抓获的老百姓。枪刺扎入跪在地上的人的后心，淋漓的鲜血，无声的画面，窗外传来日军蹲在地上肆无忌惮地拉屎的声音。无力逃走的外婆带着尚在吃奶的我的母亲和我的姨母 —— 那时我姨母还只有 5 岁 —— 躲在屋里祷告。姨母趴在窗户上，因为没有院墙的阻挡，向外瞭望的姨母可以清楚的看到日军杀人的情景。外婆说，那时，也许正是神的大能的显现，听到了我外婆和我姨妈的祷告，也许，正是命运与苦难偶然间的擦肩而过，外婆家那扇豁角的破旧门板最终把日本人和几乎必然的灾难挡在了门外。而那一年，因着马石山惨案的发生，因为担心被日军发现而捂住婴儿的口鼻、导致窒息夭亡的生灵又有多少？外婆习惯性地念出了那耳熟能详的祷告：“那遭受痛苦的人有福了，因为他们必得大安慰；那饥渴慕义的人有福了，因为他必得饱足”。这惊险的遭遇坚定了外婆信靠的信心。

年少时的我懵懵懂懂地聆听。“见证”，这早在我幼年时期就深刻于脑海的词汇，直到很多年以后，直到我度过多少烽火岁月，直到我大学毕业、走上社会，直到我即将被生活苦难的山谷掩埋，我颠沛流离，漂泊的灵魂抓住了拯救的方舟，基督，走进教会的怀抱，直到此时，我才真正体验到这留存在一个老人脑海深处记忆的见证 —— 而此刻，距离外婆去世已经十多年过去了。

二

9 日。我从鲁北驾车前往烟台公干。

结束了公事，我在返回滨州的途中，绕道海阳的山区，顺路前往祭扫外婆的墓地。闰七月，胶东的风俗，是年不能在老人的坟上填土，只能烧几令纸，并把带去的水果和糕点，以及外婆生前喜欢喝的果酒洒在火里，聊做祭奠。

外婆生前曾是海莱山区一带著名的资深接生员，就是现在人们所说的民间的妇产医生。上个世纪的中叶，海莱山区的农村医疗卫生条件很差，医院还没有普及到农家，因此，在外婆居住的方圆几十里山区的孕妇，基本上都是请她给接生。我小时侯，一直到上小学前，都是在外婆身边长大，在我那时艰苦生活的记忆里，似乎只有在她身边生活的时候，才是最幸福的日子，因为那时外婆给人接生，我能够时常地吃到有产妇的人家赠送的红皮鸡蛋。我记事的时候，外婆有次对我自言自语，大意是，周围几乎所有 40 岁以下的人们，都是经由她的双手的接引来到世间的。她在当地是非常受人尊敬的人。很多年以后，虽然外婆的体力弱了，已不适合再去给人接生，加上医疗条件逐渐完善和普及到了海莱山区，生孩子的孕妇家庭也都逐渐到医院里去生孩子，但是她依然还会经常地收到弄璋、弄瓦之喜的人家赠送的红皮鸡蛋。有一年，外婆 60 多岁的时候，跟我说起她在老家曾经遇到过的奇怪的事情，有好几次，她从外面回到家里，都会看到炕上放着不知是谁送去的崭新的布料，有时侯，布料里还包着 20、40 元不等的馈赠。

外婆当时是海莱山区较早接受西式教育的人。在那个年代，信仰基督教是一件很隐蔽的事情，我也是直到 1988 年，才知道她是虔诚的基督教徒。那时候，信仰基督的环境已经比较开放，我每次放假回家，只要她住在我们家里，我总是能够经常看到她在饭后，一个人在自己的房间里戴着眼镜，一字一句地朗读经书。有时候，我长时间地站在门前，听她背对房门诵读《圣经》的声音，许多句子象被石匠的锤子敲打着的钻头一样，不停地雕刻在我的内心。“人心就象是新妇，而基督就是那被迎接的新郎”；在生活不如意的时候，“你要祈求耶稣的降临，你有求，就必有应，断不会你求着种子，却给你秕子”；“在天我们的父，你的名应受显扬，你的国度将在人间实现”；过往的人，“你可曾见到过我的爱人，我的心因爱成疾”。1995 年以后，每一年，当我从生活的颠沛流离中回味这些曾经熟极而流的朴素的句子，我的眼眶中总是满含泪水。

回想起来，外婆生前的开通和境界都是我曾经很难想象的。1990 年前后，我还是愤怒的青年，喜欢穿肮脏的牛仔服，牛仔裤脱下来后，可以在地上直立。那时候，我蓄留披肩的长发，听重金属的电声音乐，唱硬摇滚的歌曲，愤怒和伤痕把我推入身不由己的时代的洪流。远离了内心的谦恭和训从，远离了管教和感恩，我把所谓的成功、廉价的发达、臆想中的发财梦当成自我努力的方向和结果，我在骄傲之中迷失，并直接造就了多年以来心灵浪迹的旷野，找不到归宿。我的内心生出了蒺藜和荒草，我向着土地索要粮食，地里却长出了石头——啊，遥远的年代，马尔罗在回忆录中高声吟诵：“拯救的障碍，不在于滚滚红尘的诱惑，而在于我们对于尘世生活的迷恋……”我家老爷子是某监狱的高管，看惯了犯人的秃瓢脑瓜，对我的长发总是深恶痛绝，并不止一次地与我讨论该如何修理我的长发的问题。而外婆每次听到我们的争论，总是微笑着给我们劝阻，她跟我家老爷子说：“年轻人喜欢的，就让他留好了。年轻的时候有些事情想不通，总有一天会想通的，强求不得。”这样的话，以及外婆说这些话时的样子，直至今日，我仍然历历在目。

三

“先生，你知不知道，走投无路的滋味？”拉斯科尔尼科夫明白，他与家庭所联系的那条细细的线被剪断了。

——陀思妥耶夫斯基：《罪与罚》

在远藤周作的《深河》里，那群参加了去往印度恒河朝圣之旅的游客们，各自面对着属于自己的深河。天上的宇宙有多浩淼复杂，人们的内心就有多深不可测。失去了孩子的父母，空虚寂寞的美妇，身在加尔各答苦行的忍者，他们也是背负着我们自身形象和寄托的化身，并最终在那条永恒奔流着的肮脏的河流——恒河水里接受涤荡和清洗。

也许，生命中确乎有那比江河湖海不止歇的涛声和冷漠无垠的苍穹、星海更加永恒的东西存在，对于人类，那就是与死亡永远的抗争——对于我而言，抵达永生的路则陈列在眼前：宗教，艺术和爱。不信的人把布道、福音的传播混同于传销。是的，也许福音从某种意义上就是传销，它传的是关于永生、拯救、赎罪和信靠的好消息，销的是去往天国的入场券，藉着基督的身体和血，这唯一的道路，我们进到天国的门内。有多少人沉浸于个人的成功和自我能力的假象里不能自拔，淡漠了神的美意，真理，忽视了神的信息？而像所有渴慕基督的人一样，信靠他的，必得安慰。

精神只能用精神膜拜，属灵的也只能去灵里求解。信仰的问题，从很大程度上不能单单依靠于理性。如果对于精神的看顾超越了肉体，我们就会理所当然地拒绝人生而归于碳水化合物的理性。如果我们自甘于把自己当成一堆碳水化合物，这岂不是说，我们与无机物的唯一区别不过是自己拥有一小堆可怜的秘密吗？

进化论在现代生物技术面前（尤其是基因技术）遭遇了困境。基因的图谱写就了原罪，人本来源于尘土，那么卑微，罪人的身份在我们尚未降生的时候便已注定；但基因同样也写就了对于与神复合、回归于神的希望，对于神的渴慕、对于践行和藉着由基督之血而得救的虔诚。正因为神照着自己的形象造人，并往人的鼻孔里吹气，让人活了起来，人也因此而变得稀少和高贵。我们并不孤独，也正因着那高处的神，我们的生活也便具有了意义，精神也便归还给精神。

四

“我不能亲吻神之雕像的额头，只配亲吻他的底座。”

——爱洛伊斯：《天堂窃情》

1990 年，我在经历了生命中的动荡和狂飙突进的时代之后，内心复归于平静。我开始钻到图书馆的角落里读书，从头开始，参照着文德尔班的《哲学史教程》读罗素的《西方哲学史》。中世纪时期的经院哲学枯燥乏味，让我痛苦的满脸皱纹。这时，神父艾伯拉德和修女爱洛伊斯的故事出现在了我的视野里。

罗素在他的煌煌巨著《西方哲学史》关于中世纪经院哲学部分里，提到了当时的经院哲学思想的叛逆者艾伯拉德神父，并记述了他与修女爱洛伊斯相爱、最终被修女的舅父阉割了的故事。这个情节在1988年被美国人搬上了银幕，拍出了一部名为《天堂窃情》的电影，并获得了奥斯卡最佳摄影奖。我看到这个影片的时候，已经是1990年。在中国的各大影院，这部电影的院线海报上被堂而皇之地标上了“少儿不宜”的标签，并因此而畅通无阻，吸引着大批爱好者前往观影。

那时候，我的大学同学Koyo所在的332宿舍的老大reasun张，是当时我们班级里最著名的闷骚男，也是一名勇敢的偷尝禁果者。他熟悉各种别人容易忽略的时事，从当时《青岛日报》一四版的中缝里看到这部影片上映的消息，并毅然带领他们宿舍里的其余六名坏小子打破戒律，前去影院“反三俗”。看完归来后，还不解气，不但自己咂着嘴巴舌头陷入沉醉，还拉我下水，美其名曰“油画般的视觉效果、诗化语言和现实版的哲学史教程”云云。

结果正如老大reasun张所说的那样，这部每个镜头都如同油画一般的电影，是我所见到的最为震撼的影象。那是一部关于中世纪修道院里的爱情故事的影片，英俊、坚毅的艾伯拉德神父和美丽、叛逆的修女爱洛伊斯的传奇。诗歌，宗教，爱情的甘美，皈依的痛苦，一代思想者从经院哲学的压抑氛围中喷薄而出，却最终皈依于法统；倒是那叛逆的修女爱洛伊斯依然倔强，她亲吻那装载着爱情信物的雕像的底座，轻蔑的表白：“我不能亲吻神之雕像的额头，只配亲吻他的底座。”她的坚守等候来了爱的结晶，儿子，一个名为“勇敢者”的健壮的青年，他长发飘飘，骑着高头大马，俯身在爱洛伊斯修女的面前，呼喊妈妈。我在想，青春以何等代价才换得从容？

在中山路的中国影院，我邀请了当时已经分手了的某个化学系的女生前往观影。我们坐在第一排，几乎位于环形银幕的中心，油画般的电影镜头扑面而来，使我彻底眩晕。当片尾的英文字幕徐徐升起，身边的斯人已逝，我一个人在空荡的放映大厅里放声大哭——在我的记忆里，那是我的最后一次感动，《天堂窃情》，也是我看到过的最好的爱情电影。

很多年以后，我重新回忆起那个夜晚，我想起当时已经分手了的化学系女生的嘴角，浮现出某种神秘的微笑，如同我们无法互相提起的情愫。20 世纪最后一个十年的青年，距离中世纪的爱情多么遥远，他们的脑海里，只有喧哗的世界，载沉载浮的城市，随波逐流而去的褪色的梦想，无法触碰的未来。她当然无法想象和观看得到，在那之后的很多年，她站在京都的某个十字路口，携着女儿的小手，在等待闪烁的信号灯，就在某个怔忪的瞬间，她想起在那之前很多年的某个奇特的夜晚，某一首关于新生代的歌，那个放声痛哭的歌者，依然远行。

此刻，我，一个男人，电影爱好者，网虫，年逾四十的中年失败者，职员，时常郁闷的读书人，偶尔倒卖一点酱货，业余给人算命，兼营打字复印，近视眼患者，喜欢炒楼花，炒腰花，喜欢坐在马路牙子上看路边的野花，经常有怒放的心花⋯⋯此刻，我怀着久违的梦想，通过各种渠道却始终寻找不着这部久违的电影。我感到自己仍然未泯曾经的梦想和感动，那也许就是我们可以为之坚守的最后的庇护所，爱情和信念。

五

在今天的人们看来，无论如何，艾伯拉德与爱洛伊斯的情爱故事都是一个让人痛苦惋惜的悲剧，一个足以撕碎灵魂的悲剧，其中的悲切与苦痛如此深重，以致于在近九个世纪后的今天，仍然能够让人感觉到从时间深处飘出的心悸的颤音。

据资料记载，爱洛伊斯生于 1101 年，自幼受到良好教育，广泛涉猎拉丁文献，通晓希伯来语和希腊语。17 岁时便因学问出众而小有名气。她的舅舅福伯特是教士和主教大教堂教士会成员，爱洛伊斯在当时巴黎的知识界中崭露头角。

福伯特牧师想要让他的外甥女成为一位杰出的学者，为此，他延聘了另一位教士和主教大教堂教士会成员、他的同事艾伯拉德，让他向爱洛伊斯教授哲学。1117 年的巴黎，艾伯拉德神父 38 岁，在巴黎的知识界是极富声望的哲学家和神学家，其尖锐的神学观点尤其得到年轻学人们的追随和拥戴。

艾伯拉德开始了对爱洛伊斯的教学。他们在福伯特牧师的府邸同处一室。经院哲学时期压抑的文化氛围，让分别处于教与学之中的年轻人的身心，面对着青春肉体前必定会有的震颤，他们越过了那看似不可逾越的界限，两人间的授课变成了一次次情欲的盛宴，两颗心合而为一。

但是，当他们迷失在欢爱的巅峰时，他们没有听见厄运之神的磨牙声，没有看见那渐被举起的重锤。事情发生了变化：爱洛伊斯怀孕了。艾伯拉德把她带到他的姐姐家，在那里，爱洛伊斯生下了他们的儿子阿斯特拉布斯 —— 可怜的孩子，他一出生便与他的父亲母亲生生分离，直至二十多年以后的重逢。艾伯拉德与爱洛伊斯互相做出了结婚承诺，爱洛伊斯的舅舅福伯特则向他们做出保证，对这一婚姻保持沉默，爱洛伊斯滞留在阿根杜修道院，而艾伯拉德则重返巴黎继续执教。

但是，福伯特就象艾伯拉德背叛了他的信任一样，他也背叛了艾伯拉德对他的信任：一天夜里，当艾伯拉德静静地睡在床上时，福伯特派人对艾伯拉德进行了残酷、羞辱的报复，世界为之震惊：他们阉割了艾伯拉德。后来的人们不知道，当那一刻，艾伯拉德痛彻心肺的嚎叫刺破夜空，爱洛伊斯是否曾从噩梦中惊醒，惊惶莫名？

为了掩盖被阉割的耻辱，艾伯拉德进了圣德尼修道院。按照他的意愿，爱洛伊斯也决定以修女生涯了结此生，她进了阿根杜本笃会女修道院 —— 那时，她还不满二十岁。在漫长的修道院生活中，他们曾经有过书信往来 —— 昔日的情侣，已经心志不一：艾伯拉德跋涉在找寻上帝之爱的苦旅中，而爱洛伊斯，却仍然坚持于她内心的爱情。

影片的结尾，白发苍苍的老修女爱洛伊斯站在乡村教堂的木桥边，等待着从巴黎来的新委派的主教大人的巡视和祝福。同样白发苍苍、但却依然英俊挺拔的主教大人骑着高头大马奔驰而来，那是已经年迈的艾伯拉德。两个历经了命运和爱情洗礼的苦难的人儿互相凝视，手握着手，深情地呼唤着他们曾经的称呼："老师"，"小姐"。白发的艾伯拉德把身后的英俊、魁梧、挺拔而充满了书卷气的年轻人介绍给年迈的爱洛伊斯："小姐，这是我的学生，我很奇怪，他有一个与众不同的名字，他叫阿斯特拉布斯"—— 那一刻，人们与突然热泪盈眶、感慨万端的老年爱洛伊斯一起，沉浸于大感动之中。

1142 年，艾伯拉德去世；22 年以后，爱洛伊斯也去世了。他们被共同安葬在拉雪兹公墓。在他们去世后的每一个春天，法国年轻的情侣们都会到他们的墓前缅怀他们，追忆他们真挚的爱情。那个时候，传说中的巴黎圣母院似乎刚刚开始动工建设。

2013 年 10 月

【阅读书目】

曼德尔斯塔姆:《曼德尔斯塔姆诗选》
娜杰日达·曼德尔斯塔姆:《曼德尔斯塔姆夫人回忆录》
索尔仁尼琴:《古拉格群岛》(上、中、下)
北岛:《时间的玫瑰》

“当这光亮被熄灭时,黑暗就降临了,那熄灭的力量来自信任的鸿沟和看不见的操控,来自不再揭示而是遮蔽着事物之存在的言谈,来自道德的或其他类型的说教,这些说教打着捍卫古老真理的幌子,将所有的真理都变成了无聊的闲谈。”

“在黑暗时代,混乱和饥饿、屠杀和刽子手、对于不义的愤怒和处于只有不义却没有对它的抵抗时的绝望,在那里,合理的憎恨只会使人脾气变坏。”

——汉娜·阿伦特《黑暗时代的人们》

一

2007 年春,我在上海浦东机场候机,在候机楼的书店里,看到了北岛的这本《时间的玫瑰》,那时的感觉真的像书中所录的里尔克的诗句一样,因“认出风暴而激动如大海”。那本深灰色封面的书籍,是北岛在《收获》杂志的随笔栏目中连载、结集而成,是北岛在世界各地流亡、讲学、朗诵、翻译过程中的所思所感。与他的《失败之书》《城门开》等作品集一样,其背后隐隐渗透着他笔下的那些有着不幸命运的诗人们所共同的悖论和纠结,就像人们在评价音乐家拉赫玛尼诺夫时的结论一样,“他带着浓浓的乡愁寻找着自己梦里的故乡,却发现,故乡的一切都变了,他要找的是那个早已在街边巷道消失的、只有在深夜火炉边窃窃私语时才存在的旧日的俄罗斯。于是作曲家转而寻求死亡,把它当作自己的归宿。乡愁与归宿,最终合为了一体。最终的精神归宿竟然就是死亡”。

正是在北岛的书中,我第一次这样深入地认识了曼德尔斯塔姆,理解了曼德尔斯塔姆的诗,以及延伸阅读到了他的遗孀,娜杰日达·曼德尔斯塔姆,甚至了解到了俄罗斯文学史上独具特色的“寡妇文学”、或者“遗孀文学”现象。这些孤独、坚强、富有才华的女性,在她们的丈夫或被捕、或被流放、或被枪决的情况下,她们默默地站起来,收集、保护、整理、传播自己丈夫的作品,或者在自己丈夫作品的基础上再次出发、再度创作,完成与丈夫的作品完全不同的更加独立的新领域。这样的例子包括曼德尔斯塔姆夫人,包括阿赫玛托娃(她的丈夫系俄罗斯文学史上白银时代的领袖之一,阿克梅派的著名诗人古米廖夫)。

二

很多年前,我的师弟阿兵曾经在一篇文章里质问:“是谁让墙在我们的心中生长?还有那掷向我们肉体的红砖?”而在曼德尔斯塔姆夫人的回忆录中,类似这样质疑的声音几乎比比皆是,它明晃晃地矗立在历史的那个时刻,硬朗,勇健,没有妥协,没有哭诉,没有回避,并以此告诉我们,世界上还残存着尊严和价值。

在《曼德尔斯塔姆夫人回忆录》中,我们可以了解到,娜杰日达做了曼德尔斯塔姆 16 年的妻子,45 年的遗孀。1917 年以后,她与曼德尔斯塔姆先后经历了两次大清洗、她的丈夫被两次逮捕，其中的一次罪名，是被匆匆写在纸上的“写了一首讽刺的诗”定罪的。在两次大清洗之间的短暂时间，娜杰日达和曼德尔斯塔姆称之为“喘息期”，他们被不停地驱赶，从一个苦寒之地被驱赶到另一个苦寒之地，没有工作，没有财产，没有固定的住所，从朋友处借到了书籍，也要在看完之后马上归还。在这段难得的短暂时期，个子不高、身材羸弱的娜杰日达试图让自己变成一种没有重量的东西，以便在可以逃跑的时候，能够随时抄起来，塞进衣服口袋。即使在这样的动荡之中，她仍然坚持用大脑、用她非凡的记忆力，为世人保存、记录、珍藏着曼德尔斯塔姆的生平和诗歌作品，从而避免了曼德尔斯塔姆早已被人遗忘的厄运，让他在世界面前重获盛大的诗名。她写了三卷回忆录，完整地复原了曼德尔斯塔姆。据见过她的人回忆：曼夫人总是躺着抽烟，身着一件满是烟灰痕迹的破衣服。在她身边，是书本，朋友，还有枯萎的玫瑰。这真是如铁的红颜。

在书中，娜杰日达用通篇刚硬的笔调记录了那个年代的苏俄各种沉浸入极权主义恐怖气氛的社会怪现状，背叛，出卖，恐惧，监禁，检举，流放，权力的无所顾忌和肆无忌惮，人与人之间像墙一样的互不信任、互相勾陷，犬儒主义，沉默不语，以及，在沉默中的沦落，诸如此类。这样的现象竟然已成为社会生活的常态，且大家不以为异、反而习以为常，岂非咄咄怪事？这岂不让一个伟大的民族沦为老鼠化的民族了吗？

茨维塔耶娃、古米廖夫、巴别尔等人没有活到看见新世界的曙光。阿赫玛托娃、帕斯捷尔纳克则只能在黑暗里暗示，“莫斯科的冬天非常的寒冷”。连那苏维埃革命的旗手，马雅可夫斯基，也奉命收声、最后自杀了。只有布罗茨基、索尔仁尼琴，逃离了地狱，独守着自己唯一可拥有的武器，语言，并置身在遥远的异国他乡，遥望俄罗斯广袤的土地和深陷其中的人民。历史将证明他们的明智，这是文化、文明的智慧残存，这是否是一种幸运？

以我的阅历和占有资料的多寡程度，尚无从判断回忆录中所记载的人与事的真实程度。只是，这样的文字读之让人触目惊心，并可以从中管窥和反思后来的东欧、俄罗斯的垮台背后那冷冰冰、客观而公正的必然性。

所幸的是，今天的俄罗斯已经不再处于极权治理下的地狱了。可是他们比曼德尔斯塔姆夫人笔下所描绘的时代又能进步多少？没有了极权主义，还依然有蒙昧主义；没有了被出卖的恐惧，却滋生了陷入贫困的恐惧；没有了政治的背叛和出卖，却依然有物质主义的倾压和争夺。偏执、仇恨、粗俗，依然统治、占领着人心。这世界能好吗？能有多好？我们没有置身俄罗斯的麦田。它们距离我们又是何等遥远！

三

> “只有在书籍濒临灭绝的时候，藏书者才会被别人所理解，凭借所有权的不可侵犯性，一个人得以生活在他的藏书中间，并将其作为自己心灵的港湾”。
>
> ——本雅明

她按照曼德尔斯塔姆书写诗歌的形式书写回忆性散文，总厚度有四百多页，每一篇都有一个小题目，每一篇都不长，三四页到七八页，长的也不过十页，是一本可以断断续续阅读的大部头，完全可以把全书化整为零地读下去。

曼德尔斯塔姆是俄罗斯白银时代的大师，诺贝尔奖获得者，他与茨维塔耶娃、阿赫玛托娃一样，是那个时代不受招安的异类，也是俄罗斯文化极为璀璨的恒星。曼夫人曾经做了一个有趣的对比：别雷是个闪闪发光、熠熠生辉的智力明星，闪电和雷鸣的化身，极其聪明……他需要的是被他征服和迷惑的听众；帕斯捷尔纳克需要的是成熟的听众。而曼德尔斯塔姆，他自己在散文里写过，诗人是一个在海边漫步的人，扔下一个漂流瓶，里面写着他的心事，希望在遥远的某天，被某个异域异世的有缘人捡到，读取……他的美即时盛放，可是他收获的掌声却远远滞后（准确的说，是在足足过了半个世纪，经过他的遗孀的奋力争取，才得以出版了她以性命珍藏的遗稿之后）。

20世纪的二三十年代、六七十年代，是人类历史、俄国历史、乃至中国社会发展史上的一段奇特的时期，其结果、原因、深层次的影响力，似乎至今都没有得到彻底梳理，这也是时至今日，那个年代的语言和思维方式仍在大面积扩散的原因所在。如今，不独是在那个年代里树立、传承价值观的人，甚至，连晚于那个年代几十年的年轻人，也因着那个年代里表面的诱人口号和乌托邦说辞，以及重复了无数次的谎言，让人误认为那就是真理，进而无知地深陷其中。

四

1997年冬天，当时身为青岛晚报副刊部编辑的老兄刘凯军，号令我跟几位经常一起喝酒打牌的同好，写了一批关于金庸武侠小说的书评征文。因为活动属于半公益性质，征文刊登以后，所有参与活动的作者统统没有稿费。这位老兄可能觉得无以为报，就约了他们部门里领头的大佬请参与活动的作者们吃饭。酒足饭饱之后，每人塞给一打购书票，算是酬劳。结果，从酒店出门的时候，正好赶上酒店的旁边就是可以把书票兑换成实物的书店，于是果断进去把书票换成了一套正版的禁书《古拉格群岛》，全三册，索尔仁尼琴著，群众出版社的正宗书号。

酒罢人散，我依然过着居无定所的日子。在闲暇的时候，我经常翻读索尔仁尼琴的这部砖头。在这套书的扉页上，老索写到："献给 / 没有生存下来的诸君 / 他们要叙述此事已无能为力 / 但愿他们 / 能够原谅我 / 没有看到一切 / 没有想到一切 / 没有猜到一切"。我无从想象，在这样的献词后面蕴藏着怎样的人寰巨变。在第一册的开始，他描述了俄罗斯人无所不用其极的逮捕的方法。其中关于囚犯生产流水线和监狱工业的描述让人触目惊心，不由得手颤。那时候，我关心自己的境遇超过了关心人类，我虽然没有象古拉格群岛上的房客们一样，在看到冰层里封冻了几万年的蝾螈后迫不及待地打碎冰层，将蝾螈煮熟了吃掉，但也一样在经历着苦求生存的漫长道路。在《古拉格群岛》的第一页，老索引用并记载了1949年偶尔看到苏联科学院《自然界》杂志上关于人们吃掉冰层中封冻时间达上万年的蝾螈的报道。他冷静地写到："很少会有人领会到这篇冒失的简讯的真正含义，而我们却马上就懂得了，我们清楚地看到了全部场面：在场者们是怎样迫不及待地击碎冰块，侵害了鱼类学的崇高利益，你拥我挤地敲下肉块，拖到篝火旁，把冰冻的肉块化开后就饱餐起来——我们所以懂得，是因为自己就属于在场者之列，就属于大地上独一无二的泽克部族，也只有这个部族，才会乐意地吃掉蝾螈。"

今天，我们已经处于幸福的时代里了。很多人不再愿意说起这些容易触动神经的东西。我们缄默不语，好象失去了说话的能力。俄罗斯人的谚语说，"提旧事者失一目"，而"忘旧事者失双目"；中国的古人们则似乎更文明一些，他们文绉绉地说："前事不忘，后事之师"。在今天的这个歌舞升平的日子里，我们这些幸福的象花儿一样的人们，是否还有必要再去拜访一下那些已被岁月湮没了的老师呢？《古拉格群岛》，不会带给我们什么具体的享受，只让我们在放下书本的时候，感受到有排骨汤喝的日子，该是多么幸福。

五

"只有考虑到藏书者所处的时代的特点，才有可能理解他们的灵魂"。

——斯宾格勒：《西方的没落》

穆旦，原名查良铮，与后来在香港撰写新派武侠小说而曝得大名的金庸（查良镛）系海宁同族兄弟，1976 年冤死于文化大革命结束的前夜。

岳南先生在他的《南渡北归·离别》中记载，在流放地，某个寒冷冬天的风雪夜，穆旦曾经奔波两小时山路，为妻子送去一小包花生米和几块一分钱一粒的糖果，并因此再度受到管教人员的批判折磨。1976 年左右，他入院手术，进入手术室前，他感到自己即将油尽灯枯，便把自己暗中翻译多年的普希金诗选的译稿交给小女儿，并告诉她："你的年龄最小，你要好好保存，这些译稿也许要等到你老的时候才能出版。"9日夜，我在堆满了书的空荡的公寓里读到此处，面对着有关穆旦的书页放声大哭。是什么铸造了这一切，让人满怀悲愤，满目苍痍，心里长满了荒草？

汉娜·阿伦特在她的《黑暗时代的人们》一书中写道："当这光亮被熄灭时，黑暗就降临了，那熄灭的力量来自信任的鸿沟和看不见的操控，来自不再揭示而是遮蔽着事物之存在的言谈，来自道德的或其他类型的说教，这些说教打着捍卫古老真理的幌子，将所有的真理都变成了无聊的闲谈"。

多少人欲将知识的火焰及早熄灭，我却独将此火把高高举起。世界有多么黑暗，这火把便有多么明亮。人心有多复杂，这火把便有多纯净。严冬季节，藉此火把取暖；烈日炎炎，这火把化身习习凉风，温润心田。陈寅恪曾说，"从我学说的便是我的门人"，我则坚信，同举这火把的，便是我的同志、同道者。福克纳说，过去并未死亡，过去甚至都尚未过去。看看我们，脚步一直在往前走，心却在不停地往回流。

在过去与未来之间，我们由此变成了一道显而易见的裂痕，走不下去、也无法回去。回首看那隘口，再也见不到一个生灵，雾霾之上，另有穹顶，只有内心的荒草滋生蔓长，充斥着这巨大、而又巨大的悲伤。

2013 年 11 月

【阅读书目】

马克・欧文、凯文・莫勒:《艰难一日》

汤姆・布罗考:《美国最伟大的一代如是说》

吉姆・德怀厄、凯文・佛林:《9・11 的 102 分钟》

【影视观摩】

艾伦・索尔金:《新闻编辑室第一季・7: 五月一日》

一

这是一个可怕的时刻。

2001 年 9 月 11 日上午,纽约时间 8 点 46 分 30 秒。

"一架从波士顿起飞的美国航空公司 11 次航班的飞机向世界贸易中心大楼的北塔楼 93-101 层撞去。高速撞来的飞机的巨大能量大部分被北塔楼的中央支撑架分几拨自上而下地吸收。这些能量被直贯地基的岩床,一直延伸至大西洋和哈德逊河沿岸,在大楼以北 22 英里的纽约州帕里塞德,哥伦比亚大学的地球观测站连续 12 秒发出了地震警报信号。大地在颤抖。”

2007年,美国人吉姆-德怀厄以及凯文-佛林根据对经历和发生在2001年9月11日那个可怕时刻的14000余人的采访,撰写了纪实性报告《9·11的102分钟》,本文的开头节选了其中的一段。在飞机撞向双塔的前一分钟,作者呈现了当时身在双塔内的数十人在那一刻的生活和内心:喝咖啡的黛安娜,与妻子通电话的克雷维特,等信使的科纳斯,安装火警警报器的麦凯德,等等。

此刻,这个段落也重新把我带回到了2001年9月11日的那个震惊世界的日子。现实依然在不动声色地向前推进。然而活着是为了更好地记住。也许,从某种意义上说,这是一种我们可能性的生活,也是我们存在的方式之一。

“9·11”的那天早上,我没有像往常一样在家里的餐桌旁一边吃着早餐、一边看中央台的早间新闻。我在前一天接到了北京一家建筑设计院的电话,要一早到机场接设计师去青岛的项目基地看现场,沟通设计思路。在机场,我跟设计师一见面,刚顾得上握手,他便眉飞色舞地告诉我发生在美国纽约的飞机撞楼事件。他的脸上有一种幸灾乐祸的神情,像是在告诉注意着他的人们:“飞扬跋扈的美国,这次终于得到报应了,终于看到了这称心如意的一刻!”

我无法想象这可怖的场景,就像无法相信和理解人心怎会如此邪恶、这样的邪恶又是从何而来。一小时后,载着我们的车子回到公司,我从网上打开视频,看到了后来人们从电视画面上所共同看到的景象。全球性的电视直播已经开始。那一刻,我们与世界同步,并与双塔共同颤抖。那时,我不知道别人内心的感受,当双塔开始崩塌,我感到了世界末日来临前的某种黑暗的时刻,我心中对于人类的信仰出现了一刹那的怀疑,几近于与双塔共同崩溃。

2013年11月12日下午,我从亚马逊网上收到了这本记录9·11的那个可怕时刻的小册子。这已是近八年前出版的书,最早的一版在2006年1月份就开始发行了。在2001年9月11日上午(北京时间9月11日晚上)的那次系列恐怖袭击中,恐怖分子劫持了4架民航客机,撞击了美国纽约世界贸易中心和华盛顿五角大楼,包括纽约地标性建筑世贸中心双塔在内的 6 座建筑被完全摧毁，其它 23 座高层建筑遭到破坏，五角大楼遭到袭击。在 9.11 事件中，共有 2998 人遇难，其中 2974 人被官方证实死亡，24 人下落不明。遇难人员名单中包括：四架飞机上的全部乘客共 246 人，世贸中心 2603 人，五角大楼 125 人，共有 411 名救援人员在此事件中殉职。

在《9・11 的 102 分钟》一书的黑色封面上，白色的题目触目惊心。这个画面让我想起曾经读过的记录 1976 年中国唐山大地震的报告文学，钱钢著作《唐山大地震》。托尔斯泰说过，幸福的家庭都是相似的，不幸的家庭各有各的不幸。不是的，在这一刻，也许就全世界的不幸的命运而言，它们都是相似的。我第一次感到东方和西方，中国和美国，人与人之间的距离是那么的接近。1976 年 7 月 26 日的唐山大地震，中国人死于灾难的人数达到了 24 万人；2001 年，死于 9・11 的美国人达到了近 3000 人。在 1976 年 7 月 26 日的那个濒临死亡的拂晓，有接近 100 万人在与来自自然的灾难相抗争；而 2001 年 9 月 11 日，有 14000 人在与来自人类本性中的邪恶的魔鬼所带来的灾难相对抗。

二

1976 年的 7 月 26 日。

那时候，我的父亲在莱西县城里工作，我和妈妈、姐姐生活在胶东的农村。那时候我的妹妹刚出生不到半个月。当时，有关地震即将来临的传言已经很多了。民间相传，一些地方已经出现了零星的地震前兆。为了躲避地震，防患于未然，我们把刚出生没多久的妹妹用被子裹起来，装在一个垫满了草的篮子里。我们把房屋的正门门板拆下来，横担在正屋灶间靠近院子的两个锅台之间，以便在地震来临时，可以以最快的速度冲到房屋之外。我们还把闹钟、瓶子倒放在倾斜的脸盆里，地震袭来前哪怕轻微的晃动，都会把倒放的瓶子晃倒，翻倒的瓶子砸到倾斜的脸盆上，可以发出连续、刺耳的警报声，给哪怕沉睡中的我们发出警报。

白天，我与村里的学生们一起聚集在学校里，在担惊受怕中继续上课。气氛已异样地紧张，让人窒息。我们的校长，是当时公社从外地派驻到我们村办学校的唯一的一个公办老师，他是我的姨表舅舅。那天，他不断地通过架在学校上空的大喇叭播放地震来袭时的注意事项。他让我们留意来自村里民兵队部的枪声，他警告收听广播的村民，当听到枪响时，不管是谁、不管手头在做什么，都要立刻冲到室外。那时，我们学校的全部教室都是一层的平房，教室的大门、窗户已全部敞开，学生们的书包也都全部收拾停当，书包带斜挎在每个孩子的肩上。我们的班主任韩梅亭老师曾经是我父亲的学生，那时候，他手里拿着房间里唯一的一本没被收拾进书包的课本，他在给我们朗读选刊的课文《东郭先生和狼》。昔日聒噪的蝉鸣声不知道什么时候停下了，空气里弥漫着一种奇怪的沉寂。忽然，枪响了。

枪声划破了胶东半岛某个陈旧、古老村庄上空的空气，在我们的心头发出尖锐的啸叫。在啸叫声里，小学生们向着教室门口蜂拥而去。我和我的堂弟小涛则踩着屁股下的板凳、登上书桌，一步从桌子旁边的窗户跳到了院子里。我们惊魂未定，在韩老师的身周聚集，等待着那场从所未见的摇撼的来临。这时，我们听到校长在大喇叭里反复发出的通告："民兵队部已经确认，刚才的枪响系走火，请大家不要惊慌……"

那一年的7月26日后，来自唐山的消息震惊了我们，只是当时我们并没有感受到大地的震颤。在那天之后的几乎两个月的时间里，我们在老屋后面的院子里，利用几棵高大的槐树，用竹席和雨布搭起了简易的防震棚。为了预防万一，我们每在晴天的时候住在屋子里，而在警惕性相对较低、易于疲惫的雨夜，便住在防震棚里。那一年夏季，雨天格外的多，豆大的雨点不停歇地敲打在防震棚顶铺着的雨布上，发出震耳欲聋的轰鸣声。挂在防震棚柱子上的马灯闪烁着微弱、摇晃的光芒，映出了我眼睛里经久不散的惊惶、恐惧和茫然，我感到潜伏在内心深处的某种生命的本能在悄然觉醒，那是上百万年来动物体内潜藏着的对于神秘未知的自然界的敬畏和崇拜。之后的一个繁星密布的夜晚，我听到脸盆里的瓶子被路过的老鼠碰翻时发出的刺耳声音，我提着装着妹妹的篮子冲到了院子中央，与母亲和姐姐满怀恐惧地期待着那自然界的可怕的摇晃和颤栗，却最终只等到了老鼠在黑黢黢的地面上跑过，老鼠移动时发出了悉悉梭梭的脚步声。那一刻，在我幼小的心灵中忽然涌上了一种对于世界的荒谬之感，这荒谬的深刻印象让我 7 岁时的内心感到一片荒芜。我无法解释，我后来的对于哲学的爱好，对于存在主义和荒诞文学的接受和自觉实践，以及对于世界本质的深刻的怀疑，是否就起源于 7 岁时的那个黑暗的夜晚，起源于那一声老鼠碰倒玻璃瓶子的当啷当啷的震响。

三

“9・11”“7・26”“5・12”，当我们真正面对灾难的现实，才真切地感到数字并不能够说明什么，感受和记忆才是一切。在这样的两部著作中，它们呈现出来的关于灾难的记录，人类的故事在以“一个人 + 又一个人 + 再一个人 + 再一个人 ……”的形式向我们展现，这样的展现融入了我们对于灾难、以及人类面对灾难的勇气的深刻记忆之中，这样的记忆生动、感性，它们震撼我们的内心，并在历经了无数的岁月之后，经过某些偶然事件的激发，会再一次从我们的内心深处浮现，不断地给我们以警醒和反思。

四

《艰难一日》，英文名称《No easy day》。

在这部史无前例的作品中，一位前美国海军海豹六队的队员化名为马克・欧文，详述了他全程参与击毙本・拉登的“海王星之矛”行动。那是一次惊险、艰难、而又胜利的行动。

跟随着化名“马克・欧文”的作者的笔触，我们置身于欧文及其他千里挑一的 24 名队员的周围，和他们一起踏上生平最为重要的军事行动的征程。他们从巴基斯坦北部出发，奔袭远在恐怖分子心脏的未明区域，先是出现了几乎让作者丧生的

“黑鹰”直升机坠落事故，接着，是短兵相接的战斗，曳光弹，流弹，激烈的交火，行动止于一次确认本·拉登死亡的无线电呼叫。作者的叙述无一纰漏，详尽入微，扣人心弦，展现了堪称当代历史上无可回避的重大事件。

据书内的《后记》记载，该书原定于“9·11”恐怖袭击的11周年纪念日当天发售，因订购踊跃，发售时间提前至9月4日。前美军海豹突击队员马特·比索内特和共同作者、记者凯文·莫勒说，“我们一起写书时，马克·欧文（比索内特的笔名）小心翼翼地坚持他的理念，从不做任何破坏海豹突击队行动或伤害前同事的事”。该书的出版，是对《9·11的102分钟》一书的一个坚定而凝重的回应。

五

在《新闻编辑室·第一季》的第七集，故事围绕着本·拉登被美军特种兵击毙这一历史性事件展开。索尔金编撰的剧本和最后呈现的影像中，没有声嘶力竭地为胜利呐喊，而是用紧张的节奏刻画了新闻工作者们从“得到模糊消息”、到“确认”、再到“播报这一历史性时刻”的全程。退役士兵在主播威尔对他耳边的低语中听到了本·拉登被击毙的消息，并由他向纽约街头的两位警察转达了这巨大的欣慰。主播威尔坐在镜头前，平静地说出夺取了近3000条生命的罪犯被绳之以法，与此同时，因机场的繁忙而被困在机舱中的新闻工作者们，则怀着敬意和职业的专业性，向航班的机长、乘务员播报了这一消息；导播室里，导播的工作人员缓缓站起，戴上了曾经佩戴过的纽约消防队员的遮阳帽；编辑室里，编辑们在电视画面前肃立，仰望……镜头前没有歌颂，没有可以渲染的受害者的悲痛，也没有大街小巷庆祝胜利的群众，然而，从每一个起立的身影、每一抹眼角的泪光中，我感受到了胜利的凝重和代价。

2013 年 12 月

【阅读书目】

特拉克尔:《特拉克尔全集》
卡尔维诺:《看不见的城市》
莱昂纳德·科恩:《渴望之书》
特朗斯特罗默:《记忆看见我》
《巨大的谜语》
于荣健:《虚位以待》

"快车在黑暗中摸索前行/没有星火/整个世界只是一条狭窄的漆黑坑道/射灯的光环,屋顶/烟囱,喷气奔驰/仿佛驶入黑夜的底层/灰楼正面的支架暴露无疑/我们被掀起/飞向大河上的夜空/灯火齐射,岗哨一片沉默。"

——恩斯特·施塔特勒《夜间驶过科隆的莱茵桥》

一

2010 年 4 月间,正是全球性的金融风暴肆虐的高峰期,国家推出了四万亿的刺激计划,房价顿时暴涨。我卖掉位于城市喧闹地段的老房子,搬去了位于青岛城市北部的一个僻静的社区里。我工作的地点处在城市南部沿海，自从搬进新居，我便开始了每天在城市南北如候鸟般迁徙的生活。每天早晨6点半左右，我从家里出发，穿越社区，前往班车停靠点；6点50分，班车启动，发往市里，大约40分钟后，我从班车上的短暂迷糊回笼觉中清醒，在广电大厦前下车，步行15分钟抵达单位，开始一天的工作。

下午下班的次序正好相反。我下班较晚，通常在大约19点15分左右，我与人谈完事情，便匆匆赶上停靠在市政厅大楼旁边的一辆502路班车。那是一班开往郊区的长途班车。我双手抓住座位前的铁栏杆，像是在飘摇的城市深处找到、并紧紧抓住的一个作为证据的坐标。19点30分整，发车的哨音响起，司机松开了车闸。班车气动门响起短促刺耳的哧哧声。

巴士启动了。先是沿着香港路慢行，然后右转上了山东路，一路走走停停，停停走走，红灯，又是红灯，然后是一段短暂的堵车，然后，是站点停靠，再然后，又是红灯。

班车转向了南京路，在经过一段短暂的停靠之后，班车驶上了通往郊区的高速公路。车速加快了。车子转进308号国道，并在空旷的马路一侧呼啸而过。道路旁边荒芜的楼房不时迅速地从眼前闪过。这条公路曾经是城市通向郊区主要的交通干道之一，但随着其他道路的修建，这条道路在城市交通的版图中日益变得边缘化。道路的两旁，矗立着空白的广告牌，白铁在夜光中发出白森森的冷光，一派席卷世界的金融危机之后的衰败景象。这里曾经是这个城市里各个名牌企业发布信息的必争之地，但是现在，即使是最不景气的企业，也不愿意在这些白铁上面发布哪怕只言片语，那些知名企业更是对此不置一词、无话可说。

此刻，德国、奥地利等国的表现主义诗人们笔下现代城市的情景在我的眼前出现，我的心头也同样浮现出有关城市的感觉。这是一种我所熟悉的真正的城市景象，触手般延伸的道路，钢铁篡夺了森林，沉默推翻了对话——这似乎就是城市深处那可怕的真相——就象施塔特勒所描述的那样，“我们被掀起／飞向大河上的夜空／灯火齐射。”在以后的日子，我的生活将像这样成为刻板的规条。

清晨，天色微明，在太阳尚未升起之前出发，登车远行，奔赴远方混沌的城市，拥抱那里被肮脏的空气包围着的太阳，那里是人们生存的理想之所，万种欲望和人性的荟萃之地，现代社会的罪恶之源。班车驶上了高速路，马达在均匀地咆哮，低沉转动的声音震动了耳鼓。身后两个相熟悉的人在聊天，人声似乎近在耳边，又好像远在千里之外，影影绰绰。黄昏时分，我从遥远的城市中心返回，看见车内人群疲惫、冷漠的面色后面包藏被物欲挟裹的石头的心脏。城市黑暗无边。我们置身于其中，并最终被城市吞没。

恩斯特·施塔特勒是德国著名的表现主义诗人，1883 年生于阿尔萨斯。1913 年，他在一首名为《夜间驶过科隆的莱茵桥》的诗中写到：“快车在黑暗中摸索前行／没有星火／整个世界只是一条狭窄的漆黑坑道”。施塔特勒这样的诗句让我着迷。1914 年，施塔特勒作为现役的炮兵军官走向了第一次世界大战战场，并于当年阵亡。

二

奥地利诗人特拉克尔，是与施塔特勒同时代、同为表现主义风格的诗人，他一生潦倒，处处遭到世人的歧视，连一份工作都不能寻得，全靠他的朋友、经纪人冯·菲克尔的热心周济。1914 年，特拉克尔赴柏林探望卧病在床的妹妹，为了救助陷于穷困的妹妹，他四处奔走，却屡遭拒绝，对于世间的冷酷无情，认识得无比清楚。1914 年 7 月，后来在哲学界以语言哲学而如雷贯耳的哲学家维特根斯坦继承了一大笔遗产，他捐赠了 10 万克朗金币，委托冯·菲克尔救济穷困的奥地利艺术家，特拉克尔和另一位奥地利诗人赖内·马利亚·里尔克分别得到了 2 万克朗，这笔钱使得穷困的特拉克尔可以继续写诗。

后来，特拉克尔出版了诗集《塞巴斯蒂安在梦中》。在诗中，特拉克尔把死亡、秋天的腐朽和颓废写到了近乎完美的地步，并借景喻物，以很高的艺术性抒发个人感情，充满了对自然界和人类社会的双重幻觉，具有强烈的艺术感染力，并因此成为20世纪最重要也最为杰出的德语诗人之一。

第一次世界大战爆发后，特拉克尔担任了随军药剂师，亲身经历了绞肉机一般血肉横飞的格罗德战役。10多天的时间里，他一个人照料80多个残肢断臂的伤员，身为药剂师的特拉克尔无法解除伤兵的痛苦，他看到伤员自杀而无能为力。在室外，他看到逃兵被吊死而无可奈何。特拉克尔被送进了战地医院的精神病科，并在医院里陷入更深的抑郁症中。接近崩溃之境的特拉克尔写信给冯·菲克尔，维特根斯坦在接到特拉克尔的信息后也立刻赶往医院，却发现他已在三天前服用过量可卡因死去。

这对特殊的捐助人与被捐助人，一个后来举世闻名的诗人，一个即将声名鹊起的哲学家，他们互相之间失之交臂，从未在有生之年得以谋面。

三

23日。

隆冬之夜，寒潮席卷了鲁北平原。这是大寒之日，鲁北平原上入冬以来最冷的一天。寒流也是电流，一样制造筛糠的颤栗。当晚是我的轮值之夜，我裹上大衣，如同捞到一棵稻草，把脚蹬进厚厚的棉靴，一会儿，感到暖意从脚底升起，如同太阳赶走黑暗，虽然尚未如此渴望，而温暖已将人包围。我与同事一起在园区里巡逻，凛冽的气息透彻心肺，让人脑海清晰异常。抬眼看天空，大风已经吹走了云层和雾霾，星星显现出来了，一颗一颗的大星坚定地驻扎在天宇，像人到中年时候从容的面庞。

白天，我收到了我的大学老师于荣健先生新出的诗集《虚位以待》。

于老师是近25年前教授我们大学中文写作的业师。他个子不高，脸上架着一幅厚度惊人的宽边大眼镜。那时候他已经是国内著名的城市诗人，或者说，是一个以城市为题材进行现代诗创作的著名诗人。在课堂上，他也像学校里的其他教授文科的教师们一样板书，板书时写的字也像他留给人们的印象一样随和和不拘小节，比如他常常把带“口”字的汉字偏旁写成“○”或“△”。他时常把同学们的写作作业挑选出范文，并进行现场朗读，我的几篇习作曾经有幸入选。我曾经用过的一句感人至深的日本俳句“山间的柿子/母亲在吃/生涩的部分”，也经由于老师在课堂上朗读我曾写作的关于家慈的散文而被同窗们牢记至今。在当年，这样的行动给我以莫大的鼓舞和激励。1992年，他还把我的第一篇诗化小说推荐给杂志社发表。毕业后，他还时常对于我继续写作的坚持给予鼓励和扶掖。有时候，在课堂上讲授完课时内要求的内容后，如果还有剩余的时间，他也偶尔给我们朗读他自己创作的诗歌，与我们分享他对于城市的感悟，以及他写的诗歌中一些很有意思的句子。比如，在描述现代城市生活的喧嚣和疯狂时，他写到：“一个飞转的巨大轮子/顷刻又把人甩出”；他把汉语言中方言的差异看作是“春秋战国时代里/诸侯们忙着分家”的状态，人们在操着不同的方言进行交流沟通的时候，如同“口里伸出老拳/吴音一派媚好”。他给我们读过的这些诗中奇怪的比喻，让我们惊奇和思索，有时候也发出会意的大笑。1990年，他曾经写有一首意象唯美的短诗，题为《长发飘向嘴唇》，被我们传抄至今：

流水之外，是风
比风更远是森林
在森林之外，是山岗
比山岗更远，是你
你高高独立在风中

流水成风
风吹森林
森林为山岗而歌
歌声为你破碎
你的长发飘向嘴唇

上学的时候，我们一班的同学们常常讨论，诗里的“你”是谁，是美、艺术、爱情、姑娘，还是美神？当时的我们从未争论出互相令人信服的答案。后来，就在我当日轮值的两个月后，我受公司委派，前往南美的智利拓展业务，在智利首都圣地亚哥郊外，我跟随当地的华人向导总览市容市貌，远望圣地亚哥城市远处的山峦，我看见山顶上高高竖起的白色的十字架，如同一面远方的旗帜，如同一尊用强大的意念掌控着这遥远、荒蛮的南美大陆的国王的雕像，我忽然想起于老师笔下的这首唯美的诗篇，流水，风，山岗，森林，歌声和你，我忽然想要为你而歌。

后来，1996年前后，于荣健老师从大学里调到电视台工作至今，专业进行纪录片的创作，并继续写诗不辍。在写诗之余，他还在一直书写自己阅读卡夫卡作品的心得笔记，那是他在90年代初便以《青岛日报》文艺副刊为阵地、持续发表的系列作品，是我极其钟情的散文随笔。于老师的这些书写，如同种籽饱满的石榴，葡萄酒，迦南美地的蜜与奶，也为我提供了进入卡夫卡世界的钥匙和路径，它们是我读书的启迪，让我的读写生活温馨、醇厚和饱足，并由此而萌生感恩之心。

四

“烟涛微茫信难求 …… 云霞明灭或可睹”

—— 李白：《梦游天姥吟留别》

在夜里，我时常轻声地自问：

“我的对于艺术的向往和爱，我的走向艺术之路的起点，是从哪里开始的呢？”

深夜里，我看见一只火红的狐狸，它在夜色微明的星光下奔驰而过，如同一道闪电，在我童年的脑海里刻上印记。

天色微明，我梦见一只鹰，从东方升起的霞光里缓缓滑翔，从天空和心田掠过，寻找那已经飞驰而过的火红的狐狸。

我想象着，鹰飞起来了，它看见了田野和荒原，远处工厂的大烟筒冒起了滚滚

浓烟 —— 我多么想飞起来啊。

多年以后，我乘飞机在城市与城市之间飞来飞去。我常常依靠在飞机机舱的舷窗旁，拉开遮阳板向外眺望。我看见这钢铁的大鸟携载着百吨的重量加速，滑翔，掠过广袤的原野。飞机转弯了，田野缓慢地倾斜过来，我的心里充满了渴望，我似乎听见自己的心在呼喊："我多么想飞起来啊 ……" 这时，如果飞机的舱门能够打开，我将第一个冲到舱门前，并拢双腿，展开双臂，向着身体下方的天空和原野扑身而下。我将从那里飘掠而过，那时，我将看见我童年时魂牵梦绕的火红的狐狸，它如同闪电，在我的心头与我一起划过印痕。

此刻，经过了四十年岁月的淘洗，我已进入不惑之年。生命中的所经之事，不如意者十之八九，可与人言者尚无二三，我深陷于城市的藩篱之中无法自拔，我的内心向往乡村而不可得。现实与梦想，以同样的执著将我撕裂，检点自己，内心深处只剩下仅存的一点对美与艺术的坚持和追逐，依然残存的梦想和勇气，对世界和人的爱的能力，对人性善之高度的坚信和对人性恶之深度的洞察，我那坚守的对公平、公正、公义的向往，宽容，阅读的习惯，对电影的沉迷，对于知识分享的自觉，对历史和自然的尊重以及力所能及的还原，一切的一切，让我与自己和解，不至于走向崩溃。

冬夜之中，我想象着多年以后的自己：我是否已彻底沦为一个精神意识至上的唯心论病人？除了精神和记忆，这世界上没有什么真正属于自己；我已陷入赤贫，一无所有，在某种程度上，只保有一个对我而言的真理，我通过阅读和书写填满自己。雾霾重重，气温陡降，远方的高原大雪封山，我心行走在旷野之中，被孤独缠绕，何人予我安慰！

五

"唐吉柯德和他所处的时代，到底是怎样的呢？信仰美德，或者比美德本身更重要？是的，当时的确是，但究竟说的是什么呢？难道理性的思维最终会摧毁你的灵魂？它又如何会摧毁？或者，非理性足够强大，它最终将获得胜利？我们曾经花了许多时间和代价来学会构建和组织世界，发明了时钟和日历，甚至学会了尝试如何预报天气，但我们的生活的哪一部分、又曾处于我们片刻的控制之下？如果我们选择相信的，到头来却发现这纯粹只是自己想象的现实，那时候将怎么办？我们是否会疯狂？否则，生活剩下的是否就只是绝望？该怎样去发现那驱使我们不计代价追寻自由的原因？”

—— 罗素·克劳《危情三日》

我陷入到了卡尔维诺笔下的看不见的城市之中。哦，不，那也许并不是人们通常所见到的城市的样子，那也许根本就不是一种实体的城市，那只是卡尔维诺的某种关于城市的想象。在他想象着的城市里，我变成了这座想象之城中的某个渺小的意象，卡尔维诺某本书中的某个具有特殊含义的字符，或者，他的某个自成体系的城市梦境中的一个。而我的关于城市的所有概念、感受，只不过是被卡尔维诺思维感染过了的一个病毒的变种。

可是，此刻，控制着我的那座城市，又到底是一种什么东西？

是的，这无法想象。

它是否可能仅仅是某个臆想之城中的某栋建筑，甚至某栋建筑体内的一部电梯，想象的空间就蕴含在电梯的轿厢之中？从四楼到一楼，从一楼到四楼。我从一部电梯中走出，进入另一部电梯；从一座建筑中走出，又进入另一座建筑。揭开令人眼花缭乱的现象表层，下面是赤裸裸的本质和真实，城市以一种无所不在、无从知晓、却又高踞和凌驾于一切之上的姿态出现，一座堡垒，无地自容，无门可入，又是一种城市工蚁的地洞，连接工蚁忙碌和休憩之间的通道。它的大门打开，众人，我；我，众人，一起被某种不可抗拒的力量挟裹、推动而去，这时，一个陌生的旋律响起 —— 电梯的大门关闭了 —— 耳边的旋律，它那么喧哗、压抑、渴望和骚动，又那么哀愁和充满忧伤，掩盖着多年前的笑容 …… 这时，当电梯门重新打开，奔波的时间到了，旋律忽然戛然而止，我，是否只是一只奔忙在街道与建筑之间的工蚁？

卡尔维诺，我遗失了什么，又获得了什么？

六

我的朋友陈立兵远走澳大利亚，我们失去各自的音信已经很多年了。他是我的校友，比我低一届，学的是水产加工。大学的时候，我们同为学校地下的文学团体里活跃的人物。

在我的印象中，自从我们因为偶然的机缘认识，他就几乎一直是一个现代社会里的白日梦患者。他不止一次地告诉过我，在他的心灵深处，有着一种难以被人们所理解的对于流浪的痴迷。他说，他经常想象着，在冬天和秋日里，在休耕的季节，他驾驶着马车向着田野绝尘而去，车轮如同枯骨，带着他的诗作四处游荡。他将试图告诉人们，太阳在照耀，苦难并不意味着一切，生活与爱情一样依然是美丽的。

1993 年，他大学毕业后，被分配到了水产公司的远洋轮上，与水手们一起在太平洋上捕捞太平洋深海甜虾。1995 年春天的一天，他从远洋轮上回青岛，给我带来了他在外海上写就的诗篇。我看到他依然眷恋土地，信赖人民，他在海上写下了无数的文字，那些文字都是关于土地，关于海洋，关于家乡和水中移动着的大陆航船。他写下的那些带有某种金属一样明亮和铿锵声响的文字，让我情不自禁地从内心深处为之惊叹和震撼。我在想，在他的生活中，一定在某一个特定的时刻、某一个特定的地点，发生了某一个突如其来的事件，彻底地改变了他的思想、行为和生活原定的轨迹。

他说，每一次出海的时候，他都要跟往常一样，抓一把泥土在他寄居着的船舱里。他长时间漂流在海上，吃不到一点儿新鲜蔬菜，我看到他的脸色如同白纸一样没有血色。他的家就是在海上漂浮和航行着的船，而他将随着这航船周游世界。他说海上很苦，他引用一个著名作家的话说：远看不见山，那天边只有云头；也看不见树，那海上只有海鸥 —— 而在船舱里，他说，船舱里除了一把被风干了的泥土，一无所有。

后来，他从水产公司的远洋轮上辞职，以海外劳务用工的身份去往新加坡。他在新加坡的一家食品加工企业里负责技术，却满怀写诗的愿望。在那里，也许他赚到了足够他云游写诗、朗诵的盘缠，他远走澳大利亚，并在那里的一家神学院里入籍，成为基督教徒，研究神学。1999 年前后，我在青岛的城市里到处漂流，身边的行李每搬动一次便丢失一部分，到最后，手上只剩下了他送给我的这首大风歌——《收获季节大风刮过》。他说，这是他在太平洋的鄂霍茨克海峡上写的，当时，他站在远洋轮的驾驶台上，面对着海上的八级大风，大风呼啸，海水在风力的推动下扑上了甲板。多年以后，我重新翻阅和重视他的诗篇，我在中国北方一个寂寞的内地城市里，在风沙飘摇的冬日里独自想念这一切，我要将这怀念传达到比远方更遥远的地方，我感到他的那些曾经不为许多人所知的文字，将在全世界所有的甲板上，被风掀起，为所有的水手们的眼睛注视，并抚慰心灵。

收获季节大风刮过

衣 凡（陈立兵）

大风啊，带走我平淡的日子
让麦浪在日光下翻涌，让树荫稀薄而抖动，
让我的耳边响起那支唱了八百年的歌，
让我唱着那支歌磨好了镰刀。

割麦的季节太阳如蛇，缠住我的臂膀，
我的汗水浸满毒汁。太阳啊，带走我困苦艰辛的日子，
让灰蛾碎成羽片，让蝉鸣闪烁光芒，
让我的血灼热如火，让火在四野流窜。

麦子是土地的守护者，长毛和羽箭刺破了天空，
穿透了我的胸膛，我并不是唯一的遇难者，
田边放倒了一捆捆俘虏的麦子，
死尸一样成了我的殉葬者。

泥土里有肌肉的芳香，我的胸膛紧贴它的胸膛
脚碰着脚，手连着手，
跌倒的麦子在身旁呻吟，我知道那是我夜晚酣畅昏睡的声音。
那是大地的鼓敲击心脏的声音。

我就是麦子，我就是泥土。我在阳光下显现。
只是为了走完从一个影象到另一个影象的过程。
夜晚，当我梦中一片空白时，
影象包围着影象，影象压迫着影象，
风信草和苦艾草浸过的酒，让我体味到过程的沉重。

大风啊，大风从平原掠过，掠走了泥土，
掠走了麦子，掠走了我的梦，我的风信草和苦艾草，
我带着我平淡无奇的日子，在原野行走，
走入空虚无物的空中，
没有外形。

2014年

我置身于机舱之中，如同身处于牢笼。我的生命历程，就是一场不断地从牢笼到牢笼的历史：远方的城市是我梦想的牢笼，如同书籍是文字的牢笼，烟盒是卷烟的牢笼，爱情是相爱者的牢笼，如同历史和命运是我生命历程的牢笼。我无法逃离，就像无法抓住自己的头发自我甩出地球，就像风筝脱离了维系的绳索也无法飞翔。我满心焦虑，穿越云层，哗啦一声关上舷窗挡板，又哗啦一下拉开。飞机倾斜了，转向，月如银盘，悬垂空中，照耀着机舱下大西洋上喧哗的万顷波涛。

2014年2月

【阅读书目】

勒克莱齐奥:《战争》

拉莱·柯林斯、多米尼克·拉皮埃尔:《巴黎烧了吗?》

欧文·斯通:《渴望风流:毕沙罗传》

约翰·L·雷克特:《智利史》

朱祥忠:《外交官带你看世界:智利》

一

5日,农历正月初六。

正月初七是我女儿的生日。初五日,我在胶东的老家,与父母一起为女儿提前庆祝生日。在鲁北的三年时间,女儿每年的生日都是这样在扭曲中庆祝。初六日,我带妻女赶回青岛的家,匆匆安顿了一番后,便踏上了西去鲁北的路程。我所在的公司将在正月初八正式上班,初七日,公司将举行全体中层以上干部大会暨为销售人员壮行酒会。与往年的壮行会不同,这年的壮行会队列里,增加了包括我在内的五人海外拓展先行团队,我们一行五人将背负公司使命,先行前往南美进行市场研究、人员对接、前站准备等前期筹备工作。在当天的酒会后,我们匆匆一饱,登车启程赴京。次日清晨,便踏上了经巴黎、转赴智利的长途旅程,先是北京至巴黎9小时，在戴高乐机场停留十小时后，再从巴黎飞行13小时到达智利首都圣地亚哥。

二

算上这次，我已是第二次到巴黎了。上一次还是在上世纪的九十年代中期，那时候我也是从巴黎转机，前往北部非洲的沙漠地带。这次，我则没能办理短暂居留手续，只能在戴高乐机场候机楼内呆足十个小时后，再开始下一站的旅行。好在途中带有书籍，并有其余四位队友同行，说说笑笑，还可以在机场内逛逛店铺，预先采购搜索，倒也不觉得难捱。

在梦里，我曾经无数次地回到这个只在其中短暂逗留的陌生的城市。它远在万里之外，被人们誉为“世界艺术之都”，天知道人们曾经为它编织过多少令人神往的故事、引动过多少遐想的传奇。在很多人印象里，也许只要听一听这个风光绮丽旖旎、又带有浓厚的奢侈浮华气象的城市名字，便会情不自禁地浮想连翩，激动不已。忧郁的塞纳河畔的落日，高高耸立的艾菲尔铁塔，罗浮宫灿烂辉煌的艺术世界，巴黎圣母院，蒙马特街潮湿的碎石路，以及灯光昏黄、彻夜不息的路边咖啡馆……巴黎就象一个令人难以触及的现实，一个虚无飘渺的梦境，一个似乎只能存在于大脑之中的想象。而在我，它则是一个实实在在的有形之物，让我怀念，向往，并让我此刻在距它心脏区域咫尺的机场，比以往更加深刻地思念青岛、热爱生活在青岛的人们。

我依然还能够记起第一次经停巴黎时候的情境。

那时候，我走在遥远的异国他乡陌生的土地上，语言不通，神情落寞委顿，巴黎的街道潮湿而又忧郁。远离了家园我怀念故土，远离了青岛我想念海洋。万里之外的青岛那时早已华灯初上，而巴黎与青岛之间令人绝望的距离带走了一切温柔的形象。在巴黎市中心春天百货店的一家旅馆的标准客房里，记忆如同一把锐利的锉刀，在对这远离故国的旅人的心灵进行着最后的侵蚀。旧日里发生过的一切历历在目：青春，大学时代，与一个青岛姑娘刻骨铭心的爱情，为了生存，一个人所付出的努力和挣扎。太阳即将落下，夜幕即将来临，巴黎的上空，从大西洋上吹来阵阵寒风，而我心中对于故土的渴念如同一棵疯狂蔓延的植物在生长。路边灯光柔和的咖啡馆里，传来漂亮的男男女女的喧声笑语。而此刻，我心中对于青岛的印象如此清晰：星期天早晨天主教堂悠长的钟声，随着钟声盘旋飞起的鸽群，八大关风景区内绿树丛中错落的建筑，街巷里小贩们吆喝叫卖声……青岛的一草一木使我震惊。我疯狂地抓起通向青岛的电话，当远方熟悉的声音响起，城市开始下雨，我低头回顾自身，一个青年，他从遥远的东方，不远万里走过这漫漫路程，前来拜访这似乎遥不可及的巴黎，我不禁扪心自问：远离是不是一种逃避？

可能真的就像人们所想象的那样，巴黎只是一个传奇，它带着生命历程中某一段刻骨铭心的记忆和缠绵绯恻的爱情，注定要与一个人一生中的一些令人难于忘怀的故事一样，成为漫长生命之旅中的又一个暂时停泊之地。想念巴黎，实质上就是想念故乡，就是想念有关于故乡的所有美好的事物：泥土，爱情，故乡的太阳和故乡田野里摇晃的麦穗。而所谓的故乡，不过是我们的祖先流浪途中的最后一站。

一直以来，我对巴黎、对法国、以及对于与法国有关的诸多事物都抱有浓厚的兴趣。

20 世纪 80 年代末的青春时代，曾有两套丛书对我影响至深，一套是柳鸣九先生主编的《二十世纪法国文学丛书》，另一套是金观涛等人主编的《走向未来丛书》。前者打开了我对世界文学、尤其是法国文学最新成果认识和了解的视野，让我把审美的目光和深度置于世界的近代、现代和当代的范围，领略到了当时世界文学前沿的最高成就。从那时候起，我便开始有意识地通读了米歇尔・布托、克洛德・西蒙、米歇尔・图尔尼埃、勒克莱齐奥、萨洛特、罗伯・格利耶、莫里亚克、波伏瓦、萨岗、杜拉斯、萨特、卡缪、梅洛庞帝、尤瑟纳尔等人的作品，法国自波德莱尔和维克多・雨果、巴尔扎克等人之后的很多重要作家，基本上都涵盖在这套丛书内，其中不乏国内读者所普遍关注的，其中的好几个作家还分别获得了诺贝尔文学奖、龚古尔文学奖。

通过类似的延展阅读，除了文学领域，我也由此了解到了世界艺术史上印象派、后印象派等诸多与法国文化有关的信息。与毕沙罗、马奈、莫奈、德加、梵高、高更、塞尚、马蒂斯、毕加索等画家有关的传记资料，我也曾多有涉猎。

而后者，《走向未来丛书》，则让当时的我了解到了改革开放过程中的中国与世界接轨的学术前沿。那时候，学界所涉猎的许多课题，即使拿到现在也仍然具有前瞻性，如人与社会的现代化问题，增长的极限，对科学的傲慢与偏见，新老“三论”（控制论、系统论、信息论），科学对于自身的再认识，社会研究方法，数学的第三次危机，中国历史上的社会超稳定结构，与经济学有关的看不见的手，凯恩斯与后凯恩斯主义等。这套书的编委之一，则是后来做了共和国副总理的王岐山先生。

《巴黎烧了吗？》…… 这惊悚的题目让我感到惊奇。柯林斯和拉皮埃尔是书写类似非虚构类报道文字的大师，而该书的翻译者董乐山先生，则是我从许多类似书籍中获益良多的翻译大师：阿瑟·库斯勒《中午的黑暗》，卡赞扎基斯《基督最后的诱惑》，扎米亚京《我们》，赫胥黎《美丽新世界》，乔治·奥威尔《1984》，以及《第三帝国的兴亡》等，他的翻译，就象鲁迅笔下所称呼的那样，类似“偷运军火”，让阅读被翻译作品的人们内心升起思考的凛凛火焰。

我的青春时代，肚子里装满了与同窗师兄弟们一起喝过的老酒，也装进了从学界前辈们那里盛来的更加醇厚的知识的老酒，这也是更好、更永恒的酒，它带领我越过历史的泥潭，看向未来，越过纷纭的现象，看到更深处的本质。青春终将远去，而生命之树常青，常青的秘诀就是知识和思想的更新、艺术与美的熏陶。

三

“过去尚未到来，而未来已经结束。”

——卡梅隆：《魔鬼终结者》

1998年，卡梅隆出品了我后来一直着迷的《魔鬼终结者》系列电影。在影片中，黑色皮衣装扮的终结者阿诺·施瓦辛格在不动声色的冷酷后面，描画出了现代社会这人类历史上体现出世间蕴藏在深处罪恶的时刻里的真理和哲思，电影的画外音以满是沧桑的口吻提示人们，“过去尚未到来，而未来已经结束。”在终结者的世界里，战争已经开始，早在战争爆发之初就已经开始，甚至已经结束。人类在抗争，可能终将赢得胜利，但是残留在思想里的伤害的印痕如此之深，将比战争本身更加难以愈合。这就是人与物的战争，在22世纪，可能更早，人与机器的战争爆发了，机器具有了智能，人成为机器、成为自己所造物的杀戮的对象，肉体再次成为猎物，猎手已不再是人类或者食物链顶端的高级生物，而是钢铁、合金、芯片、生物智能武装起来的机器，它们冷酷无情，它们就是战争本身。

早在1970年，在法国文学的临时终结者、作家勒克莱齐奥的眼光里，这样的战争早就开始了。在曾经出产过塞利纳、罗伯·格里叶、克罗德·西蒙、阿仑·雷乃等各种各样“临时”、或各领一时风骚的文学终结者的地方，再次出现勒克莱齐奥，是一件再自然不过的事情。在现代城市里，人类被追逐、被猎杀，人与物质的战争使每个人、每一寸土地、每一片肌肤都无从逃避。战争里没有硝烟，没有尸体，没有血肉模糊的恐怖，一切悄无声息。这是足以毁灭一切人与人道、人文的战争。人类所创造出来的物质世界就象某种不知名的病毒，它向人类内心广袤无垠的空间里渗透，它无所不在，见人杀人，遇佛杀佛，所过之处，寸草不生，尽皆成为荒漠。当然，人类可能还会有最后的避难所，那就是语词，尽管，语词本身也注定要被异化为物质，冰冷，残酷——这样的场景，就是勒克莱齐奥的《战争》。

1994年，勒克莱齐奥的惊世骇俗的小说《战争》第一次被翻译到中国，它理所当然地被读惯了之乎者也、马恩列斯、巴尔扎克及苏联式的现实主义的国人们视为异端，拒之门外。《战争》的形式颠覆了中国文学，《战争》的内容让中国人从所未见。很多国人无法理解，在这样几百页的一本小说中，为什么竟然没有一个人物、没有一个主人公，通篇都是物质、以及以灯光、钢铁、合金为代表的所谓战争。很多人对此自欺欺人似的视而不见，如同真理要真正被人接受，往往要背负和付出沉重的代价。也有可能，经历久了物质贫乏时代的国人，确乎无法一下子理解反抗物质主义控制人、并使人异化为物质奴隶的观念——也有可能，要期待着在看到并真切体验到改革开放带来的物质和产能极度过剩之后，才会有用心思索并对勒克莱齐奥感兴趣的读者真正地进入《战争》所展现的场景。拜金主义的观念无孔不入，也许总会有一些人无法容忍象猪一样只依靠钱和消费来混日子。锤子敲打金刚石的大脑，总会有苏醒的人，总会有反抗的人，总会有眼睛睁开一条缝隙，敢于直面真实世界的人。物质是脆弱的，理想依然在鼓舞并激励着人之成为人。

“1995年7月30日，大地书屋”。

这是我在勒克莱齐奥的《战争》一书的扉页上留下的购书记录。那时候大地书屋位于安徽路的一侧，面积不大，书屋的老板老张还在。大地书屋里聚集了由柳鸣久主编的几乎成套的20世纪法国文学丛书。龚古尔文学奖系列的提名及获奖作品在这里出现的频率称得上盛况空前。那时候，我在青岛的城市底层打拼，我大学毕业，无所事事，在这座滨海的城市里举目无亲。夜里，我抬头看见城市冰冷的路灯光，感到心头寒意沁骨。玻璃，钢铁，混凝土，象人与人之间心灵的城堡一样牢不可催，坚固而不可沟通。孤独把我抛向了城市的深处。物质弥漫了城市，淹没了大地。内心在沦陷，天河的闸门打开，泪水充盈在眼眶中。我被勒克莱齐奥的文章彻底俘获，我成为他笔下放牧着的民。我站在大地书屋的书架前读书，勒克莱齐奥写道：

“战争启程了，要持续一万年，比人类历史更长——瓦斯从排气管里出来，这就是战争风暴——电灯泡不停地射出强光，炽热的灯丝在玻璃泡中闪亮，这是战争的目光，它毫不留情地投射——”

在大地书屋的门外，车辆隆隆奔驰，橡胶的轮胎碾压过混凝土的地面。距离书屋不远的火车站铁轨上，火车拉响了进站的笛声。远在书屋对面海上的渡轮和货轮，也鸣响了汽笛进行回应，笛声掩盖着夜色下的城市无声的呼喊：

“我是 ——”

“我要 ——”

“我爱 ——”

“我的 —— ”

“给我 ——”

2008年10月10日，几乎所有的媒介都在文化版的显著位置报道，本年度的诺贝尔文学奖颁发给了法国伟大的小说家勒克莱齐奥，这与莫里亚克、图尔尼埃齐名的具有现代创世纪里程碑意义的牛人。这是一次期盼已久而又意料之中的胜利，同时也是一次文学的胜利。“过去尚未到来，而未来已经结束。”在21世纪第二个十年中的今天，此刻，我置身于巴黎戴高乐机场航站楼里，远望古老而现代的中国土地，世界歌舞升平，和平共处，战争如此遥远。我感受着身周的文明世界，窗明几净，彬彬有礼，前所未有的荣耀、自豪以及罪恶，却仍然无法忘记科幻世界里的英雄们这悲观的预言。

四

1994年8月9日，那是我踏上社会的第二个年头、真正地进入青岛这个城市的第六个年头。1988年的8月份，在第一次踏进这个城市的一刹那，我曾经告诉自己，一个人不能仅仅为了填饱肚子而懵懂地度过一生。可是，世界和命运的偶然性并不服从某个个人的心愿和梦想，就在我独自闯荡青岛社会的第二年，我原来分配去的国营企业破产，我也因此而流落街头。

那一年，我失了业，不得不在城市的街头流浪。如同一个遭人遗弃的旅人，我在世界各地为了生活到处奔波。钟表行走得异常准确，而生活却变得更加糟糕。有时候，我给临时的老板们在小公共汽车上卖票，经常因为与同线路的同行争夺客源而在深夜的停车场里浴血。夏天的时候，我则在中山路的人群中兜售煮熟的玉米棒，我坐在满是尘土的马路牙子上，冷眼打量姑娘们的胸脯和屁股。在社会底层挣扎的岁月让我得以看见人生的黑暗，生活并不都是美好的。夏天的正午，太阳冰冷而尖锐，在黑色的光线背后，苦难在主宰着一切。很多年以后，当我听到有年轻的后生宣言，人生的一半是倒霉，另一半是处理倒霉，这满是黑色幽默的智慧让曾经年轻的我喟叹不已。

1995 年冬天的一天，我路过海洋大学北侧齐东路的惠文书店，在里面看到了一本欧文·斯通的绝笔，卡米尔·毕沙罗的传记《渴望风流》，封面上，是一只手捧着的一颗鲜血淋漓的心脏。我站在书店的过道里读着福利书，书中一个个熟悉的名字在我的眼前滑过：柯罗老爹，德拉克罗瓦，毕沙罗，库尔贝，德加和马奈，以及毕沙罗那跟从他历经苦难的妻子朱莉。青春年少的印象派画家们还在社会的底层苦苦挣扎，那时候的文森特·凡·高，还是一个在博里纳日做牧师的艺术初学者。我翻看着这些在艺术史上如雷贯耳的名字，目光掠过了他们坎坷而富有传奇色彩的一生，时年 25 岁的我开始痛苦地思考生活的意义，我感受到了心灵的苍老。

在书中，慈祥的柯罗老爹自言自语地向年轻的毕沙罗诉说自己的日常生活："……清风吹动着树叶，一颗星星从天空中跃入了水塘，天空的太阳沉下去了，可是灵魂深处的太阳，艺术的太阳却升起来了……这好极了，我的画完成了……上帝真的了不起，他是最早的艺术家，我们所能做的，只不过是在临摹而已，然而这也是神圣的……"；还有德拉克罗瓦，他的头脑里有一个太阳，心里有一场风暴，40 年来，他用自己的画笔在弹奏人类情感的键盘，他播种，收获，土地与土地上的人民融为一体。我捧读欧文·斯通的绝笔，感到自己手中捧着的是书籍封面上那火热、血红的心脏的实体。我的泪水汩汩而下，为这沁入心田深处的太阳的温暖和自己在这流浪途中所经受着的情感的洗涤而血脉贲张。

如今，北半球的季节尚是冬日，巴黎机场的候机楼里却温暖如春。我坐在泛着柔和的不锈钢金属光的排椅上，感到眼睛干燥而枯涩。很久以来，我一直不能适应集中供热和空调的暖风，即使把暖气加到最大，我依然在心里感到寒冷。我感到离不开炭火的烘烤。同行的同事们到免税店里闲逛去了，而我手捧关于毕沙罗的书籍，却越发感觉到内心的空洞。我在期盼着即将来临的南半球夏日的骄阳，如同慈祥的柯罗老爹，照耀我，温暖我。

五

“圣母山上的圣母雕像所怀抱的范围，都是有福之地。”

——智利首都圣地亚哥民间俗谚

当地时间9日。

飞机从戴高乐机场起飞。两百吨的钢铁重量腾空而起，在空中漂浮和攒刺。从一万米高空，巴黎城市的灯火绚丽多彩，沿着街道的排列向四面八方辐射而去，这灯火与欧洲连为一体，如同远古银河战争战舰爆炸后，舰体碎片从亿万光年外传来的闪光。

我置身于机舱之中，如同身处于牢笼。我的生命历程，就是一场不断地从牢笼到牢笼的历史：远方的城市是我梦想的牢笼，如同书籍是文字的牢笼，烟盒是卷烟的牢笼，爱情是相爱者的牢笼，如同历史和命运是我生命历程的牢笼。我无法逃离，就像无法抓住自己的头发自我甩出地球，就像风筝脱离了维系的绳索也无法飞翔。我满心焦虑，穿越云层，哗啦一声关上舷窗挡板，又哗啦一下拉开。飞机倾斜了，转向，月如银盘，悬垂空中，照耀着机舱下大西洋上喧哗的万顷波涛。

我戴上耳机，即将度过一个长达十三小时的漫长的飞行之夜。我睡着了，我的梦中，正出现着高大、平坦的安第斯山脉和高原上无遮无拦的阳光。蓝天之下，砾石遍地的高地一角，一只蜥蜴挺直了身体，转动着警觉的眼睛。我在阳光下奔走，太阳晒黑了我的皮肤，却温暖了我的内心，我一直在期待着这样的太阳，以及这样灼热的烘烤。

2014年4月

【阅读书目】

马尔克斯:《百年孤独》
《霍乱时期的爱情》
《族长的没落》
《没有人给他写信的上校》
《格兰德大娘的葬礼》
《番石榴飘香》
萨尔迪瓦尔:《回归本源——马尔克斯传》

“阿里萨那几个星期也是极其痛苦的，他向达萨重申爱情的那天晚上，他漫无目的地徘徊在被下午的大雨破坏殆尽的街道上，惊恐地自问，他刚刚杀死了围困自己半个世纪的老虎，接下来该拿虎皮怎么办。

此刻，风平浪静，加勒比海的星星也静静地待在原来的位置上。忽然，在一片寂静之中，阿里萨听到一个男人的歌声，那正是许多年前他和卡西尼亚在同一时刻、同一个街角听到的歌声：我，我从桥上回来，泪流满面。那样的一首歌，那样的旋律，那样的夜晚，仿佛只为他而存在，且与死亡有着某种关联。”

—— 马尔克斯:《霍乱时期的爱情》

“多年以后，奥雷连诺上校站在行刑队面前的时候，他会想起他的父亲带他参观冰块的那个遥远的下午。那时候，马孔多还是一个小镇……”

“繁殖吧，母牛！生命短促啊！”

“生命中曾经拥有的所有灿烂，终究都需要用寂寞来偿还。”

—— 马尔克斯:《百年孤独》

一

18 日。

早晨的时候，我从新浪网首页上看到了被大字标题渲染出来的哥伦比亚作家、前诺贝尔文学奖得主加西亚·马尔克斯逝世的消息。我抬头看看窗外，忽然觉得整个天空都是灰暗的，虽然外面初春的阳光耀眼，我却在想，可能，只有从这一刻起，我们的青春时光才算是真的翻页过去了。

从 1988 年冬天，那个搜罗到马尔克斯的长篇小说《百年孤独》、并躲在被窝里两天两夜不合眼地一口气读完的那一刻开始，马尔克斯的作品风格就像高浓度的硫酸一样，强烈而又顽固地蚀刻在我的脑海里，它也影响着我们整整一代人的写作，直至今日。他那经典的句式，“多年以后，当奥雷连诺上校站在行刑队面前的时候，他会想起他的父亲带他参观冰块的那个遥远的下午，那时候，马孔多还是一个小镇……”，曾经是我们感慨孤独心境、岁月流逝的典型语境。我们大学里同一届生物系的小个子“小锛儿”经常喊叫的，则是马尔克斯《百年孤独》的另一句经典句子：“繁殖吧，母牛，生命短促啊！”

80 年代末期的我们，那时候几乎是一个班级一个班级地集体迷恋马尔克斯。在我们的那个马列基础班，我和同屋的老徐，宿舍楼北侧半层上的 Koyo，连同 Koyo 带领的他们宿舍的勇哥、张老大、隔壁的张五、董六、以及经管系的那个在此之后经常用马尔克斯经典句式泡妞和开酒吧的大鹏，我们曾经都是马尔克斯的拥趸，整日陷入他循环往复的句子和近乎轮回的命运里狂欢，至死方休。在那疯狂消费马尔克斯的近 20 年之后，在一次同班同学的聚会上，在一家国企当领导的董六趁着酒劲，醉醺醺地环顾着桌子说："你看看我们这群兔崽子，很多年以前，当有些人在读马克思的时候，却有另一些人在读马尔克斯；多年以后，当马克思在逐渐被兔爷们遗忘了的时候，我们这群兔崽子们却在再一次怀念起马尔克斯。你说，这特么荒诞吗，亲？"

从 20 世纪 80 年代的最后两年，开始第一次阅读马尔克斯的《百年孤独》，至今已经有 18 个年头了。那是老马 1982 年获得诺贝尔文学奖的著名作品，我们那时看到的，是国内高长荣先生的译本，我是在当时仍在中山路中段矗立着的古籍书店里购得的。那时候的马尔克斯作品，在中国国内没有一家出版社拥有版权，但这并不能阻挡我们痴迷和狂欢马尔克斯的热情。

当时与我一起买这本书的，还有与我同班的 Koyo，以及他们屋的张老大。那个学期，我为《百年孤独》逃了两天课，在两天两夜的时间里，除了吃饭上厕所，就是一门心思地啃读这本《百年孤独》。我沉浸在老马描述的南美洲的魔幻世界里不能自拔，满脑子里想的都是乘坐床单飞走的俏姑娘和那一串串名字相同重复循环的奥雷连诺家族的人物。那时候，我们被系里枯燥的专业课纠缠的几乎发疯，简直到了一听说上课就要恨不能以头撞墙的地步。于是我们班的很多男生不约而同地开始在不得不上专业课的时候，以背诵老马的《百年孤独》来逃避专业课非人的折磨："多年以后，奥雷连诺上校站在行刑队面前的时候，他会想起他的父亲带他参观冰块的那个遥远的下午。那时候，马孔多还是一个小镇——"每一次，当我们终于考完一门专业课，我们总是纠集一批同班的哥们，跑到学校大门外的小酒馆里痛饮一番，并一次次地以老马书中的主人公之一的口吻互相敬酒："繁殖吧，母牛,生命短促啊;干杯啊,兄弟们,青春难再啊!”

从那以后,以某些带有深刻的青春印记的事件细节为标志,马尔克斯成为我们内心艺术的标杆之一。我也因此而知道了与马尔克斯处于类似地位的伟大作家:福克纳,博尔赫斯,阿斯图里亚斯,巴尔加斯·略萨,富恩特斯,科塔萨尔,奥克塔维奥·帕斯,聂鲁达等。在那以后的五六年间,我在青岛的书店里穿梭,买到了与这些伟大的人物有关的许多书籍。从那以后,我与世界文学、拉美魔幻现实主义文学就此结下了不解之缘。

在我们,马尔克斯的《百年孤独》属于1980年代末那黄金时期的青春。

二

“我们一直走,一直走,一直走,再到‘黄金港’去!”

费尔米娜震惊了,她听出了她所熟悉的昔日的圣灵曾经启发过她的那种声音。她瞅了一眼船长,但船长并没有看见她,他被阿里萨冲动的话语的巨大威力惊呆了。

“此话当真?”他问。

阿里萨说:“我从来没把自己的话当过儿戏。”

船长看了一下费尔米娜,并在她的睫毛上看到了初霜的闪光。然后他又看了一眼阿里萨,看到了他那不可战胜的自制力和勇敢无畏的爱。他终于明白,是生命、而不是死亡在鼓舞着世界走向永恒。

“您认为我们这样来来去去的可以继续到何时?”船长问道。

阿里萨早在经历了五十三年七个月零十一个日日夜夜的爱情煎熬之前就准备好了答案。

“一生一世!”他说。

——马尔克斯《霍乱时期的爱情》

“生命中曾经拥有的所有灿烂，终究都需要用寂寞来偿还。”这是马尔克斯《百年孤独》中的句子。在他获得诺贝尔奖以后写的《霍乱时期的爱情》中，类似的句子比比皆是，处处是神来之笔。那种繁花锦簇、云蒸霞蔚的华美的文字盛宴，这一页不比那一页更少或更多，除了一读再读，让人简直无法做出另外的割舍。

大学一年级，读完马尔克斯《百年孤独》之后的很长一段时间，我内心都一直在以为，《百年孤独》是老马写的最好的作品。这也难怪，因为那时我还没有读到过他的《霍乱时期的爱情》。有一年，我跟一个同学去我的中文老师于荣健先生家里聊天，他极力向我们推荐了这本马尔克斯自己都非常推崇的书。他说，“(这一本)比《百年孤独》写得好，没有《百年孤独》那么乱”。现在看来，《霍乱时期的爱情》确实是马尔克斯写的最精彩的一部，尤其是在1982年获得了诺贝尔奖以后，他的创作生涯并没有停止，竟然还能功力不散，集中力量写出超越于他用以获奖作品的作品，实在是极其难能可贵的。这本比他的《百年孤独》写得还要优秀的巨著穷尽了世间几乎全部的爱情形式，几乎每个句子都能成为经典，每个段落都是珍珠，每一页都有让人拍案叫绝的精采出现，堪称为大百科全书式的爱情经典。《霍乱时期的爱情》注定将是一本在世界文学史上永垂不朽的巨作。

随着年龄的增长，阅历的加深，人事的变迁，我更多的迷上了他写的《霍乱时期的爱情》。有一次，我跟一个师弟去青岛市文联的一位老师处，借到了《霍乱时期的爱情》的一个早期版本，轮流通宵阅读。那是一个黄颜色封面的版本，好像是黑龙江文艺出版社出的盗版，具体情况我记不清了。只知道从那时起，我沉浸在马尔克斯的孤独和爱情里不能自拔，彻底沦陷至今。

1993年冬季的一天，我陪即将踏上前往西非之路的阿彬一起去拜别一位我们共同的老师H，H老师送给我俩一本《霍乱时期的爱情》。在接下来的四年里，这本书陪伴我度过了生命中极其暗淡的一个时期。四年间，我置身的城市青岛，被席卷进了全国范围内城市拆迁改造的大潮之中，大量的平民容身之地的城中村，被拔地而起的高楼大厦所摧毁、取代，城市的土地被翻掘开来，钢筋水泥的森林里，像甲虫一样密集的车流填满了城市的每一寸空闲之地，没有给书籍和诗意留下哪怕一丁点儿的空间。1998 年前后，阿彬从西非回国，我们一起再度拜访 H 老师，并把那本书归还给他。从那之后的很长一段时间，我一直未能在市场上再看到这本梦寐以求的书籍。

此后又经过了十五年，我从网上买到了南海出版公司出版的授权译本，杨玲译，古典的硬皮封装。我在距离青岛几百公里以外的内陆的某个小城市里，坐在公寓的书桌前，一字一句地重读《霍乱时期的爱情》，青春，挣扎，等待，煎熬，人情冷暖，时光流逝，鲁北平原上的迷茫岁月。我用铅笔在书页上画出再次感动和摇撼自己心灵的句子，一切历历在目，我不由地潸然泪下。我听到了窗外时间匆匆流逝的沉重的脚步声，在墙边的某个转角处，它稍息片刻，透过墙壁，看到在桌边阅读并感动不已的曾经的青年，然后，便以它永远不变的刻板的步点，无情地敲打敏感的人们脆弱的心灵门板。

此时，我已步入不惑之年。剔除岁月沉淀在心灵表层的尘霾，我日益发现和内省到自己内心信念和充沛情感的坚强内核，这内核历久弥新，虽经历时间冲洗而愈加执着顽固，晶莹闪耀。我与谁都不争，与谁争我都不屑，我的眼睛只看到时间、命运、孤独和死亡，我问自己，这是不是生命永恒之本质？我用手紧抓住语言，并以语言为唯一的工具与之抗争和妥协，争执与和解，同生共死，一起纠缠厮守，直至湮灭为飞灰。

在《霍乱时期的爱情》一书的结尾，作者写道：在一条挂着象征发生瘟疫霍乱的黄旗的内河船上，船长明白，是生命、而不是死亡在鼓舞着世界向前走去。当船长问，我们还要这样来来回回的多久的时候，男主人公在经历了 53 年 7 个月又 11 天的爱情煎熬之后，终于响亮的告诉他答案："一生一世！"

不可否认，在读完全书、经过了近 400 页华丽文字的摇撼、感动、疲劳轰炸般的华美抒情之后，这样的结尾仍然没有减低文字本身对人心灵的震撼，这短短四个字的表白具有某种誓言的坚定和不容置疑的论断，也许这就是在那样情景下的爱情宣誓，充满着慑人心魂的力量。

毫无疑问，《霍乱时期的爱情》将属于岁月、并注定将凝固在一个人对于岁月的永恒感悟之中。

三

《百年孤独》和《霍乱时期的爱情》是马尔克斯最受读者喜欢的作品，也是他最著名的作品。不过，在马尔克斯自我点评的作品中，据说《族长的没落》才是他自己所最中意的。我所看到的这本书的中译本中，印象最深、最经典的，当属山东文艺出版社出版的咖啡色封面的单行本。1990 年前后，当时与我同住一个宿舍的化学系的阿坤在古籍书店买到了这本山东文艺出版社出版过的《族长的没落》。等我听说了再去买时，店里已经售完。我跟阿坤磨菇了好几个月，他最终还是没有转让给我。

20 世纪的整个 90 年代，是我最着迷文学的岁月，马尔克斯和米兰·昆德拉是我翻阅最多的。同宿舍的阿坤是有机化学系的怪咖，平时除了摆弄他的那一堆瓶瓶罐罐、带着一身氯水消毒剂的味道以外，就是向我推销各种稀奇古怪的书籍，富恩特斯，马尔克斯，博尔赫斯，普鲁斯特，布罗茨基、伍尔芙之类。《族长的没落》就是在那个时候走进了我的阅读范围。

1991 年夏天，在青岛市台东新华书店举行的青岛夏季书展上，这本薄薄的小册子出现在半价书专柜上，成交的售价不到一块钱。我买到了其中的两本，一本自己阅读，另一本后来在 1993 年底送给了当时即将前往西部非洲毛里塔尼亚的阿彬。从那以后，直到 2015 年底，从网上看到了新翻译出版的《家长的没落》，我便再也没有见到山东文艺出版社出版的这本书在市面上出现过。当时与这几本一起买到的，还有一本《外国文学》期刊，上面登载了作家门多萨对马尔克斯的采访文章《番石榴飘香》，详细记录了他的平生、创作和社会观点。

《族长的没落》，那是一本关于迷宫里的独裁者的故事。小说的开篇就描写了独裁者的死亡。他趴着睡觉的习惯，屠戮民众的冷漠，他宫殿里吃着草的母牛，没有人知道他是死是活的卫兵和服务人员。神秘的氛围簇拥着他，他是一个影子，无处不在又无所不能，他是用恐怖和谎言塑造的神，族长，一个国家大家长和终极控制着的代表符号。关于他的消息，外面的世界和民众噤若寒蝉、战战兢兢、如履薄冰地揣度，没人知道，没人言语，没人敢去关心和打听，像极了中国古典社会里被厂卫团体控制下的明朝最黑暗的时期。

族长，哪怕是一名没落了的族长，他究竟是谁？就连曾经对他最为熟悉的人都无从说起。他是某种制度，某个不食人间烟火、却又掌控一切的神祇，某种在西方技术恐怖主义思想里幻化成“电脑母体”的终极性的存在，他还是一个人吗？他是否有生死？恐怕在人类社会的终结之地，他才会最终失去意义。“族长”和“没落”，马尔克斯用南美人的部落语言，一语道破并描述出了全球性的权力恐怖和权力异化结出的可怕成果、以及人们对他最终结局的直接期盼。

在那些循环往复、几十页终结一个段落的奇书的句子中间，嘲弄、反讽、暗喻、象征、愤怒、哀伤、恐惧和颤栗，重重缠绕和纠结，这样矛盾的情形，在经历了中国80年代狂飙突进般的青春时代之后的人们内心，似曾相识而又不忍回顾，它如此熟悉、又如此陌生。那些族长的面孔和身形隐隐约约、若有若无，如同千年以来一直存在、并永不消失的幽灵，在空中徘徊，他们在电波、口头、纸张、书信和脑海里，时常出人意料地出现，窥视你，监督你，命令你，审问你，指点你，他与你争论，对你嘲笑，挖苦，指责，让你无处藏身、无从遁形，直至你崩溃、瓦解、投降、顺服和屈从，或者无所畏惧地走向它的反面，抗拒，战斗，论争，回避，死亡，直至你一无所有。而在这一切的一切之外，某种洪流，世界的洪流正在大步向前，摧枯拉朽，伴随着互联网的技术武器滚滚向前，狼奔豕突。

族长，一个应该已经过去的概念，至今仍尚未归为历史。没落不等于消灭，没落也从不意味着它会自行退出舞台。马尔克斯《族长的没落》里使用的是循环的文法，这样的文法所记录和隐喻的历史，即使在遥远的南美哥伦比亚，也似乎即将不复存在，成为某种古老的历史陈迹，再要有那爱好古董的有心人，要再行寻找那几近绝迹的标本时，他们将向哪里去找寻呢？

从某种意义上说，马尔克斯自己就是文学类的族长之一。他操弄着一大堆人物，什么举行葬礼的格兰德大娘、什么没人给他写信的上校、什么长猪尾巴的小人、什么奥雷连诺之类，还有，他还隐喻另外的军事族长和迷宫中的将军，以及马孔多小镇镇上的族长等，关键是，他的那个不可一世的将军还患有疝气！

哥伦比亚有没落的族长，古老的中国有东方不败；马尔克斯笔下有经受了独裁和殖民压榨的百年孤独的人民，而古老的中国大地上则有封建主义和极权血统的千年寂寞；马尔克斯笔下有近亲文化衍生出来的长着猪尾巴的变种，古老中国则同样有着水土不服、龙种长成的跳蚤的甲虫。世界潮流，浩浩荡荡，顺之者昌，逆之者亡，谁又能够比谁更厉害更差劲呢。

曾经是我们全班的狂欢对象的马尔克斯，在我们整个的上大学期间，他的《族长的没落》却从未进入到除了阿坤和我之外的第三人的视野。在我们的那一届学生之中，这样的命题和概念让人本能地无法触碰，只能心有灵犀般的隐匿于内心，化作某种期待和盼望，并由此奢望天底下所有的族长都会没落。

四

1982年，马尔克斯获得诺贝尔文学奖后，照例要发表获奖感言。在受奖仪式上，马尔克斯发表了题为《拉丁美洲的孤独》的演说。在演说中，马尔克斯从跟随麦哲伦探险的水手记录下的拉丁美洲，谈到经历了西班牙殖民统治和拉美历届、历代独裁者的历史，以及西方在这样的殖民和独裁统治下所播撒的推波助澜的余毒，他也从启发拉美人民心智的聂鲁达，谈到了争取独立和自由的新拉美的可能性。在演说的结尾，他总结说：

“我的导师威廉姆·福克纳当年像我这样接受诺贝尔奖时说：‘我拒绝接受这是人类末日的观点。’如果我还没能弄明白32年前他拒绝接受的那种巨大悲剧不过是自人类起源以来的一个简单的科学事实，我就会觉得不配站在这个当年他曾站过的位置上。在这样一个人类历史会被仅仅被认为是一个乌托邦式的令人畏惧的事实面前，我们这些传说的创作之人将愿意相信任何事情，并会感到现在开始去建立一个与现今事实相反的乌托邦还犹时未晚。一个崭新的无边界的乌托邦将会诞生。在那里，没有人可以决定别人怎么去死；爱情将成为现实，幸福将成为可能。而命中注定要一百年处于孤独的世家将最终并永远享有出现在世上的第二次机会。”

这篇激情洋溢、而又满怀信念的演讲辞感人至深，发人深省。它让人思考拉美的历史和现实，思考拉美的未来与跟自身的关系，文学在此又一次发挥出文学之外的作用和功能，它干预现实，走进社会，把语言变成为批判的武器，并让掌握它的人们的批判变成拥有武器的批判。

我敢说，但凡长着人脑子，就能看出《百年孤独》与《林海雪原》的区别。截止到目前为止，几乎没有一个中国作家能有这样广博的视野——胸怀整个拉美、并以这样思考的历史深度——拉美几百年发展史——思考中国和文学，虽然他们从文法和语境上，都在刻意地模仿、甚至照搬了马尔克斯，他们却并未从本质上打开眼睛、用不同的眼光和视角看世界。有些作家说要胸怀祖国，可是其实就连这些他们也没有能力做到，更别说胸怀世界和非洲、拉美。为什么今天的你这样犬儒？历史上每个时代的思想解放的黄金期都不是偶然来临的，而是时代自由和风云际会的结果，而这正是其中差距的原因所在。

2012 年冬季的一天，我的一位在媒体工作的朋友 W 在青岛某大学的校园里开设了一家面向在校大学生的服务中心，并承接了一单给即将毕业的中文系学生们代做论文的生意，其中一篇论文的题目，竟然是要求以原型理论论述马尔克斯《百年孤独》中的人物。这位朋友把这个皮球传给了我。为了完成作业，我在当当上买到了一本关于马尔克斯的传记《回归本源》。传记作者萨尔迪瓦尔以同样魔幻现实主义的手法，回顾和记录了马尔克斯富有魔幻色彩的内心世界和生平经历，这是我所读到过的关于老马的最好的传记和解读文献。伟人们曾经说过，物质文明与精神文明两手都要抓，并且两手都要硬，我这样做了，并由此收获了知识和艺术的享受，同时也得到了做“枪手”的物质酬劳，那个用一天时间写完的枪版论文，为我换回了 500 元的稿酬，这是我读马尔克斯以来所经历的最为魔幻的事件。

五

4 月 26 日，春天已经来到了鲁北平原，期待已久的南方暖湿气流如期来临。先是轻轻的微风，和煦、和谐，暖意洋洋，然后是三级，再然后是四级，五级，直到沛然而至的鼓荡南风。

此刻，我为了怀念马尔克斯而再度复习的《百年孤独》，正好阅读到了结尾的部分，我坐在公寓的窗前，看到书的结尾，书页里所描述的梦幻世界与真实的现实世界对照得如此相似。最后一代的奥雷连诺破解了吉普赛人梅尔加德斯的密码，这时飓风包围了哥伦比亚热带森林里的这个古老家族所在的古老的村镇，先是一阵微风，如同夜行人掠过了水面，接着是飓风来临之前的预兆，大风刮起了垃圾和尘土，然后是龙卷风，最后是扫荡了一切的飓风，并最终让遭受了百年孤独的家族注定不会再在世界上出现。

此刻，我的窗外，大雨如注，天河的闸门打开了。

2014年5月

【阅读书目】

卡赞扎基斯:《自由与死亡》

玛格丽特·杜拉斯:《抵挡太平洋的堤坝》

西蒙娜·德·波伏娃:《名士风流》

《女客》

罗伯·格里耶:《嫉妒·去年在马里安巴》

"幸福的家庭都是相似的,不幸的家庭各有各的不幸"。

——托尔斯泰

一

上世纪九十年代,研究法国文学的著名翻译家柳鸣九先生主编的《法国二十世纪文学丛书》陆续出版。在青岛的书市上,先是一本一本地出现,后来,是一个批次一个批次地出现。我一开始跟随中山路上的古籍书店、后来则跟随大地书屋、汉京书店、学苑书店的进货渠道,不断地搜罗和阅读这套丛书中所推介的作家作品,萨洛特,米歇尔·布托,杜拉斯,勒克莱齐奥,莫里亚克,龚古尔兄弟,图尔尼埃等,都先后经过我的阅读后被珍藏于书柜的某处。通过这套丛书,我基本了解和管窥到了法国 20 世纪文学的全貌。

1992 年 4 月底，我们专业的 40 多名学生到了四年大学生活结束前的毕业设计阶段。系里安排我们前往位于青岛市郊区、胶南市灵山卫镇政府驻地，通过实地参观和访问企业，进行社会学研究，并以此为基础，设计社会调查问卷，作为社会实践活动的评分依据之一。时值暮春初夏时节，随着我们一群荷尔蒙旺盛的青年的到来，镇所驻地变得沸腾了。白天，我们一行人走访镇属企业和附近的渔村；晚上，我们则在晚饭后，三三两两地在街头游荡。街头的娱乐设施如台球室、小酒馆、临海浴场的更衣间等，因为我们的到来也纷纷开张了，价格不断走高。曾经有个半年没营业过的台球桌，在我们到达的那天晚上，迎来了第一个收入高峰，三个小时卖出了 20 块钱的台费。

那段时间，我刚买到了柳先生主编的这套法国文学丛书中波伏娃和杜拉斯的单行本，是我在实习期间阅读的主要读物。在那本有着浓郁的杜拉斯个人自叙传色彩的小册子《抵挡太平洋的堤坝》中，她描述了一个初到越南谋生的执拗的母亲，因为没有给当局的管理员送钱，购买的土地被故意安排到了一片经常被太平洋的海水淹没、浸泡的区域。她吞咽着这苦果，带领儿女和工人不断地筑堤，试图阻挡太平洋的汹涌海水。书中，杜拉斯用一种绝望的笔调叙述着一个无望的母亲，她面对着的一片种不出任何庄稼的盐水田，徒劳地挣扎，通过种种努力改变命运，甚至让自己的女儿去讨好某个富翁。这个绝望的母亲的儿子愤怒地出走，她失去了努力和挣扎的目标，生活崩溃了。

在实习的日子里，我白天跟随老师、同学们一起活动，晚上则在饭后独自待在招待所的房间里阅读杜拉斯和波伏娃。偶尔地，隔壁的张五、老董、振国他们打厌倦了台球，跑到我屋里一起聚餐、拉着我喝酒。有一天，很多同学跟老师去镇南边的海滩举行篝火晚会，老董和张五则去海边挖了一网兜蛤蜊，到招待所的水房里淘洗干净，却找不到烹煮的器具。他们为了品尝这原生的海产，特地买了当时我们最喜欢喝的一块五毛八一瓶的沱牌白酒。坏小子们涮干净了房间里洗漱用的搪瓷脸盆，又去招待所的医务室里，用花言巧语向值班护士讨来药用酒精，架起脸盆清煮蛤蜊。在浓浓的酒香和海货的鲜味中，我心不在焉，一直在心里与自己争吵，是什么样的信念在支持着杜拉斯笔下的母亲，让她要与太平洋浩瀚的海水进行抗争，什么样生活的盐田在等待着我们去面对，在绝望与爱里，为什么要选择出走；在西蒙娜·德·波伏娃的《名士风流》里，战后的一代知识分子，萨特，卡缪，梅洛庞帝，他们与90年代初的我们的生活有什么区别？那天，我和老董都喝醉了，我倒在床上沉沉睡去，老董则信马由缰，走出了招待所。他在街头摇摇晃晃地耍醉拳，结果掉到了小镇中心小河的桥下，擦破了脸皮。他丝毫未觉，在河边沉睡到天亮。

二

“去年，在马里安巴，你记得我们去年在马里安巴的那段爱情吗？其实我们都清楚，去年夏天就是现在，此地就是马里安巴。去年你曾说过，如果我爱你，那么明年的这个时候我来带你走。”

——罗伯·格里耶:《嫉妒·去年在马里安巴》

2004年夏天，我所在的公司开始由原来的每周“六歇一”改为“五歇二”，我开始在周末有了比较整段的时间用于阅读和安排自己的生活。我的老婆在四方区的错埠岭一带开了一间出售服装的小门头，时不时地拉我去帮工。两天下来，我在老婆的服装店里，置身于货堆，灰头土脸地理货，像个市井泼皮一样地跟人讨价还价，为了块儿八毛的小钢蹦，如同菜市场上唠叨半天的泼妇据理力争。在我以往的生活里，我不懂服装，无法理解为什么女人的服装要被设计成各种各样奇异的圈圈环环、各种各样零零碎碎的带子网格。我老婆告诉我，服装店的周围是青岛市著名的红灯区，市场受众面对的是昏黄摇曳的灯光下妖娆妩媚的性感女子，店里的服装，要的就是这个“漏、透、瘦”，这是市场经济的欲望和法则。

我感到我已经疯了。简直疯了。我疯了。我已经分裂了。我的大脑已经像初学溜冰时被摔成八瓣的屁股一样，已经被分裂成碎片了。每个周末前往帮工的时候，一眼看见店里的那一堆衣服，我就感到了抓狂。这是什么呀，这样的商品，并且真的有人买，像灾荒的年头里抢喝施舍的稀粥，我疯了。晚上到了打烊时间，我帮老婆锁上店门，顾不得互相交代第二天要处理的事情，我已经抱头鼠窜了。我要离开这个地方，滚到一个距离市场法则一万米远的地方，我不要这样被商业生活毁掉。那市场法则的味道随着纸币油墨的芬芳香飘万里，深入骨髓，冷静而不可阻挡地影响并变革着每一个人，这种味道让我窒息和恐慌。我要跑回家，把自己锁在书房里，顾不得吃饭，而要先打开卡赞扎基斯读上两页作为强心剂 —— 稍等一会儿，让我把这一页读完，要不，我将休克在书房里。

为什么？

这是一种怎样的疾患？

这类似的病态是打什么时候开始的？

生活为什么将不可避免地走向混乱和堕落？

我如此迷惑，我在精神与物质的十字路口徘徊，我面对着判别所谓幸福的类似的双重标准，似乎看见严肃、狂热的老卡赞扎基斯在远处忧郁而冰冷地注视我，使我迷惑和无地自容。生，还是死，幸福，还是不幸福，这是一个问题，我是那么纠结。可究竟是哪里出了毛病呢？我们喂养出了金钱和市场经济的怪兽，却最终要被这商品的怪兽吞噬。

错埠岭上店铺林立，霓虹灯此起彼伏地闪烁，我伫立街头，如同一只可怜的乌鹊，在青岛冷漠而荒凉的街头枯树周围缠绕，试图寻找可以依凭的枯枝。我的口袋里装不下书本，只剩下了钢镚。我想到了抢劫、爆破和杀人，正如此刻，我在芸芸众生的目光之中所看到的那样，他们的身上、眼睛里流露出当年我自己的影子、我曾经的神情。堕落、邪恶、某种犯罪的动机、向深渊徐徐滑下的可能性、即将跨越的道德底线。他们与我混为一团，界限模糊，圣徒还是匪徒？唯一可能的区别仅仅在于，有人出于无奈，有人出于贪婪。那时候，我坚信贫穷是人生最大的罪恶，贫穷是人类所有罪孽的诞生之地。在黑夜里，我摸索着，用铅笔头在纸上写到：“我握住那最后一个硬币／我要把它掰成两半／一半买面包／给我的孩子／她刚刚发出了奶牙/有一头可怜的黄头发/那头发让人心酸/另一半我要买一朵最为火红的玫瑰/给我的爱人/贫穷使她如此美丽/而我，我在写诗/我要在饥饿之中写诗/写那些贫穷中的面包和红玫瑰/它们光明而温暖/让我可以在饥饿与痛苦之中幸福地死去。”就像黑格尔在谈论宗教艺术时所说过的那样，这(可能)是把苦痛和对于苦痛的意识和感觉当作真正的目的，在苦痛中愈意识到所舍弃的东西的价值和自己对它们的喜爱，愈长久不息地观看自己的舍弃，便愈发感受到把这种考验强加给自己身上的心灵的丰富。很多年以后，我回头看见当年的自己，那个写诗的青年曾经是多么矫情啊——可是，他实实在在地——又是多么幸福啊，莫非我们只能像俗话里所说的那样，“我们当年也曾经青春逼人，而现在，青春已经远去，只剩下了这么个逼人”?

此刻，我也与周围几乎所有的人们一样，在通往财富的道路上狂奔。对于幸福而言，这是否有可能是一条歧路？沿着由对财富迷恋的欲望所导引的道路前行，最终是否一定会通往幸福？我感到了某种虚妄和面对选择的艰难。

很显然，第一桶金所带来的幸福感、满足感，与以后累积财富所带来的幸福感和满足感之间呈现着某种递减关系；而后来幸福感和满足感的产生成本，与第一桶金所带来的幸福感和满足感的成本之间，又呈现某种整数倍的递增关系——从本质上说，在满足了生存的基础需要之后，幸福基本上与物质、财富无关。在这一刻，我感到自己从一个一门心思地追求成功的商人，无可救药地转变、堕落(或者升华)成为一个莫名其妙的伊壁鸠鲁主义者：他从简单的物质欲求出发，穿越了幸福和快乐的本质；他沉溺于酒宴，却不是为了满足口腹之欢，而是基于对友谊的渴望；他迷恋于新款的越野吉普，却不是为了拉风摆酷，而是纠结于对自由的追求；他穿上了一件柔软的浴衣，只为获得有关安宁的思想——我在想，这是不是一种来自古来圣贤和智者的思想慰藉？

在21世纪的今天，现代生活的浪潮势不可当。我是一个在房地产市场里打拼的职业机器人，可是我同样也在怀疑，城市给予其中生活着的子民们的终极生活，是不是并不仅仅意味着一套大HOUSE？一个人，如果能够恪守某种存在的底线，他相信我思故我在，他清醒地看到他的存在的历史和状态，当体会到贫穷的滋味，体会到为了摆脱贫穷而失去的东西，体会到终于摆脱了贫穷以后的失落，一个没有某种意义支撑着的内心世界，这是否意味着，所谓的富贵，只不过是贫穷的另一种形式，甚至是更可怕的贫穷？也许，类似的成功，只不过是失败的另一种说法，除了失败，成功是最大的悲剧？

在五月，在白天和黑夜里，我感到自己生活在苦难与阳光之间。如同某种神圣的容光照耀我，俗世的生活环绕我，我被这样的两种力量撕扯，同时被二者无情地抛弃。当年的我曾经茫然地质问：幸福、安然自足的生活是否存在？它又在哪里？一种失落在我的内心充盈，并将自己剥离。我重新感到自己正在需要找到某种东西作为生命的支撑，否则我将成为一个真正意义上的变态者。

三

“归根结底，幸福只关乎心灵，而与其他无关——我听见这沉闷的声音再一次在城市的荒原上空回响”。

——作者

仲夏之夜，天地静寂，有大美而无言。

佛瑞斯特·阿甘先生跑完了当天的路程，梳洗了一下他已披散过了肩头的长发，疲惫地躺在汽车旅馆的一张肮脏、并散发着上一任旅客体臭味儿的床上。他睡着了。

这个从童年时代就接触到猫王，接触到美国种族隔离政策，及至到青年时代接触越南战争，接触水门事件，接触乒乓外交和硅电子技术革命，接触个性解放和嬉皮士运动，反战，以及艾滋病袭击的傻瓜，他的智商不足100，他是一个跟着丹上尉在越南打拼的行尸走肉，他随时跟随自己的直觉行动，最后不但活了下来，还成了英雄，富翁，迎娶了自己童年时代就心仪的意中人珍妮，有了儿子。

此刻,他躺在床上,他睡着了。

在他的梦里,过去的种种譬如昨日死,即将来临的一切譬如明日生。历史纷繁复杂,他却把记忆停留在了七八十年代,难以忘记的青春印记。那时候,他跟丹上尉在越南,平端着M16突击步枪,左手持歪把子的手电筒。他们在越南潮湿的亚热带雨林的猫耳洞里掏越南游击队。战争空闲的时候,他给珍妮写信,倾诉对她的思念和各种白痴的话。那时,他无法想象,几年以后,他的屁股上中了弹片,他用奔跑救出了几十个兄弟,他成了一个英雄,受到尼克松总统的接见。当他在宾馆里百无聊赖的时候,他向窗外不经意的一瞥,让他一不小心成了美国新闻历史上的深喉。－－洛克伍德,伯恩斯坦,他们追赶着尼克松穷追猛打。甘先生在梦中,他咬着手指,压抑着自己让自己不发出梦中的嘟囔和哭泣。过去不可追,现实无法直视,他寄托自己于奔跑,从东海岸到西海岸,从纽约到西雅图,从丹到珍妮,从猫王到乔布斯。他在梦中发出哀叹和梦呓,他说,我好累啊。

在电影《阿甘正传》中,佛瑞斯特·阿甘跟随自己的直觉行动。他智商不足,没有纵横開闔、裂土封疆的气概和雄心。他顺应命运的安排,只求平安抵达。像他的母亲所说,生活就像一盒巧克力,你不知道会吃到一块什么口味的。最后,他收获了整盒子的巧克力。

在阿甘先生的周围,也有另外的一群人,丹上尉,女朋友珍妮。他们背负历史,是受到教育、有着宽阔视野的奴隶。他们野心勃勃,从故乡出发,前往几千里外的世界拼搏,解放远方的城市。他们天马踢踏,长枪大戟,斩将夺旗;当家乡的院落长满荒草,他们伤痕累累,点数背后空空如也的行囊,才知自己已在异乡流浪了四十年,究其本源,却只为了那曾经压埋在心底的美丽的初衷。他们岂是另类悲壮的英雄?明知不可为而为之的骑士,周而复始、永无止歇地推动石头上山的西西弗斯,他们所经历着的,莫非就是命运的惩罚?

月光如水,洒在汽车旅馆里铺着肮脏床单睡着的甘先生身上。他进入了甜蜜的梦乡,那里有他永不磨灭的青春的印痕,珍妮的承诺,那里没有53颗战斧式巡航导弹的集中爆响,那里是他独自保有的所在,记忆,属于自己的历史。

2014年7月

【阅读书目】

巴别尔：《骑兵军》

《敖德萨故事》

陀思妥耶夫斯基：《卡拉马佐夫兄弟》（上、下）

“俄罗斯没有文艺复兴，也没有雅典”。

——马尔罗

“（中国）不仅从来没有过文艺复兴，也从来没有过启蒙运动；不仅没有过雅典，也没有过耶路撒冷。”

——刘小枫

一

2005年前后，是青岛城市网络空间百花齐放的时期。以青岛日报集团旗下的“青岛新网网”“青青岛社区”及大众日报集团旗下的“半岛社区”为代表，网络声音众声喧哗，非常热闹。那时候我还在青岛的房地产市场上打拼，经常在青青岛社区的“青岛楼事”板块里码字、刷屏，除了对房地产市场大放厥词，也在“闲闲书话”“人文青岛”等读书、文化类板块里起了各种古怪的化名，算是穿上了“网络马甲”，左右纵横，在虚拟的世界里与对面看不见的虚拟网民互相争论、泼粪，在网络上，没有人知道你是否是一只狗，即使双方互相坐在对面。我由此看到了许多被人推荐、也向人推荐的书刊。

其中就包括巴别尔的系列作品。

在巴别尔《骑兵军》一书的封底，出版商照例摘录了一些知名人士对于巴别尔和巴别尔作品的赞美和品评：海明威说“自从巴别尔的第一篇小说翻译成法文，我便知道他，我读过他的《骑兵军》，我很喜欢他的作品，他比我更加凝练”；博尔赫斯则说“（巴别尔的小说）《盐》是用诗歌一样优美的语言写成的”；而辛克娅·奥捷克（不好意思，这个作家从未听说过），则激情澎湃地断言“人们现在应该将巴别尔和卡夫卡这两位思想敏锐的伟大的犹太作家放在一起考察，他们是在20 世纪对欧洲具有同等地位的作家”。出于对许多中国文化分子骨子里劣根性先验的厌恶和警惕，当时我尚无从判断这些国外的文学大师们的这些彬彬有礼的褒扬之词里究竟蕴藏着多少礼貌、多少真诚，这些赞美究竟是真是假，他们真的这样说过吗？类似的话是不是出版社为了卖书而张冠李戴、甚至炮制出来的？——后来，我在 2006 年前后，买到了两本巴别尔的作品集，我的阅读经验帮助我印证着这些伟大人物们对巴别尔做出的结论，巴别尔获得这些评价是当之无愧的。

二

资料显示，巴别尔生于 1894 年 7 月 13 日的敖德萨，爱森斯坦拍摄《战舰波将金号》时“敖德萨台阶”桥段的所在城市。1940 年 1 月 15 日在卢布扬诺夫监狱被枪决。1953 年 3 月 5 日，斯大林去世后不久，巴别尔在 1954 年 12 月 23 日被正式平反，档案中附着的死亡证书声称，他“于 1941 年 3 月 17 日死于不明原因”。在1990 年公开的克格勃档案中，记录的巴别尔最后的话是：“1916 年，我写好第一篇故事拿给高尔基看。然后我参加到内战中。1921 年我又开始写作。近来我一直忙于至1938年底已经完成第一稿的一件作品的写作。我完全无罪，从没做过间谍，也从没进行过任何反对苏维埃的活动。在审问时我做的证词是诽谤我自己。我只有一个请求，那就是允许我完成我最后的作品。”

三

从某种意义上说，旅行与阅读，在本质上有着一种与生俱来的共同性。古人们说“行万里路，读万卷书”，是中国古人以东方人特有的文学通感智慧，道出了旅行与阅读之间的这种时空状况变化与心理感受之间神秘的相似性，也象我正在书写着的这部书稿名字所暗示的，是一种“开放与隐居”的关系。我在鲁北的履职，也形同某种工作旅行。夏天，我回了一趟青岛，把读完的书籍进行总结整理，如同换防一样，重新拣选下一轮要阅读的书籍。巴别尔作品因其耐读、诗意、短小精悍而韵味无穷，被我打包进了行李。

与曾经对巴别尔的阅读一样，阅读的过程依然是一次对一个文学大师的“发现之旅”“致敬之旅”和“朝圣之旅”。

巴别尔的《骑兵军》，这本小册子在全世界流行了80年、在其本国是一本禁而不绝的奇书。它基本上是以20世纪20年代初“苏波战争”中的哥萨克骑兵军为原型塑造的。这次战争是机械化的战争武器出现后的最后一次大规模骑兵作战，战争的性质则与苏联以往及以后的多次打着所谓“共产国际”“共同抵抗帝国主义的进攻”的幌子进行的战争（如苏波、苏芬战争等）一样，属于一场非正义的侵略战争。承担这次战争的作战主体，是在苏共领导下的哥萨克骑兵军，领导这支骑兵军的领袖是伏洛希罗夫、布琼尼等人，也许还应该加上后来在苏军中非常有名的元帅铁木辛哥。巴别尔以亲身经历这场战争所取得的写作素材，加工成了一个个长则五六千字、短则不足一千字的小说和散文，并将其收集为《骑兵军》和《敖德萨故事》两个专集。

一直以来，我都不能够想象，一个人怎么可能在短短一千字到五六千字的篇幅内，以散文或者小说的形式，体现出俄罗斯文学传统中的那种如同其国土一样广袤、庞大、复杂和浑厚的特征，并在作者所处的时代之中，融汇了对于革命、宗教、人性、文明与野蛮的互相冲突等的深刻命题。这些特征曾经出现在托尔斯泰、索尔仁尼琴等不多的文学大师的长篇小说之中，而现在，这种难以想象的事情此刻竟然在我的面前呈现。在巴别尔的这本小说集中，俄罗斯文学的这些类似的特征全部存在，而其中蕴含的力量则与其前辈的大师们毫不逊色。组成巴别尔《骑兵军》的各篇的整体文法、构思技巧、词句使用及文学手法的运用、对于人性的挖掘和刻画的深度、他的那些“像战况报告和银行支票数字一样准确”的语言，其功力直指海明威、卡夫卡、博尔赫斯等大家们在各自的短篇小说中所可能达到的最高水平，放下书后，让人简直无法在这样的作品和阅读体验面前无动于衷。

在阅读着巴别尔的那些个分分秒秒中，掩卷沉思，我在体会着阅读所带来的震撼的同时，也深刻地体味到一种几乎前所未有的悲哀。由于种种原因，那些曾经被严重忽视、而其真正的影响力足以震惊世界文坛的文学大师级的、早已陨落的星辰般的人物，现在正在被人们拂去有意或无意中尘封的历史和政治文化的遮盖，被人们重新发掘出来。今天，巴别尔出现在人们的视野之中，在世事无常的现实状况里，体现出一种终将不被灰尘所埋没的文学精华的必然结局，我同样无法判断这应该值得高兴还是悲伤。

阅读巴别尔的时候，我如同平常一样，用笔在书中让我感到意外和华彩的句子或段落下画下横线。在《骑兵军》中，随着划线部分的增多，我似乎又一次感到，读书界和翻译界对前苏联和俄罗斯文学作品很多年来的陌生，并由巴别尔时至今日的刚被发掘而感到中国读者阅读中的巨大损失，我们在一次次的时间错位中，常常与大师级的人物擦肩而过。

20 世纪的 20~60 年代初，中国曾经出现过一个或多个对苏文学作品翻译的黄金时期，期间发现和认识了托尔斯泰、果戈理、高尔基、契柯夫、普希金、叶塞宁、屠格涅夫、莱蒙托夫、陀思妥耶夫斯基、马雅可夫斯基、爱森斯坦、普多夫金、法捷耶夫等一大批对于中国文学产生了巨大影响的苏俄作家和艺术家。巴别尔则似乎注定要在这样的黄金岁月里被忽略：1939 年，巴别尔因苏联肃反波及文化界，被斯大林授意下的内务部以“反斯大林”“托洛茨基分子”“反革命罪”逮捕，并经严刑逼供，于 1940 年被判决死刑，他的作品随之在前苏联境内被全面封杀，并因此而与中国读者无缘相见。20 世纪 50 年代末，巴别尔开始在前苏联被重新认识，并被平反，但由于中苏关系蜜月之后随之而来的冷冻时期，以及中国文化大革命的全面爆发，不只前苏联文学，包括西方所有国家的文学作品、甚至中国的古代文学精华也未能幸免于难，全部被打翻在地并被踏上一只脚，永世不得翻身，巴别尔再次与我们擦身而过。

20 世纪 80 年代初，西风东渐，文化环境得到了很大程度的开禁，一大批西方优秀的作品被译介到国内来。但是，由于历史尤其是政治文化的原因，前苏联的文学作品在中国仍然受到冷落。除了索尔仁尼琴、肖洛霍夫、帕斯捷尔纳克等寥寥数人，国内新译介的俄罗斯作家鲜有其人，遑论一个早已陨落近半个世纪之久、刚被平反的巴别尔。而前苏联解体后，其文化大国地位也受到影响，人们日益追捧美英，言必称美国，对苏俄文学更加冷落，倒是在西方知识界掀起了苏俄文学的热潮，布尔加科夫、阿赫玛托娃、布罗茨基、纳博科夫等人被日渐重视。受西方影响，这些人在中国的地位声名雀起，巴别尔也因之走上前台。2002 年、2003 年，巴别尔的《骑兵军》连续两年成为美国畅销书榜上翘楚。2004 年，巴别尔的《骑兵军》中译本在中国北京读书界引起轰动，并首度被中国读者认知。

1837 年，俄罗斯哲学家恰达耶夫在一封信件里写道：“俄罗斯夹在世界的两极之间，东方和西方，一边靠着中国，一边靠着德国，所以俄罗斯要在世界文明化的历史中团结起来”，这是一个试图在世界民族之林中争取谋求一席之地的民族发出的豪言。以俄罗斯为中心的东欧国家，在文化领域群星璀璨，从普希金、莱蒙托夫、到托尔斯泰陀思妥耶夫斯基，再到后来的白银时代，古米廖夫，阿赫玛托娃，茨维塔耶娃，帕斯捷尔纳克，曼德尔斯塔姆，布罗茨基，四 B，以及后来的纳博科夫，索尔仁尼琴，波兰的米沃什，辛波斯卡，无不如雷贯耳。托尔斯泰代表了俄罗斯文化的广度，陀思妥耶夫斯基则代表了俄罗斯文化的深度。他们都是俄罗斯文化的高峰。也许巴别尔的作品与上述大师们的作品确实足以构成互相媲美的互动，但它对于今天的我们来说，无疑仍然需要时日的锻打。一个真正的文学大师，他在世界文坛和世界文学史意义上的影响力和实际地位的确立，不但要取决于他的作品本身的水准，也同样需要借助于时间沉淀对于其作品本身、及其作品在读者心中潜移默化的影响力的衡量。但愿在未来的任何时候，我们不用再无谓地质疑和追问，“是什么样的尘埃蒙住了我们的双眼／又是怎样的油污遮盖了我们的心灵”。

四

作为一个 20 世纪 60 年代末端出生的人，一个人应该怎样思考？

生自文革动乱，成长自拨乱反正，与改革开放同步，经历腾飞和颠簸，眼睛见惯了背叛，碎片，倾轧，挣扎，浮沉，破灭，阴谋，谎言，此时，如果还在有人抛来一元化思维的方式让你遵从，服膺，硬生生地抛给你模糊甚至篡改过的事实和强加的结论，让你相信，压你服从和沉默，这是否可能？

在俄罗斯和东欧文化遗产中，我独喜欢陀思妥耶夫斯基和米沃什。前者对俄罗斯民族性的分析，让人毫无违和感；后者则洞察了极权主义统治的内在结构和模式方法。

索尔仁尼琴后来被誉为俄罗斯的良心，阿赫玛托娃和茨维塔耶娃被称为俄罗斯诗坛上的双子星座，但这些都替代不了一个民族所遭受的苦难和伤害，这些伤害和苦难满是铁与血，成千上万的尸体和冤屈的灵魂。在东方，也有被害苦了的、冤死了的人民。而能为这些人民代言的良心，又在哪里？又有什么样的制度来确保类似的悲剧不再又一次发生呢？

俄罗斯的光辉与黑暗，在某些敏感的领域里，至今仍然是个饱受争议的主题，真相掩藏在层层迷雾的后面，等待发掘。

2014年8月

【阅读书目】

奥克塔维奥·帕斯：《太阳石》

普鲁斯特：《追忆逝水年华》（上、中、下）

阿兰·德波顿：《拥抱逝水年华》

“远方的人，在远方，今夜我诗情洋溢，我要向你诉说梦想、青春、爱情和幸福，这是我们一生中所有的追求和目的。今夜我诗情洋溢，关怀和思念，酒与玫瑰，百合花和红色的地毯，苹果和疯狂生长的植物，而主角仍然是你和我们的爱情。远方的人啊，远方的人，我心中最为尊贵的夫人和美神，你万福之福，是谁赋予你这如许的美丽和醇香的爱情？有谁比得上你的无上容颜？”

“此杯为大，给我落英缤纷的爱情：凭天起誓，即使明天，铁锁、棍棒、鲜血和火焰，要我交出自由、生命和笔墨，我决不会交出你，我也愿意为了你，把牢底坐穿。”

——作者

一

1995 年的夏天，有很长的一段时间，我居住在远离闹市区的辛家庄的一幢农舍里。那时候辛家庄还是一个几百户村民的城中村，刚刚开始拆迁改造的申报程序，大量的原住民还没有迁出。村庄的周围，是一幢幢林立的新建小区公寓。我租住在村庄边缘孤立出来的一栋二层小楼里，小楼临近种满了庄稼。在小楼前面的院子里种着葡萄藤，爬在院子矮墙上的藤蔓长满了浓绿的叶子，遮盖住墙头一片片错落芜杂、灰石剥落的暗黄筋骨。有时候，在天气晴朗的日子，我一个人待在院子里徘徊，偶尔能看见远处裸露着灰白色山岩的浮山。

在我租住小楼的周围出租屋里，如同一个被遗弃了的无情世界。每天生活在我周围的，是一些下层的人们，从外省来到这个城市里的打工者，街头的小混混，落魄的大学生，找不到工作的工人，妓女，整天在震耳欲聋的建筑工地上奔忙的苦力，小商贩，还有从纺织厂里匆匆忙忙地往家里赶的女人们。他们是负担着这个丑恶世界的一群无可救药的牲畜，被人压榨，剥削，欺凌和利用，在那些被命运和别人所决定了的时候，他们将孤苦零仃、无声无息地死去，甚至连苍蝇也不愿意光顾他们的那些发臭的尸体。那时候，我感到我讨厌这里，讨厌这个城市。

二

时间在辛家庄孤独的小屋的空间里像流水一样缓慢地逝去。早升的太阳斜照在墙纸剥落的西墙上，像钟表的指针一样周而复始地转动。墙角照例整日地不见阳光，那里已经在不知不觉之中蔓生出了一层暗淡的青苔。近乎静止的生活如同那回荡在这个城市上空的气候一样，使一个人的心境趋于忧郁和消沉，它使人回忆、联想，让原本显得艰难的生活富有诗意和朦胧的美感，也同样地使人暂时忘却周围日益喧嚣和充满冲突、讹诈的世界。

在这种低缓回旋的氛围里，我曾经不止一次地怀念起远在西非毛里塔尼亚的阿斌。爬满了叶子的葡萄藤下面，矮墙的图景如同阿斌枯瘦、坚硬的面容，在我的心头一层层盘旋着对于理解和沟通的渴望。睹物思人，却又常常沟起内心世事苍凉的茫然。我当然能够想起，阿斌离开这个城市，远往海外的时候，正是十月末的深秋。列车从我们居住着的小楼的窗外隆隆驶过，震动着楼上的窗玻璃和木制的阶梯，与心灵一同颤抖。几个小时以后，阿斌乘坐的飞往巴黎的班机从这个多雾的城市的上空呼啸而过，那撕裂空气的啸声似乎也同时撕裂了我们在共同的理想与追求之外其他的一切联系。此刻，青岛的城市上空飘荡着来自太平洋的潮湿季风，世界潮热，而我的心情却在日益趋冷，预示着某种即将发生的变故。昔日狂热的理想和信念，曾经随盛夏浓烈的太阳一起来临，而曾经满是阳光的心情，是否也将随未来来临的秋天一同远走？

在那幢坐落于辛家庄市场边上的小房间里，气候炎热，灵魂寒冷，我独自默默地度过了生命中最为炎凉的季节。这是我一生中的一个极为暗淡的时期，几乎整整一个夏天，我都无事可作。我没有去海水浴场给人帮忙卖戏水设施和游泳的服装，也没有去街头撒欢儿奔跑的小公共汽车上兼职售票。我期盼着一个灵魂深处的南方，那里抽象、虚拟的太阳和遍地的油菜花也许能让我沉醉、并暂时地忘却生命中不快的日子。

入夜时分，我一个人在蚊帐里独坐，捧着一本艰深晦涩的普鲁斯特的《追忆逝水年华》默默啃读。时光如同一张张翻动着的书页在默默流逝，挟裹着我的青春、爱情、所有的泪痕和欢笑。即将来临的夏季的台风，从小楼未封严实的烟筒的通道里抽离了房间里的暑热，同时又以它严酷的双手，在我的面颊上从容地雕刻下岁月的印痕。那些深刻见骨的皱纹，它们像一个个刻薄而拙劣的演员，在无情地嘲弄着我身后一片空白的历史、眼前同样空白而渺茫的前路。此时，我一个人默默地翻读着普鲁斯特，手指轻轻地在纸页上划上道道指痕，我感受到了心灵的苍老。

三

我曾经不止一次地思考过关于死亡的问题。像自己曾经书写过的那样，一个人依靠在临近海边的礁石上，听着松涛和波涛有节奏的轰响，将灵魂与肉体融化在这些永无休止的自然的声音里，像听着自己孤独的心跳声一样，我同时也听到了死神向我匆匆走近的脚步声。而此时，我却在心灵的深处不止一次地叩问着自己：你还在企盼着什么，又在等待着什么？你已经没有多少时日可待留存。

我依然还能够想起那个来自西安的名字叫做刘克的小伙子。他从我曾经上着学的那所大学的教学楼顶上扑下来，像一只黑色的大鸟一样从天而降。那个影子近了，它在三楼与二楼的间隙里不为人察觉地稍稍停留了一瞬，虽然这一瞬间并没有使他改变些什么。他死了。在当时的很多人眼里，他是多么优秀，他阅读了图书馆里所有的中英文的西方文学作品，作了近 20 本的 16 开读书札记，它们堆叠起来比他本人还要高出一头；他自己书写的作品私下里被无数的同龄人传抄，并被这些作品中的人和事感动得前仰后合，流泪不已。但是他已经连续三次考试没有通过英语晋级，按照校规他将被礼貌地劝退。他的死亡显得令人如此地迷惑不解，他用一种在现代社会里如此平凡的方式结束生命，同时又在奔向死亡的路途中或留恋、或诅咒地停留那么一瞬间，令人在为之惋惜的时候不得不蓦然回首，追寻那使他停留的奥秘和促使他匆匆奔向死亡的动因。在那一刻里，他高贵、自信、愚蠢、苟且，还是一片心灰意冷的茫然？

我依然还能够想起，在近乎同样的一个风雨交加的夜里，一个名字叫做维嘉的女孩子在轮下匆匆长眠。血泊在路灯光映照下的雪地上显得黑暗，它隐入黑夜无边的神秘里，越发使人触目惊心。我们曾经在初春泛青的草地上奔跑，阳光像流水一样，奔泻着我们少不更事的初恋。面对着遥远的死亡的暗影，我们的心中默默相许，在我们只剩下独自一人的时候，我们决不落落寡欢，郁郁终生。而今，生活如此艰难、不幸，一只蝴蝶的翅膀的轻轻一颤便把数年的时光匆匆隔断、终结，昔日孩童般的誓言竟然一语成箴，只留下一缕历时一生的绝望的爱情。在这个再也没有历史感的现代社会的旷野之中，遗忘的本能宽大无边，使得维嘉与我的故事只在心里余下一个空荡、飘渺的回音。

我还想起，阿锐远赴北疆，在北方的冰天雪地里，为他那精于计算的妻子所困，他早已经结婚，生有一子，虽然那孩子并不一定是他的，他整日地怀抱着一种痛苦与厌恶的柔情，尽他一个做丈夫、做父亲的职责；阿邵南下江淮，在南国倚红傍翠的女儿乡里品味他的杯中之物。在大学里，我们曾经被同窗们誉为三剑客，我们曾经在一起，共同吟诵着拉美诗人维多夫罗的长诗，并被它感动得不能自抑："啊朋友／你是否还记得我／我经历了非人的生活／只有你／诗歌啊／还依然陪伴着我。"第一次世界大战的阴云，在90年代、在我们的头颅上空徘徊，它向我们的内心逼近，无限地逼近，直至使我们无处藏身。究竟是谁在四处追捕我们，让我们奔走至天边也无法逃离？阿东西出阳关，为情所困，穷困潦倒，暴毙街头；我依然还能够记起他与我的最后的话语："模模糊糊想起／清清楚楚记得／真真切切电话中你的声音／而我／有泪盈眶。"而阿畅则婚约在身，求而不得，爱却别离，我今生与诸人相较，又如之何？

我曾经不止一次地凝望远方。在那条海与天相接的地平线上，我寻找着那个即将出现的黑色的影子。我凝望、观照，如同相隔几年，几十年，看见我自己生命的终点。那时候，我如同一个心灵依然年轻的痴情的少年，怀抱自己一生中最后和最珍贵的礼物，从时间的那端向着这里匆匆奔走，我要把它献给自己一生中最最珍爱的人们，那些对于自然、纯洁和对于必然过程的最后的确证，我献给人们，并告诉她们，我爱她们，她们使我如此感动和善良。

四

毫无疑问，我今后或漫长、或短暂的一生的思考、痛苦、思念和不幸都将与你息息相连。晓静、丹妮、阿畅和维嘉，这众多的面孔合而为一，无法分离也无从回避。

在远离海洋的北方大地上，天空里雾霾重锁，满是风暴的烟尘。我的心是一片寒冬里结冰的湖泊，有水的地方结冰了；我的情绪是湖里的鱼苗，鱼儿在冰层下痴痴呆呆，缓缓地寻觅着什么，在北方辽阔而贫瘠的原野之上，它们是除了水边观照着它们的我之外唯一生活、奔波着的生灵，它们在水中游弋，努力抗拒着寒冬的靠近，它们使偶尔开裂的冰窟里冒出阵阵飘渺的蒸气，并迅速在北方料峭的风里消散。没有什么别的生灵知道和关心着它们的生死，就象这个在水边、在风中孑孓而立着的青年，他孤独、寂寞、思索和怀念，独自聆听着自然的声音。那些鱼儿在冰层下吹出气泡的噼噼啪啪的响动在他的耳边如此嘹亮，那些在厚雪之下沉默着的土地的气味如此芬芳。太阳苍白的光线在风中摇晃，如同一排排密集而柔软的枪弹，无法刺破包裹在心灵表层的冷漠，这颗心灵曾经多少次热情地呼唤过它，直到它的沉默使他明白它将永远沉默。遥远的回声在城市的喧闹里像一个被遗弃的婴儿在独自哭泣。在深夜里，这个小人儿受到了什么委屈，使得他的哀伤如此凄婉而美丽？那是不是一种只有他自己才会明白的沧桑？

我依然在寻找、等待、希冀和哭泣。滑过脸颊的泪痕汇流成渠，使瘦削的面容上的沟沟坎坎变得更加深刻。照片上的肖像依然光滑，清洁，散发着青春少女的光彩。时光不会在某一时刻永远停留，如同一个人的脚步永远不会停止。几千年来，成千上万代的人们都在寻找永恒，却不知道，一旦停止寻找便将被岁月塑成永恒。空气在无尽的思绪里变得凝重而感伤。它徘徊，停滞，存在着便意味着一切。我想着，也许在生命中的哪一天里，自己便会在这样的空气里睡着，永远地睡着，再也不会醒来，再看见这充斥着美丽的不幸和痛苦的希望的世界。

夏日，温度升腾了，而我的心情却在一点一点地沉下去，又沉下去。日子在一天天过去。太阳升起了又落下去。街头的小贩的叫卖声还是那么纯朴而嘈杂。火车进出青岛的次数每天都没有什么变化。我间或地搬到阿斌去往毛塔之前曾经居住过的小屋里，我听见火车准时从我此刻驻留在小港的与铁路相隔不到 15 米的窗户下面经过。窗玻璃在火车有节奏的轰鸣声里被震动得哐哐啷啷地响，只有在这个时候，才让人觉得出时间的流动。车轮碾压铁轨的声音远去了，一切又在喧器——这偶尔来临、但又富有规律性的间歇和诗意——里沉寂下来，恢复了从前的秩序。仿佛所有的希望和全身的力量都随着火车的震荡声远去了。心灵变得疲惫，沉重，变得渺茫、空虚起来。楼下的木制的阶梯在这时响起来了，嗵嗵嗵嗵地，远去了，是下楼出门去的，或者上厕所，脚步声远远地去了。心放回原处，努力地集中在眼前的书籍、稿纸，集中在几天来的事情里。我做着这一切，像一架制作好了程序的机器，在动力系统里出了故障，却又有了反思的余暇，寻求着现在的生活的目的和意义。这时候，火车的声音又传来了，蒸气机车的车头发出了刺耳的释放蒸气的尖利的叫声。

生活的表层没有改变。一切都没有改变。火热的空气里温度上升并没有无限制地达到沸腾的程度。夜晚来临后，炎热依然要回归至暂时凉爽的和平。本质的差异与现象的叛乱之间没有必然的联系。而这时，从树上采摘下来的果子，在表皮红彤彤的诱惑下面悄悄地散发着腐烂的气息。冻土下的种籽在压低了声音暗自呼喊着春天、解放、阳光和人们躺倒在地的惬意的碾压。我庆幸着暗自叹息，在苦笑之中自欺欺人地告慰心灵：一切都没有改变，本质和表层都没有改变，我否认和讨厌改变：语言动摇不了心灵，锄头挖掘不平山脉，永世的鲸吞豪饮干涸不了海洋。

五

生命的形象，一棵曾经枝叶茂盛的树木，一眼高高扬起的喷泉，如同一阵突然的歌声，一阵在火焰中舞动着的风，在散发出一生中的最强音，在作着一生中的最后的一次挣扎。它抗拒空白、低沉、暗哑和衰老，却终究无法抗拒并战胜死亡。在生命最为萧条冷落的季节，在这充满了战火和世纪末日的疯狂的环境里，我们在这密闭着的房间里相爱。夏日消融，我们亲吻、抚摸、凝视和牵手，在这时，酒就是酒，水就是水，面包重新变得香甜，世界变样，欲望实现，生活美丽，思想成为现实，奴隶的胁边生出翅膀，而命运在我们的眼中变得真实可感，我们，你，和我，无依无靠，爱情在这时就是我们的一致：战斗，敞开心扉，作为人和与人，作为你和我，共同分享面包、太阳、死亡、荣誉以及对于活着的惊人的忘记，爱情就是我们彼此相望并认出对方，就是把名字丢弃，超越时间，不受伤害，不受触及，回到开始，没有你，我，明天，昨日，只有真实，灵魂和肉体的真实。在这时，只是在这时，几十年后，我们一同登上教堂的塔尖，看见黄昏从海边的礁石上降落，我的身体和心灵一无所有，只有一道长长的伤口，我在闪电和暴风雨的树林里奔驰，一张雨的脸，泪水和雨水固执地涌流在我的颊边。

2014年10月

【阅读书目】

佛鲁姆:《健全的社会》

《逃避自由》

赫伯特·马尔库塞:《单面人》

迈克尔·桑德尔:《哈佛公开课·伦理学·公正》

卡赞扎基斯:《希腊人卓尔巴的传奇人生》

“西方世界产生了高度发达的文明，但是两次规模最大的世界战争都是在欧洲发生……这说明我们所处的世界、我们的社会，有可能是不健全的，它存在着生病的可能性。”

——佛鲁姆《健全的社会》

一

1990年夏天，喜欢经常跟我们凑在一起讨论马尔克斯和卡赞扎基斯的大鹏，租下了学校地质系“コ”型办公楼缺口部分加盖的平房，并将其改造，加上了灶间和厅堂，以管理学院学生“勤工俭学”和“就业实习”的名义，办起了一个烟酒气蒸腾的小酒馆。酒馆的旁边是地质系学生自己开办的“宝石鉴定中心”，白天营业；一到晚上,大鹏的酒馆开门上客,喧哗和酒肉香气便掀翻了冷冰冰的石头研究。

毕业前夕,在大鹏开设的小酒馆里,我们一行十多人团团围坐,一边大口喝着青岛啤酒,一边利用喝酒的空挡大声地争论卡赞扎基斯。那是一段少年轻狂的幸福时光。后来,在垃圾满地、人走屋空的宿舍里,我们赤脚站在夏日凉森森的水泥地上,再次争论,留下了多少温暖、多少安慰、多少不经世事的少年愁。再后来,是在酒吧,在ktv包房里,在餐桌边,在酒足饭饱后回忆往事的嚎啕大哭里,我们还在争论和讨论他。那时候的我们,兜里多多少少的有了点臭钱,也偶尔的被一些个傻逼们知道,但在心里,我们却明明白白地知道,就像张艺谋在电影《红高粱》中借助画外音所说的那样,"青杀口的桥还在,桥边却早已没有了高粱"。

卡赞扎基斯在他的《基督最后的诱惑》中说,"对上帝的思慕既是神秘的,又是现实的,它在人们身上切开无数的伤口,但也开凿了一个个流水淙淙的涌泉",耶稣受过痛苦,从那时起痛苦就成为神圣的义务;耶稣直到生命的最后一刻一直在同诱惑做斗争,诱惑终于被击败;耶稣死在十字架上,从那时刻起,死亡就永远被征服了。耶稣身上深厚的人性帮助我们理解他、爱他,并对他的受难能够感同身受,我们看到自己在世界上不是孤独无依无靠的,基督正站在我们一边一起战斗。

在《希腊人卓尔巴的传奇人生》一书中,卡赞扎基斯记叙了一个传奇性的人物,他体格强壮,豪迈奔放,满身散发着追求自由生命的野性。在被城市文明驯服、却依然在渴望着回归生命本源的"文明人"看来,这个桀骜不逊的卓尔巴,如同一个伟大的灵魂,他的血泪、传奇凝聚成真理,带领新生命奔向远方,远到目力所及的地方,还要更远,远到人心能及的地方。卡赞扎基斯用激昂的文字发出渴望:"清早就出发,山上和海上的风吹拂我们的脸,举起十字架,把它插在石缝里,人们的心里,这是何等的欢乐"!在他的笔下,卓尔巴是远方狂野的使徒,在这腐朽的、不公正的、贫困的人充斥的世界里,他是人类解放自己、活出自我的唯一道路。这个如同想象之中的传奇人物,他给人以翅膀,并由此产生了伟大作业,他把人的灵魂提高到距离地面一人高的高度,他把人交还给人,交还给行动,交还给与苦难的斗争；他也在把世界交还给世界，把精神交还给精神。推开时间的废墟，这就是我们的港口。

二

在我零乱、空荡的小房间里，在那些孤零零的床垫和胡乱堆放的供休息用的破汽车轮胎的上方，墙上，一张充满了阳光和生命力的摄影画每天都在不知疲倦地照耀我。在那张照片上，一棵瘦骨嶙嶙的绿色仙人掌突出在一片金黄的沙漠之中。沙丘高低起伏，在轰响喧哗着的沙漠的空气里，一轮太阳傲然地悬挂于浅白的天幕上。照片的右下角是作者用圆珠笔写下的签名：阿明。浓绿色的仙人掌和金黄色的太阳扫荡着我低矮的房间中阴沉、潮湿而污浊的气息，而时时地把一种生机投射到我工作着的写字台上。每天早上，我从冰冷的铺在地上的床垫上坐起身来，总会想象得到，今天的天空中有一轮旋转的太阳，而地上没有落雪。

啊，是的，他真的喜欢太阳，喜欢绿色，喜欢直接而又傲慢地面对太阳。多愁善感的阿明，这个从潮湿的江南之地走来的浙江佬，太阳的巨大能量使他的灵魂如同一个巨人。他讨厌冷漠和黑暗，他感到自己需要太阳的热情和疯狂。

我们一起在青岛上着大学的时候，在很多人的眼里，我们两个人都是疯疯颠颠的。为了艺术，为了创作出真正属于自己的艺术品而每天把自己弄得痴痴如醉。我推崇法国的象征主义诗人波德莱尔，推崇奥地利的伟大作家卡夫卡，我面对稿纸的时候，便会为现代社会的神秘、幽暗、迷狂和丑恶而沉醉，而痛苦。而他，阿明，他也在苦斗，他用他那磨得光秃秃的铅笔，在稿纸上疯子似的涂抹太阳，稿纸上的色调由金黄而突然转向绿色：

“太阳照耀下的草地上
生命在自由自在地滑翔”

在我零乱、空荡的小房间里，在那只孤零零的床垫和胡乱堆放的供我休息用的破汽车轮胎的上方，墙上，悬挂着阿明的摄影作品中唯一的一张暗色调的照片。那是一种黑色与淡黄色相混杂的色调：两只又黑又破、磨去了后根、鞋帮上补着几块肮脏的补丁的旧工作鞋，阿明的鞋。那两只鞋子歪歪扭扭地斜放在一堆荒凉的粗沙砾上，像两个疲惫已极的浪子。这双鞋子刚刚从鞋行里买来的时候，在大学一年级的暑假，一个飘洒着绵绵细雨的忧愁的黄昏，阿明穿上了它，踏上了离开青岛的火车去了新疆和西藏。这个年纪轻轻、披着满头长发的年轻人，刚刚结束他大学一年级的课程，仅仅为了他心中的艺术，为了创作出他梦寐以求的作品，他踏上了去新疆和西藏的火车，上路去拜访那些旋转在北方粗犷的原野上空的太阳，去看一看那座充满了诱惑和力量的冈底斯山。他还要去访问那些生活在塔克拉玛干沙漠腹地的创业的人们。阿明从报纸上看到，这些质朴而强壮的劳动者们自愿驻扎进了沙漠的中心，只为了用他们强健的体魄和他们同样强健的智慧去开发沙漠，他们要用力量把这片死寂、蛮荒的土地变成天堂。那时候，沙漠地带，克拉玛依，还没有出现“让领导先走”的丑陋和荒谬。

与我所推崇的先哲们的教诲背道而驰，阿明，这个顽固的浙江佬，他的心中满是阳光，他想用他心中的那轮旋转着的太阳，那个天上的老爷子，以及那些在阳光下的绿色，去创造一个新的世界。啊，阿明显然已经疯了。

在新疆，在西藏，阿明整日地徘徊于塔克拉玛干沙漠的中心和冈底斯山脉的腹地，脚不停步地奔走、聆听和询问。他坐在散发着汗味和浓重的烟味的沙漠创业者们的帐蓬里，一字一句地倾听他们的孤独和寂寞，听他们并不辉煌、实实在在的几乎没有任何传奇色彩的故事，而阿明却在自己的日记里写着，他发现了真理和神喻：苦难和死亡并不意味着一切。阿明穿行于藏民油腻、肮脏的牧舍，在昏黄、摇曳的油灯下品尝着酥油茶，与牧民用手势和断断续续的字句聊天。他从那里几乎静止的生活氛围中，从那里的人们近乎麻木的表情和对于命运逆来顺受的理解中，艰难地、一点一滴地挖掘着生命的力量，像淘金者一样睁大了眼睛，寻找着那些深埋在黑暗和绝望之中的生命的闪光。阿明相信太阳，相信人和人性，相信热情与隐藏在身体内部的圣灵,他显然已经疯颠得不可救药。

一天,他踟躇于冈底斯山脉的群峰之中。雪线以上,强烈的阳光毫无遮拦,无情地投射到阿明赤裸裸的脸庞之上。而阴沉黑暗的大自然冷笑着掀起一次规模不大的雪崩,那些咆哮着的冰雪、泥石几乎吞没这个毫无脑袋的白痴。两天以后,阿明奄奄一息地从雪窝中爬出来,他的眼中闪烁着金黄色和绿色的火焰,那是上苍赐予他的勇气和人性中顽强的微光。他的那些随身携带的相机、胶卷,以及沿途记录下来的零散的手稿,早已尽数化作了烂泥。他的脸被冰渣和石块擦刮得面目全非。而只是在那时候,只是在快开学的时候,阿明才带着满身的伤痕,穿着那双像他一样伤痕累累的旧工作鞋,踏上了返回青岛的归途。

这个受伤的疯子终于痊愈,开始重新创作他的艺术。他从医院里走出来的时候,抱着他从开始恢复神智时就开始动笔的手稿,那一叠厚厚的手稿是他的恢弘的长诗《太阳之歌》。他的苍白的脸上挂着鲜红的翻卷着的累累伤疤,永远旋转着的太阳的光轮,像皇冠一样的齿状标志。

而我,我要写他,写他。他用他的那些磨得光秃秃的铅笔,在稿纸上疯子似的涂抹太阳,稿纸上,他写着的色调由金黄而突然转向绿色:

“太阳照耀下的草地上
生命在自由自在地滑翔”。

当然,一个艺术家,阿明,这个人疯了。

2014年12月

【阅读书目】

保罗·奥斯特:《幻影书》

《神谕之夜》

《纽约三部曲》

《布鲁克林的荒唐事》

《孤独及其所创造的》

阎连科:《炸裂志》

“每一本书都是一幅孤独的图景。它是一件有形物,人们可以拿起,放下,打开,合拢,书中的词语代表一个人的好几个月、或者好多年的孤独,当人们读着书里的某个词语时,人们可以对自己说,他正面对着那孤独的一小部分。

记忆,与其说是我们身体里的过去,不如说是我们活在当下的证明。”

——保罗·奥斯特

一

两年来，我时常奔波于滨州和青岛之间，先是乘坐长途车，后来是自己驾车，每次三四个小时，走走停停，停停走走。路上经过种种不同的风景，地名。去时是城阳，即墨，平度，昌邑，潍坊，昌乐，寿光，青州，东营，返回时则是一程倒转。驾车的时候，先是205国道，然后进入319省道，经东营东行，路过一段东青公路，然后就拐弯并入荣乌高速公路，并在门村枢纽转东南进2011高速至青岛。

我奔波的时间大多是周末，空气晴好，偶尔的会有东营一带的灰霾天。高速公路上无聊单调，深蓝色的沥青路面缓缓的向远方延伸，起伏。偶尔的，在夜间，隔着公路中央的隔离带，闪过对向来车肆无忌惮的灯光，那是赶路的载重卡车的独有标志。灯光闪过瞬间，就是穿越隔离带的马达的轰鸣，咆哮着远去。

来回奔波的途中，路边的景致大致相同，每次总是无边的原野，在车窗玻璃外随着似乎永无止境的高速公路缓缓地起伏。冬天是贫瘠的荒芜，斑斑驳驳的尘土，偶尔有低洼地方的积雪。山东半岛的春天是嫩绿的，夏天是墨绿的，秋天则变成满地的金黄，白杨树在高速公路两侧肆无忌惮地疯长，像是要极力地阻隔现代钢铁洪流对于乡村的侵蚀。

长途旅行是单调和无聊的。我的车载音乐里，常备着对付这种独自旅行的药方，一些公路电影常用的乡村音乐，布鲁斯，木吉他的独奏，或者，纯粹的电声音乐，德国战车，休克。有时候，驾驶夜行的单车在空旷的荣乌高速公路上独自奔驰，耳边忽然响起电吉他荒凉的弹拨，会不由自主地陷入短暂的沉醉。我喜欢这感觉，就像是在未来的某一天，穿越了时空隧道，在某个多维的空间里与孩子的会见。

荣乌高速上路宽车稀，我在限速内匀速行驶，时光变得如同静止。沉闷的马达声隔着玻璃传入车内，如蝇虫的鸣叫，如家猫的咕噜。打开车载音乐，约翰丹佛、卡朋克，乡村旋律消融了独自赶路的寂寞，电声的重金属则让我释放和咆哮。我的心绪靠近了61号公路上曾经奔腾过的公路思潮，法斯宾德，文德斯，施隆多夫，以及，在得克萨斯州荒漠里的汽车旅馆，那被称作巴黎的小镇，在那小镇的某个房间里发生过的故事。我的思绪跟随着音乐的摇撼节奏在流动，我自言自语地说："文德斯的公路影片《得克萨斯州的巴黎》的开头，就是类似的音乐，电声吉他拨弹出荒凉的意境，伴随着无边无际的西部公路呼啸的风、行路人的脚步。这世上有很多满怀理想、信念、憧憬而努力的神经病、变态狂。可是，在历史的每个拐弯处，总是站着一个、或一群这样的神经病……"忽然，电声吉他的音节拨响了。高速公路边上的绿色告示牌提示，下一个合并路向右转弯。远方，滨海的城市即将抵达。

我喜欢并习惯于这样的时光。它让人沉溺，在路上，行驶着就是一切，车厢内回响着的音乐就是整个世界。我不喜欢抽烟，但这样的情绪里却有某种微醺的大麻气息，类似金斯博格、格鲁亚克的颓废和不甘。遥想当年，那些搭乘灰狗巴士不断地往来奔波的厌世者们，又可能怀抱着怎样的一种观念呢？

此刻，我置身于鲁北平原的城市，听见寒风毫不留情地吹过窗扇。我的心中涌起盼望，并想起西川的诗歌。雨季即将来临，南风即将吹响远方干燥的林木，在那被称作山之阳的山坡之上，丁香花年年开放，而此时，崩雷即将震响在那遥远的巨川之源。我在想，我们认识世界的图景、途径，可能的维度有多少？有什么样的可能性和限度？艺术和爱，旅行，感悟，对于自然景观的沉迷，来自内心的创意和冲动，是否可以打开某种认识的盲区？某种黑暗的屏障将我们与真实的世界相阻隔，是否存在着越界的可能？

二

在我的音乐包里，有一套 20 世纪 80 年代末发行、名为"荷东・猛士"的舞曲，一直是我久听不厌的。每次听起这音乐，总会感到其中如同潮水一样汹涌而来的澎湃的节奏，真有荣辱皆忘、只想把无尽的生命力挥洒的境界。那样的生命力，可能接近于乔治・卢卡斯在他的星战电影里所说的"原力"吧。

当时与我一起喜欢这套音乐的，还有我的大学室友阿坤。每逢周末，我俩经常一起听着“荷东・猛士”、一起举哑铃练肌肉，要么就跑到学校外面不远的海边喝啤酒，听海浪咆哮的涛声。

我已经有十年没见到我的另一个室友大山了。当年，那盘“荷东・猛士”就是他去淘换来的，从文化氛围还算浓厚的济南，带到了当时被称为文化沙漠的青岛。那时候根本没见到过什么光碟，大家一直买来听的，都是那种带细条状磁带的“卡带”，放在盒式录音机里使用。大山是体育预科生，比我们早一年入学。我们入学的那年，青岛第一海水浴场后面的“杀人街”开的正红火。有一天，一个神神叨叨的导演去浴场后面的大学挑选群众演员，客串电视剧《杀人街的故事》里的场景游客群演，我跟班里的好几个同学一起嘻嘻哈哈地前往，赚取每天五块钱的劳务费。每天晚上收工，劳务费一发到手，就很快换成十几斤啤酒，我们一边喝酒，一边众声喧哗，谈论着各种不着边际的宏伟蓝图。深夜，提着手提式收录机，磁带盒里播放着这盘汹涌澎湃的“猛士・的士高”，我们摇摇晃晃地走在激情飞扬、无边宣泄着的青春时光里。

那时候的“杀人街”是真的宰客，其中发生了很多故事，比如一盘嘎啦加一条巴掌大的小鲳鱼就敢开价一百五十块，相当于那时候一个大学毕业生两个月的工资。有次，我们隔壁的体育生因为被宰，借着酒劲跟“杀人街”上某个店老板演绎了一番少林武当，惊动了保卫处，从此我们便再也不敢踏上那里一步。

此刻，我把这音乐灌进了 U 盘里，带在车上。每次长途旅行的时候，我总是经常听到它们，眼前浮现出青春，大学时代，当年一起追过的女生，神采飞扬，无忧无虑，年少轻狂，没心没肺。生活是漫长的旅程，要象 Koyo 说的那样，多带水、要有书、其中一本要是诗集，要有两三个知心的朋友。其实，除此之外，还要有久听不厌的音乐，就像在一部崔健参演的电影《我的兄弟姐妹》中，老崔借用剧中人的台词阐述的他的音乐观念：“任何时候，都不要放弃音乐，它是你生命中永远的朋友。”“有了音乐，你将永远不会感到孤独。”

我在设想，一个人在生活中的某个时刻，吃完晚饭，混迹于楼下散步的人群里。忽然有那么一个偶然、多余的人，他手中摆弄着手机，播放出了某一首歌，其中的某一个乐句，某一个动机，某一句笔直而沧桑的歌词，于不经意中击中你，让你颤抖，昏厥，沉醉和崩溃；或者，深夜，电影散场了，你独自走在寥落的街头，某个伫立在餐桌和座椅之间的摊主打开了音箱，切换掉筷子兄弟的小苹果，播放出某首自己弹拨的吉他曲，烧烤摊周边的空气里一下子回荡着一个个羞涩、小心的音符，爱之罗曼史，那是音乐的力量，简单的图谱进入了灵魂深处，忽然翻动起了情感的巨大波澜。

三

“对他而言，只要能想象一下新的生活，似乎就能使他变成另外一个人。”

—— 保罗 · 奥斯特

在保罗 · 奥斯特的《幻影书》里，通篇洋溢着这样的微醺的音乐气氛。书中，奥斯特为人们讲述了一个名叫海克特的心灵受到创伤的人，他失去了妻子，生活支离破碎，被乖谬无常的命运所捉弄，如同书中唐人盒子的嵌套格式，故事里正在讲述故事的人的心境，与被描摹的主人公一样痛苦。

2008 年前后，我开始涉猎保罗 · 奥斯特的作品。自从读过了他的《幻影书》，我便不可救药地喜欢上了这个独住在布鲁克林区的美国佬，以及他写下的一系列奇奇怪怪的读物。在他系列出版物的中文译本外面，出版商为了吸引读者的眼球，不惜拉来了诺贝尔文学奖忠实的陪跑队员、日本作家村上春树为保罗 · 奥斯特捧场，奥斯特是村上最喜欢和最推崇的当代作家，他的技巧和文字之间的音乐感无人可比。

据说，保罗 · 奥斯特每年都是诺贝尔文学奖得主的热门人选，他作品里的探索性以及所表现出来的写作技巧炉火纯青。在保罗 · 奥斯特的许多作品里，他都会借助于悬疑甚至侦探小说的形式，表现现代社会中人的存在的问题。这有点类似于法国新小说派代表人物罗伯·格里耶在他的代表作《橡皮》里使用过的伎俩。在《橡皮》，罗伯·格里耶不断地用写作的橡皮把读者借以解读的痕迹擦掉，而保罗·奥斯特则在读者不经意的细节中，用一两句话就举重若轻地完成故事情节的转换，并以一种剥洋葱一样的递进实现主人公心理状况的深入。这样的娴熟技巧让许多人目瞪口呆。

我独喜欢保罗·奥斯特笔下的深处于大都市深处的人群内心那刻骨铭心的孤独。《幻影书》里的教授和喜剧明星海克特，《孤独及其所创造的》里的作为一个隐形人的父亲和《记忆之书》里以第三人称出现的“我”，甚至，因为失去了主人而变得孤独的宠物狗“骨头”，他们的孤独凄美、深刻、让人绝望，弥漫着徘徊在现代大都市里的城市人的普遍情结。保罗·奥斯特笔下人物的心理活动以及他们的所作所为，与身处于万里之外的中国城市里的都市人别无而致，世界上的水是相通的，世界上所有城市里的孤独，也同样是相通的。

该怎样理解这种形式各异、本质相同的孤独？与世界隔膜的老人，把世界与他交流的企图碰撞得粉身碎骨，自己也在这样的碰撞中成为隐形人，与把自己关闭在被电话公司、银行账单、电力公司遗忘了的房间里、独自研究荷尔德林的小说家相比，与那失去了主人威克、在新主人身边依然郁郁寡欢的狗“骨头”相比，与失去了妻儿的教授、或者怀抱着无法启齿的秘密、独自隐姓埋名把自己放逐于堕落和自我惩罚里的喜剧电影明星相比，林林总总的普通人，到底哪一个个体的孤独更孤独？哪一个的孤独更动人？哪一个的孤独更代表了 21 世纪世界诸多大中城市里心理流行病的主流？

我无法回答。

我看着这个家伙，想了解他，解剖他，肢解他，消化他，喜欢他，亲近他，或者仇视他，疏远他，或者，也有可能、甚至更大的可能，我将在跟随他和现代社会的滚滚洪流顺水而去、与推离他并在信息纷涌、尘嚣喧哗的城市边缘遗世独立之间做出纠结的选择，分裂或融合，两者必居其一。

2015年

路还在延伸，计步器上的数字还在疯狂地闪烁。信念，行动，过程本身就是意义——这才是人们心目中永远的斗战胜佛，他的名字叫孙悟空。他坚定、毅然地扛起那根金光闪闪的降魔棍子，眼光远眺，他看到了一千年前，他的前辈们，陆伯言，周公瑾，少年的作家今何在笔下几万年后上古人物基因的复制品，也正在像他一样重新启程，他们驾驶钢铁的太空战舰，跃迁进远方黑暗的天穹空间，远在天外的星球在几万年后的未来，都可以看到宇宙中出现的那个巨大军阵，远方的群星是他们的目标，无尽的雄心是他们的旗帜。

2015年1月

【阅读书目】

欧文·斯通:《马背上的水手:杰克·伦敦传》
今何在:《西游·降魔篇》
熊培云:《我是即将到来的日子》
张大春:《大唐李白·少年游》
《大唐李白·凤凰台》

"'这不是一个诗意的年代。'有时,诗人也会附和这样的论调而悲观,却往往忘记了,任何一个年代都不曾向身处那个年代里的人们自动呈现着诗意。换言之,没有哪个年代会自命为诗意的年代,它只是附着于时间之上的修饰而已。万事万物的诗意逻辑应是,如果我们对此深感未知、神秘和无法解释,它就富含诗意。"

——于荣健

一

在我的书架上,有欧文·斯通的多部著作。在他的笔下,那些曾经涌现过的名垂青史的伟大人物,他们致力于耕耘人类贫瘠而日益堕落的灵魂,以精神之光照耀自己，忍受贫穷和苦难，他们追逐阳光一样的性格使欧文 · 斯通的笔尖几乎也成为太阳的代名词，并借此而把人类精神的基准线提升到一个新的高度。这些伟大的人物在他的笔下获得了新生，他与那些历史上的伟大人物一起走向永生。

欧文 · 斯通留下过很多传记作品：先是以向日葵征服了人类心灵的大师，在苦难中跟随太阳、渴望生活的受难的苦人儿，那从燃烧的火中取栗子的瘦哥哥文森特 · 凡 · 高；然后，是同样在苦难中用色彩描述自然、热爱农民的伟大的印象派画家毕沙罗，他渴望激情，与爱他的女佣人朱莉结为夫妇，并共同度过艰难岁月，毕沙罗与他的同志们一起迎接新艺术的光明日子的降临。从凡 · 高和毕沙罗的传记里，我接触到了另外的一系列注定将走向不朽的名字：高更，修拉，塞尚，劳特累克，德拉克罗瓦，库尔贝。除了宗教，欧文 · 斯通笔下的人物让我找到了精神前进的线路，从猪一样庸俗的生活中超拔出来，并进而把灵魂交还到自己手中。

再以后，是充满了心灵激情的伟大的心理分析大师，佛洛伊德，精神分析引论，摩西和一神教。这满身散发着异端光辉的犹太人，最终成为揭露人类内心神秘世界的先知。还有，那永远散发着阳光气质的大男孩，马背上永远的水手，卷发、英俊的西部拓荒人、偷生蚝的蟊贼、表现雪野和野性的冒险家杰克 · 伦敦。这个迷恋拳击、探险、从财富的零度状态迅速升起又不断沦落为赤贫一族的傻瓜，与他的后来人、永不退伍的老兵海明威一样，是个对未知的将来永没有停止追求的亡命徒。与杰克 · 伦敦相比，我是一个生活于 21 世纪的现代城市中年男人，习惯于每个月辛苦劳作之后眼巴巴地等着发薪水的家兔子，我距离杰克 · 伦敦的生活和他笔下的作品的气质如此遥远，这让我深思，生活的意义是什么，活着的目的又是什么，那激励我们前行的激情来自何方，未来将向何处去。

在这个丑恶的世界上，人类曾经迷恋过达尔文的进化论，信奉过斯宾塞的社会达尔文主义，拜物教的信条在人们的心中扎根发芽，财富的众寡成为衡量一切的标尺，道德的种子被弃置荒野。此刻，在这新的一年的开始，我们将如何开始？我不知道。我的目光扫向书架，我看到了欧文 · 斯通以及他的系列作品，这样的作品让我感到温暖，它们让我的眼前光明而眩晕。

二

2014 年就这样无法挽留地过去了，就像新的一年不可阻挡地到来。

100 多年前，西方世界爆发了大战，但也有更多的人们从某种被奴役的命运里被解放出来。100 多年后的这一年，人们是否已经得到了比当时更多的自由，并真正做了为自己做主的主人？今天的人们认识世界、理解世界的手段，比之 100 多年前进步了不知凡几，物质生活更是达到了前人所不可想象的充裕的地步，信息技术让人与人的沟通便捷，足不出户就可以在网上遨游，可是生活并不比 100 年前更快乐、更幸福、更满足。

著名的传记作家欧文·斯通在给美国作家杰克·伦敦所做的传记《马背上的水手》中，记录了杰克的一篇名为《又一个不幸的人》的短篇小说。小说写的是一名满怀希望的音乐人，心里揣着改变世界的梦想远离家乡，后来却在一个经营惨淡的咖啡馆里为人拉琴为生。有一天，他自杀了，因为他看到了自己的现状距离自己年轻时候的梦想有多么遥远。

此刻，我在室外的夜色里散步。远在城市之郊的园区星光灿烂，万籁俱寂。园区的甬道上，身周寒冷的空气给我存在的感觉，我的灵魂出窍，飘浮半空，凛冽的空气让头脑清醒。远处，电视台设立的信号塔红色的雾灯，在微微的寒冷之中按照固定的节奏闪烁。园区门口，新建的麦当劳的店面正在装修，红白黄互相辉映的招牌已经竖立起来了。园区沉浸在了睡梦中。远处，像我一样利用夜晚散步健身的人清理喉咙的咳嗽声清晰可闻。

曾经有一首歌的歌词唱到，没有人能随随便便成功。年轻的时候，总是想象着象堂·吉诃德一样骑马远行，挥舞刀枪，前去解放远方的城镇，时时大声地告诉自己，如果没有理想，跟咸鱼又有什么两样。可当尘埃落定，回望奔波的历程，才知自己早已在外流浪了四十年，这是多么大的悲剧。我并没有成功，赢得城市之中的一席之地，是多么艰难，多少人、多少次为此黯然，这如何可以算是一种成功？

我想起 20 多年前一个 7 月上旬的夜晚，送走了远行的同窗，留在青岛的同学们聚拢在八关山公寓已经人去楼空的寝室。张五、董六，王平，好子，老贾，偶尔还有得贝和李秘。有时候我们在房间里聊天，有时候坐在光秃秃的床板上打牌。那时候，大家各言尔志，规划各人未来不可预知的前途，共同抵抗这分分合合之后的迷惘和哀伤。我们甚至还谈论起了各自的婚嫁，还有人曾经戏谑的击掌相约，在一方结婚时要赠送给对方届时最流行的彩电。我们的青春不解风情，难道那就是我们曾经萌动过的某种一直未能启齿的情愫？莫非是一种缅怀，或是一种无望的挽留？那时候，我们似乎要把这流走不居的时光凝住，或者将自己融入到这不断流失的时间中，把我们，连同记忆一起带走，扬长而去，雪爪鸿泥，不复留痕。而此刻，那曾经笑语晏晏的姑娘，你又归嫁给何人、做了谁家的新娘、成了谁家宝宝的姆妈、你曾经约定过的时下最流行的彩电，身在何方？

少年时，我曾是同窗们印象里留着长发、不修边幅的干瘦小个子，夏天穿着及膝的黑汗衫，被人们误解为没穿内裤，被张五称为"法国别动队的枪支"，一个整天牛哄哄、傻兮兮的人，在深夜看过电影《天堂窃情》之后坐在电影院前的马路牙子上放声痛哭的瓜仔。此刻，我也跟同龄人中的大多数一样，由一个玉树临风的青年，被岁月和啤酒搞大了肚子，变成了玉树婆娑的发福中年人。我大腹便便，一步三晃，夏天身上挂着三条筋的汗衫，摇着蒲扇，沉浸在岛城 7 月天的桑拿天气里。我刚刚看完了一部 HBO 出产的 70 分钟美剧《新闻编辑室》，并被其中眼花缭乱的节奏、大面积降临的台词、某种久违的情怀冲击和感染，情不自禁地发抖、发怔，一棍子打回原形。

理想主义的年代，信，海洋，航行，少年的梦境，孤独，盐与伤口，赤贫的理想，以及，对于远方懵懂的向往。这样支离破碎的语词如同在碎片中陈述我的少年往事，胶东半岛的莱阳，偏僻，闭塞；1988 年夏天，人生中的最后的一场考试，从内陆的山区向往蔚蓝的海洋。20 岁以前，我的眼睛只看到过故乡村庄前浑浊的小河，对于小河尽头那浩瀚的水域一无所知，就像我 20 岁的青春无法洞察岁月的秘密，历史对于我的内心，依然是不可企及的谜团。远方的城市，光中的马匹，我卷起的裤腿上满是土地的黄泥，我的眼神迷离，对于未来未知的事物充满了希冀和恐惧。而这时，我却时常置身于城市一眼望不到尽头的轰鸣的车流之中，被物欲的绳索紧紧捆绑，载浮载沉，物欲的奔马一无反顾，绝尘而去，只留下一个小人物内心那尖锐的嚎叫。我走向了广阔的世界，却再也无法走回故乡。如果有可能，我是否愿意去那飞起黑色尘土的河床上翻掘，从中找到童年时遗弃在河水中破碎的彩色贝壳，它散落于泥土深处，镶嵌于我记忆的河床。在黑夜里，我低声吟诵孙甘露如梦如幻的梦呓文字：

“天色将暗，那些在深夜进港和出航的船只此刻正在锚地宁静的停泊和对停泊的向往中行驶。——我沿着堤岸行走，我断定，我对这次航行会有记忆。我渴望我能够体验在水边出生的人们对风景的感受。无色的风帆就要扬起，我看到我这个婴儿被置身于理性的澡盆，在情感的潮汐之间，随水而去。”

那是理想主义的年代，诚如狄更斯笔下之最好的年代。

三

很多年以来，日益熟悉了经济生活的人们已经不喜欢那些把自己埋没于文字之中的文学青年、文学爱好者了。钱和名声俘虏了人们，追求不断变化的娱乐本性毒害了年轻人，他们追星超过了喜欢文学青年。此前不久，文学青年、文学爱好者们还被人们尊敬地称呼为艺术家，无论舞弄画笔、表演电影、操办乐器、在舞台上指手画脚的话剧演员之类的富裕艺术家，还是舞文弄墨的诗人、埋头苦干的小说家、穷得只剩下脏兮兮破衣裳的小编剧之类的贫穷艺术家。他们即使衣不遮体，也会在精神上享受到一种有别于他人的作为艺术家的尊重和满足。他们没有钱，没有肯跟他们一起受穷的女人，没有自己的房子，他们后来都在本质上成了卡夫卡笔下靠出售身体为生的饥饿艺术家。

有一个青年，他曾属于这群饥饿艺术家中的一员。像卡夫卡笔下靠表演绝食

40天为唯一技艺、并能为自己谋得光辉声名和丰厚报酬的艺术家一样，他只以出卖自己的文字为生。他在一家使用他的文字的组织里工作和生活，这个组织需要他的文字，并从他的文字里变出财富和新的条文，新的条文里孕育着更新的财富和更新的条文，他很久以来就是组织里受人尊敬的操弄文字的饥饿艺术家。人们让他写人与人、组织与组织、组织与个人之间的条约协议，向银行举债的说明书，向政府部门讨取政策的批文，研究报告，分析报告，向法庭申诉的讼词，请示，制度，通告，通牒，方案，广告，电视剧本，凡是可以运用文字的，甚至小孩子们的请假条，总结，作文，日记，等等。表演文字的饥饿艺术家像他的前辈们一样，每完成一项组织里交给的任务，脸上便会焕发出一个饥饿艺术家在完成一个绝食过程之后所流露出来的自我满足的枯涩笑容。他时常想象着，做一个饥饿艺术家的最高境界是什么呢？在各种不同的绝食环境里体验到各种不同的绝食感受，每一次完整地体验到与以往历次绝食不同的心理满足，也可能，以上的可能性什么都不是，也许，他只是想绝食，像他的前辈们一样，经过了对于各种绝食过程的体验之后，他对所有的食物都已经彻底失去了兴趣，他只是为了绝食而绝食，他写字，那只是因为他想写字，他已经不再把自己的声名、财富、兴趣、生活之类外在的内容寄托到自己的写字上，他写字，那只是因为他想写，他实在是失去了对于不写字生活的所有兴趣。

可是，无论如何，近些年来，人们对于饥饿艺术家以及他们所表演的绝食艺术、文学写作技艺的兴趣开始慢慢地减退了。没有人知道减退的过程从什么时间开始的，又要到什么时间结束。组织里改换了行事的方式，越来越少地使用文字艺术家们的技艺，转而使用比文字更加有效的其他的工具和资源。这个在组织里消耗掉了自己大半生的以文字为生的青年，如同那个看到整个社会都更加关心一只关在笼子里撕食生肉的豹子、而对表演绝食技艺的艺术家视而不见的前辈一样，内心涌现出阵阵悲哀。跟他的前辈一样，他对自己的技艺和因为这门技艺而给自己带来的荣誉满怀自尊和信念。他听见一个声音在告诉自己，豹子与饥饿艺术家，文字与醇酒肉体，技艺与金钱，两两之间没有必然的关系。他每天仍然按时完成自己该写的字，然后，他自己在家里为自己编织出一个可以像他的前辈一样进行绝食表演的笼子，他还为自己准备了一架机器，可以把自己写字的技艺继续下去。在他看来，表演绝食和写字一样，都可以作为一个人的生活方式。一个新的饥饿艺术家，这个爱好文字的青年，他感到自己重新回到了几十年前的青春时代。甚至，也许，他从来就没有离开过那个他一直热衷于文字的年龄，即使自己已年届花甲，而内心依然年轻，他笑对自己，不是在青春中变坏，就要在沉魔中变态。

很多年以后，人们对于绝食和饥饿艺术家、对于文字和以文为生的文学青年们已不再有兴趣了。他们对歌星，对肉体，对金钱和物质的理解更加深刻。他们把表演绝食的饥饿艺术家们的尸体，与笼子里的干草一起卷起来，扔到了垃圾堆里，他们也把文学爱好者们的文字像拒绝饥饿艺术家一样拒之门外。精神的殿阁倒塌了，基础崩溃了，世界从此完全改变了模样。而那些曾经爱好文学的青年，如同他们的前辈们，那些表演绝食的饥饿艺术家们一样，在这喧哗的世界边缘，安详、典雅地死去，他们的形象崩塌了，而他们精神的柱子依然挺立在这个信息时代的朝阳之下。影子拖拉得很长，如同一个寓言，一个笑话，嘲弄着自己，也讽刺着世界。

四

唐朝末年，跟随唐三藏先生西游取经之后的很多年过去了。曾经的斗战胜佛孙悟空先生渐渐遗忘了当年取经路上的艰难困苦。很多年来，他满足于头脑中有关战斗的记忆，快快乐乐，打打杀杀，腾云驾雾，上天下海，他把那些记忆当作自己生命中的全部意义。

忽然，偶尔的有那么一天，一个梦境，一次偶然的心血来潮，某种不规则的心跳，一阵突如其来的歌声，让空气中弥漫着一种嘲讽的味道。他听到了大树后面，一个路人发出来不经意的一声浅笑，让他惊醒，他忽然由此焕发出重走取经路的念头。他想，他要抛弃一个筋斗十万八千里的神通——那曾是他引以为傲的，如今却引以为耻——，他宁愿一步一个脚印的把土地、把取经之路重新丈量。当他扛起棍子，真的重新上路的时候，那些当年在他面前唯唯诺诺的土地神对着他发出了肆无忌惮的嘲笑，黄袍怪在他面前刮着鼻子羞辱他，那位每天吃的肚大腰圆的猪刚鬣先生，也在剔着牙、打着饱嗝地埋怨他，说这猴子又把神佛拉低到了行者的层次。当年的那个曾啰啰嗦嗦的唐三藏师傅，如今已经傍上了唐朝的第六代领导人，成了待提拔的第三梯队，上个月还给他发了个“伊妹儿”，怪他多事，瞎折腾，不消停。

他想到，理想主义是一种病，至死方休。他还记得当年在取经路上，自己曾经对一个女妖精心动过，那女妖精后来回归天界，做了歌星，她曾经唱到：“究竟是我们改变了世界，还是世界改变了你和我？”这样的诘问跟随着他，在他感到懈怠的时候向他逼近，再逼近，直到让他无处藏身。这样的歌声让他警醒，不要混日子，也不要被日子混了。孙先生问自己，当有一天岁月的潮水退去，你剩下了什么？你剩下的不是钱财，不是官衔，不是妻妾成群，不是神佛，你剩下的只有自己、自己内心的丰富、记忆、自我的争斗和救赎、生命的信息、你灵魂的重量，你曾经赢得斗战胜佛的西游历程早已经远去。等到那一天，你可有勇气面对？你是否愿意把自己变成一个无用之人、一个连自己都感到讨厌的人？

恍然若失，或者直接疯癫，或者，30 岁的时候你就老了，30 岁以后看着自己此前的影子发呆，你可有多少时日可待留存？

孙悟空先生很纠结，他只好每天迈着不变的步伐，满怀一种说不清道不明的期待，像是在以女妖精歌里所唱的那样一种无法按捺的情怀，等待着你的到来。走，还是不走，跑步，还是散步，运动还是静止，这是一个问题。

路还在延伸，计步器上的数字还在疯狂地闪烁。信念，行动，过程本身就是意义 —— 这才是人们心目中永远的斗战胜佛，他的名字叫孙悟空。他坚定、毅然地扛起那根金光闪闪的降魔棍子，眼光远眺，他看到了一千年前，他的前辈们，陆伯言，周公瑾，少年的作家今何在笔下几万年后上古人物基因的复制品，也正在像他一样重新启程，他们驾驶钢铁的太空战舰，跃迁进远方黑暗的天穹空间，远在天外的星球在几万年后的未来，都可以看到宇宙中出现的那个巨大军阵，远方的群星是他们的目标，无尽的雄心是他们的旗帜。

孙悟空先生双脚用力地向前走去，他的火眼金睛瞪圆了，眼睛里忽然闪现出与曾经一样的无尽梦想、雄心、青春的悲怆和愤怒。

2015 年 2 月

【阅读书目】

凯文·凯利:《技术元素》
克里斯·安德森:《创客》
查尔斯·亚瑟:《数字战争》
尼古拉斯·塔勒布:《黑天鹅:应对不可预知的未来》
祝道松:《企业研究方法》
埃德蒙·菲尔普斯:《大繁荣:大众创新如何带来国家繁荣》

一

“技术领域随着开放的步伐深入,得到了长足进步,并有与世界同步趋势。但方法论研究、基础理论开拓一直止步不前。比如,量子思想所揭示并带来的思想变革至今未得到重视,对决定论、因果论、必然性的质疑与不确定性、概率论、偶然性的存在本质仍不被理睬……”

“维纳、贝塔郎菲、香农为代表的老三论,以及后来的结构耗散理论、渐变论、突变论、协同论等,应该重新予以研究……”

“经济学理主流话语仍然固守马恩学说,行为却在按猫论投机,实用主义惯技，凯恩斯海耶克等杂拌学理 …… 要看到与新经济相关的尼格洛庞蒂、凯文·凯利、格申菲尔德、塔勒布 ……"

"新经济大潮来临之际，很多企业将死于对失败的无动于衷、无所适从和手足无措，对历史的留恋、路径依赖。大数据、创客、经营管理过程中的不确定性、蜂巢式世界、个人创造影响国家经济繁荣，我们要深入思考宏观面上的经济现象，把握未来产业大势，不能隔岸观火、望洋生叹 ……"

"对！"

17 日，春节刚过，我与几个离职创业的年轻同事进行节后沟通，并从他们口中了解科技创新趋势潮流，以及由此带来的思想观念的变革、主流价值观的现状和演变趋势。现在的年轻人真了不起，他们进行电商服务模式探索和创业，学习和创新永无止境，既不苟且，也不自大。

越二年，梦宗皇帝期待鼓励人们创业和掀起梦境构建的激情，并以此弥合疲惫和被撕裂成碎片的社会。这个构想激发出了一股浮华和虚妄的热情。很多年以后，当年在远处冷静观望的一些人在岁月的沙滩上漫步，看到了那里横陈着曾经被热情驱使着的裸泳者横七竖八的尸体，激情的潮水褪去，他们才是真正值得尊敬和怜悯的没穿泳裤的弄潮儿。

二

"分布式系统的四个突出特点：没有强制性的中心控制；次级单位具有自治的特质；次级单位之间彼此高度链接；点对点间的影响通过网络形成非线性因果关系 ……"

"传统制造业企业与新经济有什么区别？在结构上，一种是按顺序操作思路构建的系统，一种是分布式系统，传统产业经营的本质是原子，基于原子核的集权中心模式；新经济经营的是比特，基于互联网络的网格化、分布式、非中心模式……”

“很多管理学经典已经树立了成熟的企业研究方法，纵向、横向、资料检索、各类访谈、抽样检测、案例排查、数据分析、德尔菲评价、头脑风暴、triz理论、项目管理，等等，科学方法仍然是解决管理和经营问题的最重要、最快捷的途径。很多人不相信思想、知识的力量，并因此可能导致诸多项目的失败。项目串起了企业成败的轨迹……”

“现代经营管理理念已经从科学上升到哲学，离开经验已经好几十年、好几十个层次了，甚至，已经到了不研究经济发展史、经济理论史、经营管理方法论，便无法看清楚经济发展的现实的程度……”

“前辈哲人有云，庞大帝国的倒塌往往不是轰的一声，而是嗤的一响。这是说，类似组织的败亡，极少是因为受到外力的突然截断而导致灭亡，往往是来自于内部的缓慢没落，像清末颓势，明朝溃散，国民党溃败，等等……”

“发掘和深究其中的原因，溃败总有先兆。顶层设计者停止组织核心价值的追求和创新，而代之以私欲、旁骛和自我满足。他们忙于上报刊网站的头条，包女明星，玩假古董，傍主持人，品雪茄红酒，附庸风雅，却没时间坐在职工食堂里吃一口自己员工每天糊口的饭食，品评一下它们的咸淡、冷热、荤素；没时间考虑员工因吃多了过咸的饭菜忙于喝水而忽视了手上的产品，更不用说去考虑这样的员工因着情绪的愤怒和消极而少拧了螺丝、多出了次品。很多有心的研究者预知了类似的结局，知道在这样的征兆前方不远处，有一声或‘轰’或‘嗤’的审判在等待……

三

1995年到1999年间，我在一个老师开办的管理咨询公司里帮忙。期间因为要给一家公司承担一个费时长达三年的项目，我在青岛城市东部城乡结合部的逍遥村里住单身宿舍。那时候，这个区域还没进行大规模的拆迁改造，在现在的江西路、燕儿岛路之间，还全是平房，属于逍遥村里老乡们的祖宅。跟我一起居住的，是包括我在内的四条光棍：分别来自海大社科系、吉大历史系、西安纺工会计系、山艺美术系。房东跟我们住在一个院子里，其中房东一家五口住二楼，我们四个学生住临街朝阳的南屋。北屋的正房里住着七个来自东北的民工，东面厢房则住着两个来自南方的美女，可惜当时的我像现在一样不解风情，直到很长时间以后，才在同屋兄弟们的指点下领悟那两位靓女的职业。那时候，汇集在这个小院子里的小社会，是提前响应国家"大众创业、万众创新"号召的弄潮儿。

刚从学校里走出来的学生仔，在做项目的闲暇之余，约会女朋友、相亲是主要的娱乐活动。"西安纺工"是约会相亲最频繁的，女朋友更换得也最频繁，每天数他回宿舍时间最晚，每周数他待在宿舍的时间最少，后来，为了不影响大家正常休息，他便干脆搬到了另外一个专门上夜班的兄弟宿舍里。

"西安纺工"忠厚老实，不苟言笑，是个顾全颜面的闷骚人。每次出门总是穿雪白的衬衣，扎结实的领带，洁净的西装和锃亮的皮鞋，虽然袜子可能已经有很多日子没洗过。每次约会女朋友的套路，也总是千篇一律地请女孩子吃晚餐，然后规规矩矩地打出租车送人回家。如果女生是在夏天认识的，临走的时候，他还给人家带着西瓜或者冷饮回家。当时在青岛，搭出租车还是奢侈品，以至于"西安纺工"多次发牢骚感慨说："一年约会的女朋友，算下来也大约有50多个了，约会成本要一万块，却到现在为止，连拉一下约会的姑娘们的小手都没捞着"。

"西安纺工"是个习惯于把职业习惯带到生活里的人，素来很关注恋爱的成本问题，并时常从财务角度把恋爱、婚姻与其他男女行为进行比较。有一天，他利用周末难得的清闲给我们上恋爱成本比较课，他给我们算了一笔帐：如果按照青岛长途站附近的站街女每次劳务费 50 元、一个正常男人每月需要最少的服务次数 8 次计算，每年的花费约为 5000 元，十年约为五万元；但是如果在一年内找到老婆，即使第一年花费一万元，十年也不会超过五万元，所以，从比较成本来算的话，最终的结论还是结婚合算。他用一句干脆有力的结论结束了他的演讲："同学们，市场规律一再地告诉我们：批发永远要比零售合算！"

四

"吉大历史"与我是老乡。2000 年前后，电视台里播放了都市轻喜剧《难得有情人》，描写的内容，几乎就是我们住单身期间的生活缩影，甚至连片子里的一些细节、人物性格也都跟这几个人相似。"吉大历史"在我们宿舍里就像极了《难得有情人》里的"卓什么"。

"吉大历史"是个瘦的皮包骨头的骨感男，身体形状的由来与他的饮食习惯有关，轮到他值日做饭的时候，只有油菜、蘑菇、水混合在一起的大杂烩。他喜欢把洗过的袜子晾晒在煤气灶上，看到我们对此感到不爽，他便振振有辞地数落我们："一帮老爷们儿，穷讲究个茄子！"

有一天，我们的一个女同事领着她的夜校女同学来我们宿舍联欢。名义上是会餐，其实是客气的相亲。相亲的女生是当地人，职业是小学老师，从我的女同事那里知道我们单身生活清苦，为了相亲的会餐，特地带来了她母亲做的泡菜和新蒸的热腾腾的白面馒头。我和"山艺美术"是两个来自胶东的实在汉子，不知道客气为何物，心想，只有当面把人家带来的泡菜和馒头吃光，才是回报人家姑娘心意的最好表示。所以即使刚吃过饭，也装出了馒头和泡菜美味可口的样子，一边回答着姑娘的提问，一边在人家的妙目下甩开腮帮子饕餮。后来，小老师再到我们宿舍来的时候，馒头和泡菜就成了每次的必备物。

"吉大历史"对美味提不起半点兴趣，只趁着我和"山艺美术"做吃货的时候跟小老师聊天。第二个星期，小老师又带来了馒头和泡菜。期间，小老师和她的父母还邀请我们三人去她家里做客，我们带着礼物对小老师的老妈妈鞠躬道谢，我们还到小老师家开办的百货摊上，帮着小老师的父亲把放在外面的货物整整齐齐地码到了仓库里。第四个星期，小老师又给我们宿舍带来了泡菜。但是，从第五个星期开始，我和“山艺美术”就再也没有看到泡菜和馒头的影子。小老师倒是经常往我们宿舍里跑，每次待不长时间，就会像定时炸弹一样准确地找借口出去，“吉大历史”也会随即支支吾吾地不见踪影。后来有一天，有人告诉我们，他们在小老师家的百货摊上，经常看到一个浑身尘土的民工，长的挺像“吉大历史”的。我对“山艺美术”说：“兄弟，我们两个吃货，为了几个馒头和几块泡菜，丢掉了一个媳妇，真傻啊！”

我们对那白天做项目、晚上兼职做民工的“吉大历史”很是同情，希望他早点结束以做民工来经受考验的悲惨命运，多次建议他快点结婚，这老兄总是磨磨唧唧地说不出个一二三四。那年冬天，快到元旦的时候，我们秘密地组织了 Party，并给“吉大历史”出主意，到时候我们请小老师喝多了酒，然后我们让出宿舍，由“吉大历史”在里面陪着喝多了的小老师，等到第二天早上小老师醒来，“吉大历史”就告诉她，该做的都做了，说不定小老师脑子一晕，就只好赖着“吉大历史”娶她了。他也战战兢兢地答应了。

那一年的元旦，我们的 Party 如期举行，大家看上去都喝多了酒。散席后，除了“吉大历史”，其余的几个人各自去了不同的地方，电影院，南方，老家，但就是没有人回宿舍。“吉大历史”是否按计划行事，我们不得而知。没多久，他和小老师结婚了。

几年以后的一天，已经结了婚的小老师和“吉大历史”请我们几个人吃饭，小老师很郁闷地看着“吉大历史”说：“有些人啊，总是很黏糊，你下什么样的鱼钩都不管用，用泡菜和馒头引诱都不好使。”我赶紧接着跟了一句说：“能被馒头和泡菜引诱的，吃起来似乎又很没劲。”她笑着说：“对！”后来，我们问“吉大历史”是不是已经开始练习着吃泡菜了，他把我们拉到小老师看不到的地方，偷偷地告诉我们：

“跟以前一样，我一闻见那泡菜的味道，就烦。以前看见泡菜，就想躲到一边；现在，不但是泡菜，连人来了都……，当年的我们，……唉……，糊涂啊……”那天，在回家的路上，我一直在想，也许，那年的元旦 Party 之后，确实有人说出了“该做的事情都已经做了”那句话，只是，当时脑子晕了的，不一定就是小老师……

五

从小到大，我一直是个迟钝的人，情商约等于零。在逍遥村里住单身时，我除了白天做项目，晚上都是自己待在宿舍里阅读。有一天晚上，我正在宿舍里读《基督最后的诱惑》，斜对门的一个靓女那天晚上没开工，跑进来找我聊天，我跟她大谈了一通《创业史》与《荷马史诗》之比较，说了一段黑格尔的小逻辑。“山艺美术”送女朋友回来，看到我在跟一个漂亮的女邻居说话，他的表情忽然很奇怪。靓女走了之后，他皮笑肉不笑地问我在跟人家谈什么内容、谈的结果怎样、感受如何。我告诉他说：“这个姑娘挺好学的，就是记忆力不太好，老把她曾读过的奥斯特罗夫斯基《钢铁是怎样炼成的》说成是《钢铁是怎样没炼成的》。”那天，从捧腹大笑的“山艺美术”那里，我才知道靓女真正的职业。

同屋的舍友们联合起来帮我找女朋友，“吉大历史”还偷偷地自己垫钱，给我在婚姻介绍所里报了名。那段时间我被捅了马蜂窝，天天被婚介所的电话追着，马不停蹄地疯狂相亲，曾经创造过两个星期约见 16 个姑娘的记录，满眼春光，秀色恍惚。婚介所的大姐给我打电话，问我在这介绍的 16 个人中有没有合意的，我捧着电话，听着婚介所大姐殷切的话语，差点哭了：“大姐，我看好了一个，可是两个星期来我看了 16 个人，我想不起看好的那个究竟是哪天见过的了……”后来，我的相亲就再也没有了后来。

1997 年快到春节的时候，父母几乎天天在电话里给我念叨，催我结婚。被追急了的时候，连摔电视机的心思都有。“西安纺工”把我拉到一边，建议我偷梁换柱瞒天过海，让单位里漂亮的“人鱼小姐”冒名顶替，跟我回家瞒过父母。这个主意把

“人鱼小姐”气得直翻白眼，但最后还是跟我一起回去老家。在回去的路上，我跟她统一口径：“如果碰上老人问出什么让人为难的问题，你大可呲牙一笑，装做害羞的样子，到时候我去挡驾。”那天，“人鱼小姐”跟我的父母相处得非常融洽，还陪他们看了一部反映北极爱斯基摩人生活的电影《狼的呼唤》：在影片的结尾，爱斯基摩人首领被抓到了白人的老式飞机上，他看着飞机舱门前飘过的片片白云，神往地说：“我多么想飞起来啊”，他从飞机的舱门跳了出去，在空中，他展开了身体，并拢双腿，伸开双臂。酋长在空中滑翔而下，忽然，他的身体化成一只硕大的苍鹰，飞了起来。这是当年善意的恶作剧中最令我和“人鱼小姐”神往的画面，直到多年以后，当我们谈起这件事，还对这个独特的镜头赞叹不已。那几天，我的父母无论如何都没想到我们曾经会导演这样的把戏，甚至直到我结婚后两三年，老父老母还常避开我老婆，把我拉到一边，悄悄地问我：“‘人鱼小姐’现在怎么样啦？她还好吗？你们还经常保持联系吗？”

2004年底，快过春节的时候，我在青岛的一个BBS做版主，看见BBS里有人在为找不到男女朋友回家过年的单身们无可奈何地征网友，以便冒充男女友回家应付父母的逼婚。每次看到这样的帖子我总是忍不住要笑，我在想，现在都是21世纪了，大搞创新、创业的年轻人啊，难道还是这么缺乏想象力吗？

2015 年 3 月

【阅读书目】

帕斯卡・梅西耶:《里斯本夜车》
马尔罗:《人的境况》
茅于轼:《中国人的焦虑是从哪里来的》
卡洛斯・富恩特斯:《墨西哥的五个太阳》

“你问,‘如果我们只能依赖内心的一小部分生活,其余的该如何处置?’我,也急于知道答案。我的身心,如同被唤醒的心灵考古者,迫切寻找灵魂的栖居之地,你的文字,是炼金者的心血,牵引我,决然跳上前往内心之旅的列车。”

——帕斯卡・梅西耶《里斯本夜车》

一

多少年以前,当我一个人在全国各地四处流浪的时候,我曾经不只一次地在脑海中想象过这样的画面:在初春泛青的草地上,作为一个父亲,我牵着刚刚能够蹒跚走路的女儿,歪歪扭扭地在阳光下嘻戏。那副样子就像一只骄傲的鸡婆带着一群毛绒绒的小家伙们引吭高歌一样惬意。女儿身上穿着的红彤彤的小面包服,在春光里显得如此灿烂和辉煌。那时候，想象到这样的画面，我总会为之流泪，为之神往。我知道，在那个时候，过惯了流浪和飘泊生活的我，是在企盼着一个充满着天伦之乐和安定和谐的家了。也就是从那个时候起，我才深刻地意识到，在人们的眼中，我离开他们正常的生活是多么遥远，而我又对这种正常的生活和家庭是多么陌生和疏离。

第一次看见女儿是在女儿出生的三个月之后。那时候我刚刚从荒凉的考察地点回家。女儿躺在摇篮里，张大了乌溜溜的黑眼睛和尚未生出奶牙的小嘴，咿咿呀呀地发着牢骚，像接见臣民似的欢迎我这个不称职的父亲。我狼狈地发现，在女儿清纯的黑眼睛里，有一种面对父亲的新奇和对这个初为人父的男人的庄严审视。像天底下许多刚刚接受这种新角色的男人们一样，我满怀横怜，默默地看着女儿，感到有两颗浑浊而又硕大的泪珠在脸颊边沉重地滚动，心中沛然而生出一种温暖的疼痛。女儿的一颦一笑让我感到惊奇和激动，那种怦然心跳的情怀，是一种温柔、宽厚得只有作了父亲的男人们才能够体悟得到的复杂柔情。女儿的诞生甚至使那些素不相信宗教的人，也要不由得跪下身来，虔诚地祈祷上苍，并对生活本身满怀感恩。

女儿哭起来。像是对我这个没有在她出生之日守候在她身边的人的惩罚和谴责。她用力地蹬动着小脚丫和小腿，哭得惊天动地，似乎浑然不知道怜惜眼泪，那种渐入忘我境界的哭声也使我心碎和手足无措：女儿呵，我的乖乖女儿呵，这个可怜的小人儿受到了什么委屈，使得你的哀伤这样美丽动人、缠绵凄凉？在未来的无数的日子里，你将满怀善良、慈悲和原宥，而此刻，站在你身边的这个你将把他叫做父亲的人，他犯下了什么弥天大罪，又制造了什么伤痕，使得你的哭声在这寂静的黑夜里如此痛不欲生、响彻云天？难道你不欲成就你与他之间这前生注定的父女的名分？那时候，女儿的腮边挂着一滴晶莹的泪珠，使她稚弱的小脸蛋显得更加楚楚动人。而我看着女儿，竟然也忍不住放声大哭。

女儿是在我的生活一团糟糕的时候来到这个世界上的。那时候我穷困潦倒，整日地在贫困线以下奔走，忙碌。考察队的生活居无定所，而我也如同一颗孤独的雨滴，从遥远的天际坠落，寻找着食粮和家园。女儿已经生出了奶牙，有一头柔软的黄头发，那头发使我感到心酸。我的衣服兜里只剩下最后的一个硬币，碰不出声响。就像很久以前的那位荷兰穷画家温森特·凡·高一样，生活几乎耗尽了我生命中所有的油彩。我感受到一种深刻的绝望，那时候，只有女儿是我生命中最为明亮的救星，她像一轮太阳，始终不知疲倦地照耀着我，使我得以度过那些黑暗的日子。

在考察队设在野外的帐棚里，我时常一个人独自听着稀稀落落的雨声想念女儿。人类历史上有各种关于女儿的美丽传说。有人说，在冥冥之中，有一个男性的灵魂爱上了一个凡间的女子，于是他就投身于这个女子的怀抱里，变成了她的儿子；而有一个女性的灵魂爱上了一个凡间的男子，于是她就投身于这个男子的怀抱里，化成了他的女儿。而在此时，面对着这广袤的原野，我又要对身处于远方城市里的女儿告知一些怎样的故事呢？我想起一个名字叫做简祯的台湾女作家的一句话，我想，也许会有那么一天，我会套用这句话并告诉女儿说：女儿啊，“你是我遗世独立的爱人”。

二

1990 年前后，我在青岛上学，与当时在生物学系的阿明成为莫逆之交。他是江苏扬州人，个子清瘦高挑。他戴着一幅框子透明的眼镜，左边脖子上有一块巴掌大的烫伤的瘢痕。那时候，他们班级的风气极其活跃，我经常跟他们一起在宿舍里集体搓琴、唱歌、喝酒、写作，有时候他们生物系上解剖课，我也前往观摩和动手操作。有一次，他们的解剖课程连续分解脊椎动物、哺乳动物，很多心软的女生面对洁白的鸽子和小白兔难以下手，我们便接过重担，向她们演示自己手中的解剖对象，并信誓旦旦地向女生保证，将把鸽子和小白兔喂养得白白胖胖。结果，解剖课结束后不到两小时，这些没被解剖的活体动物就被做成了酒肴，热乎乎地跑到了男生们的肚子里。

1992 年，阿明毕业后分回扬州江都市，在一个国家机关里供职。他居住在单位分配给他的一间小平房里，地上用砖头砌着一个 2000 瓦的电炉子，作为做饭、烧水的灶具。南方的空气潮湿、阴冷，电炉子天天烘烤也无法保持身上的战栗。习惯了青岛北方暖气条件的阿明每到冬春交界时分，总是在身上裹紧了棉大衣，接近心理崩溃状态。阿明在工作之余继续着大学时养成的书写的习惯，他的文字细琐凌乱，有城市生活碎片化的风格，与我的直接和生硬风格完全不同。可是这并不影响我们通过电话、书信继续探讨维尔哈伦、昆德拉、卡夫卡。

三

1995 年春天，我外出旅行，路过德州拜会阿炳后，继续南下，到江都与阿明攀谈。

那天中午，吃饭的时候，我和阿明坐在一家小酒馆里喝酒。阿明放下手中的杯子，告诉我说他得走了。我问他要到哪儿去，他说他要出去走走，他说他要出去寻找他的父亲。“父亲，”他说，“你知道吗，小时候，妈妈不只一次地告诉我，父亲去了一个很远很远的地方，那里远的只有天空、树林和风，那里除了遥远一无所有。从开始懂事的时候起，我就在心里想念着父亲，想象着他究竟会到哪里去，在那个很远很远的地方又会有些什么，父亲什么时候才能回来 …… 而现在，我又想到了父亲 …… 所以我得走了。”

那天，喝完酒之后，我奔赴南京云游，阿明则回到他的宿舍里，估计也收拾了行李出发了。谁也不知道他到底去了哪里。我回到青岛以后，收到过阿明从江都给我发的一张画片，画片已经被磨得非常粗糙，是一张油画的黑白照片，荷兰画家文森特 · 凡 · 高的一张《麦田上空的鸦群》。在那幅照片上，油画本来的面目早已看不清楚，我曾经在一则资料上看到过，那是凡 · 高的最后一幅油画作品，作于他自杀之前的一个中午。他画完那幅画之后的第二天，便用一把左轮手枪顶在腹部，开枪离开了这个世界，离开了他心爱的油画艺术，以及爱他如同爱自己的弟弟提奥。

那一天，我看见阿明赠送给我这幅凡·高的油画画片，我知道，阿明的生命不会久长了。

几年以后，我在一个效益不是很好但也不算太坏的公司里找到工作，落下了脚。然后，我结婚，生孩子。妻子很漂亮，很贤惠，孩子也很聪颖，可爱。几年的公司生活，使得我像一只在家里被圈养了很久的兔子一样萎缩，胆怯。昔日的记忆，除了在睡梦之中还能够时时模模糊糊看见、并在梦醒之后不由自主地涌上一种岁月流逝的苍凉，早已麻木得不知去向。我时时地想起阿明，但阿明似乎已经成为一个神话，剩下的仅仅是想想而已。

忽然有一天，我收到了一张阿明从一个遥远的地方寄来的卡片。在卡片的正面，是阿明的照片，他看上去已经白发苍苍，胡子拉碴，样子是一个地地道道的老人。阿明的眼睛从他满头披散着的白发和蓬松花白的络腮胡子里显露出来，深邃地望着远方某处，像一个从青年时期就开始流落异国他乡的老年游子一样，阿明的眼神如同在凝视着远居于千里之外的故乡。卡片的背面，写着我所熟悉的阿明的笔迹。他用梦呓一样的语言写道，在一个神秘的不为人们所知的地方，他已经找到了他的父亲。在那里，遍地都是隆起的坟茔。在一棵四季葱绿的大树下面，一个白发飘洒的老人正在为旁边的一具干瘦枯槁的尸体挖着土坑。阿明说，那个白发苍苍的老人告诉他，在这些坟茔的下面，埋葬着的都是那些出来寻找父亲的孩子。他们走过了近乎相同的道路，历尽了千辛万苦来到这里，可是他们都没有找到他们的父亲。于是他们都死去了。阿明说，他从直觉上意识到，站在他面前的这个老人就是他的父亲。“虽然我从来没有见到过这个老人，也没有见到过我的父亲，可是我还是相信，这个老人就是我所要寻找的人。”阿明在卡片上写道。他说他坐下来和这位老人一起喝酒，聊天。当他得知自己面对着的老人就是他的父亲、老人也得知自己面对着的同样白发苍苍的老人就是自己的儿子的时候，他们两个人一起抚掌仰天大笑。那时候，阿明说，只是在那个时候，他才真正地理解了父亲为什么会离开母亲，离开他，离开自己旧日所熟悉的生活，而沿着一条陌生的路程，朝着一个遥远的、而又似乎永不可知的目标艰难跋涉。

“那时候，在我们的笑声中，父亲身边的那棵四季葱绿的大树上忽然落下片片金光闪闪的叶子，金色的树叶在空中飘扬，翻卷，它们变成了一群美丽的小鸟，朝着四周的天宇里翩翩飞去。父亲告诉我，那棵树就是人们所经常说起的幸福树，那些鸟就是人们经常说起的相思鸟。父亲说，在他到达这儿的时候，他也看到了这棵树，他也看到了这样的一群鸟。父亲说，他相信，在这群美丽的小鸟当中，一定会有一只飞回到了远在千里之外的故乡，飞到了他的妻子的身边，‘否则，你是不会找到这儿来的，你真是一个勇敢的孩子’，父亲说。”

收到阿明的卡片的那天夜里，我和妻子抱着熟睡了的孩子坐在屋外的阳台上。子夜时分，仲夏的夜空繁星如水，深不可测。我望着遥远、幽邃的星空，看到一棵葱绿的大树上落下片片金光闪闪的树叶。树叶轻盈坠地，化作一群振翅欲飞的美丽的小鸟。我痴痴如醉地凝望着他们，感到心中涌上一个神秘而又陌生的声音，它在一遍遍有力地呼唤着我，就像一个孩子在面对着一只不属于自己的心爱的玩具，那玩具产生出一种让我无法抗拒的诱惑。我无声地转过头，透过夏夜浓绿的夜色，我看到了妻子睁大了的如水的眼睛。不知不觉地，我模糊了现实与梦境的界限。我轻轻的告诉她：

“我得走了。”

妻子站起身，默默地把睡熟了的孩子送回卧室，平放在她平日里休息时用的小床上。妻子从一只锁上生满了红锈的箱子里拿出一张已经褪色了的画片，并把那张画片递给我。妻子捧着它，如同在捧着一件圣物。隔着夜色，我还能够认得出，那是阿明临行时送给我的、凡·高自杀前所画出的最后一幅作品，《麦田上空的鸦群》。凡·高在画完这幅画的第二天，就用一把左轮手枪顶在腹部，开枪离开了这个世界，离开了他的油画和弟弟提奥。我双手托着那幅画片，我看到画片模糊不清，难以辨认。穿过画片色调暗淡的表层，我看见一轮旋转着的、金属一样的金黄色太阳，那太阳在紫色的、丝柏树一样迷人的麦田上空，焕发出蓝宝石状的眩目光华。被凡·高的评论者们所认为是绝望和崩溃的色彩隐去了，画面上只剩下一个不朽的灵魂，它在借助着太阳，对自己进行着有力的对抗。我痴痴地凝望着它，心中忽然闪过几年前我与阿明一起喝酒的那个中午，想到了阿明走的那天他送给我这幅画片时的情景。那一刻，我清楚地意识到，我的内心和身体正在一点一点地变成阿明。

“是它吗?”过了很久，妻子打破了寂静，轻声地问我。

“是它。”

“……”

“我得走了。”

仲夏，子夜，一棵四季葱绿的大树上飘飘扬扬地落下片片金光闪闪的树叶。树叶轻盈坠地，化作一群振翅欲飞的鸣唱着的美丽小鸟。小鸟翩翩起飞，如同一句赞美基督的圣咏，朝着广袤无边的夜空之中冉冉升起，扩散。在千里以外的一条荒凉的山谷前，我悠然回首，一种淡淡的忧郁和哀伤充盈在我的心间。夜色中，千里以外的一座城市的边缘，一栋小楼空荡荡的阳台之上，一个如水的美丽妇人抱着她的孩子在轻声低语，唱着一首古老、哀婉的歌谣，而无数的女子在这突然来临的歌谣声中含泪走过花期。一只闪光的美丽小鸟无声地滑翔着，飞近，轻盈地落在她的胸前，并动情地凝望着她，以及伏在她怀里睡熟了的孩子。我知道，几十年后，这个正在熟睡的孩子将长成一个勇敢而健壮的青年。而此刻，在孩子的睡梦中，正在出现一个远行人孤独的身影，他行色匆匆，迈着无悔的脚步奔走，他的脚步声在空旷荒凉的土地上，在孩子单纯的睡梦中沉重地回响着。

这也是我的梦境，它让我观照现实，并让我在现实中保持警醒，不至于迷失。

2015年4月

【阅读书目】

梭罗:《瓦尔登湖》
特利·威廉斯:《心灵的慰藉》
西尔万·泰松:《在西伯利亚森林中》
刘慈欣:《三体》
《黑暗森林》
《死神永生》
阿西莫夫:《神们自己》

一

“爸爸，我今天看了差不多30页书了。我们的课外读物读完了，《伊索寓言》读了17页,《射雕英雄传》第一本从第三页读到丘处机出场了,到江南七怪出场还有快20页唻。”

“嗯,很好！能读懂吗？睡觉前要给我讲一遍哈。”

“嗯。爸爸你看的那个《三体》是什么书？科幻是什么意思？这三本是给我买的吗？”

“呃，科幻，是一些作家根据一些科学道理，结合着故事想象出来的。一开始我想买了送给你的，但我看了以后觉得暂时还不适合你读。”

“那我们班韩大牛同学的爸爸是软件工程师，天天待在家里就能工作，他是科幻作家吗？”

“呃……，这个叔叔不是科幻作家，他是你说的软件工程师。”

“那你为什么不像我同学的爸爸一样在家工作呢？你为什么要去外地工作？你是不是不爱我和妈妈了？”

“呃……不是……爸爸出去工作，也是为了让咱们的生活更好呀……”

“骗人！你去外地了，都不在青岛陪我了，生活怎么会更好？这是个爸爸说的话吗？”

“……”

“那你以后回青岛工作，行不行？”

“呃……”

“你就是骗人！还有，你买了书明明是给自己看，还说是给我买的，骗人！”

“呃……”

二

“什么样的天风在切割命运，什么样的利刃在穿透时间。”

——刘慈欣：《三体·死神永生》

“故别虽一绪，事乃万族。”

——江淹：《别赋》

在《三体·死神永生》里，曾身陷黑域之中经受了相对论光速时间效应的主人公重见天日，她与自己的爱人已经错过了一千八百万年地球时间。当她醒来，她领悟到"是什么样的天风在切割命运，什么样的利刃在穿透时间"，正如我的一个大学同学曾经感叹的那样，"青春要付出何等代价才换得从容"，轻轻的一次转身，也许就是千万年的遗憾。

傍晚时分，我从青岛踏上西去的列车，高铁在潍坊短时停靠，车门外吹进远方滨海城市残留的潮湿的信息。城市的灯光如同星点，镶嵌在无垠的夜空里，宇宙神秘，有大美而无言。车到淄博，我从淄博下车，换乘此前停在火车站停车场的自驾车，向着鲁北平原的滨州飞奔而去。我辗转反侧，颠沛流离数百公里，车子穿越了道路上的扬尘，初夏的暖风在车尾飘动，飞舞，飘洒向高速公路的护栏之外，如同生命在时间之流中穿行。我在车内思索，流浪是不是某种现实世界的黑域，意念的电闪回旋能否穿透时间的黑障，背叛、流亡、自由，这样类似的词汇之间是否有着某种纠缠和共谋关系？它们语义含混，在不同的人群中间形成有意无意的冲突。我的女儿为此总结说：你远离此城却声称为了更好的生活，这是怎样的荒谬和分裂，莫非是一种欺骗和逃避？

我竟无语而凝噎。

青岛，这座北方的滨海城市终于慢慢地落在了身后，你的身影消逝于视野之外。分别的时光，如同很多年以来、我在梦中或闲暇时分所想象的情景一模一样。隔着一扇薄薄的车窗玻璃，我凝望你，像要以此把你蚀刻在心灵的石板上，随着车轮的滚动把你一同带走，就像你凝望我，如同常春藤将我掩映，裹挟，把我驻留在这触手可及的瞬间之内。薄薄的车窗玻璃如同永诀，切割凌乱的时空，互相之间无法穿越的世界。玻璃窗内，我即将冲决的心灵湖水，玻璃窗外，虚拟的世界，一无所有。我两手空空，悲痛时抓不住一滴眼泪，而只能用牙齿紧咬住食指的骨节，因为此刻，我一旦松开，就会忍不住哭出声来。我的锡安，我的丝柏树，我的梦中的恋人，对于你，这座美丽的城市，我已因爱成疾，病入膏肓，我是一个无药可救的病人。

归程的自驾车在沙沙的车轮声中悄然前行。窗外是不时闪过的似曾相识的阑珊灯火。倒转的晤面来时的风光，时间和记忆的某种回溯。在青岛，我看见两三年前的我们，在某个夏天的深夜，脸上遮掩不住搬迁进新居的快乐和欣喜。我们在不同的房间互相说话，倾听到不同房间里与往常不同的带着回音的语声，并为之感到惊奇。我坐在案头，我的案头是一本打开许久的卡赞扎基斯的《基督最后的诱惑》，我为你朗读那开头的句子：“一股来自苍穹的清风把他的身心完全占有，头顶，天幕上开出了簇簇繁星……”，而另外的房间里，过滤掉房间回音的干扰，我几乎听到了你细若游丝的呼吸，心跳，感动，共振的旋律，内心深处若隐若现的对家庭的维护与爱，这样的情境，即使有朝一日我们互相远在万里之外遥不可及的绝望的距离，哪怕在巴黎、在不莱梅、在曼彻斯特，也与在隔壁的房间没有任何区别。在那以后的日子，我是王家新的《回答》笔下那个絮叨的男人，沉湎于记忆和梦境之中的迷失了方向的孩子，我曾经无数次的饕餮的语言盛宴，除了你和孩子，无非是一场从来就没有过听众的梦呓。此时，新居就是我们家庭所在的瓦尔登湖，我们一同行走在浩森的西伯利亚时间的森林中。

2013年2月中旬，我前往鲁北履职，你们送我到黑龙江中路的车站，北去又左转的917路公交车经停此站，车站上三分钟的匆匆一别，此去经年，我们只每天在网络的视频中互致问候，一个转身的瞬间，便似乎一下子转过了以后需要耗费数十年进行重新弥补的岁月。我被淹没于人潮涌动、寸土寸金的城市洪流，你则与女儿独自面对内心与身外的蛮荒世界，我思虑再三，这样的代价到底是否值得。大江大海，载沉载浮，时光流转中，你我谁也无法逃离小人物的命运轨迹。身边的景致不同，周遭的人物各异，离愁，远行，对于生存意义的追寻，碎片一样的世界，我们无望的拼贴，互相交错的身影，各自分别是孤独的个体，这是多么残酷和悲哀的现实。别方不定，别理千名，从此江湖上开始流传江淹让人思绪百转千回的慨叹，黯然销魂者，唯别而已矣。他说：

“故别虽一绪，事乃万族”。

三

在《心灵的慰藉》一书的第115页，特利·威廉斯写到了大盐湖东岸的冬天，她用一系列的短句子，描写出大盐湖湖面海拔4209.15英尺时的严寒和肃杀。她写道："大盐湖的东岸冻结了。它在渐渐地与世隔绝，满目荒凉。雾低垂，天地几乎相连，几只渡鸦，几只孤鹰，还有那无情的狂风。……孤颈鸭从南方及西南方飞来，空中充满了野性的呼唤，处处回荡着鸟类的方言，苍天之上皆是飞舞着的翅膀。"她写道，大盐湖教导她，经历才是她所拥有的一切。

在书中，特利·威廉斯记叙了她罹患癌症的母亲对她推荐的托尔斯泰的短篇小说《上天有眼，暂时不言》，并用平静的口吻对她陈述自己读后的感悟："我们每个人都要面对自己的西伯利亚，我们必须与自己内心的孤独无助和平共处。"特利的母亲说，"我的癌症就是我的西伯利亚。"

特利的母亲引用过的托尔斯泰的小说里面，讲述的是一个被诬陷为杀人犯的无辜者，他被判处在集中营中度过余生。后来，服刑26年后，他在西伯利亚的集中营里遇到了真正的杀人犯，并有了洗刷罪名、重获自由的机会。但他并没有选择后者，他已经没有了回家的心愿，他随即撒手人寰。

特利的母亲为此得出结论，"我们每个人都要面对自己的西伯利亚。"

在特利·威廉斯笔下，生机盎然的大盐湖与她的家族史之间，有着某种神秘的关联。大盐湖水面的升降起伏，湖畔生态的涨落变迁，影射着特利家族的生老病死。这样的关联，让这本美国自然主义的著作具有了悲剧的色彩。

我喜欢这样的写法，也从中感悟到特利家族命运的悲剧。从某种程度上说，此前的我的很多文章都在有意无意地采取这样的写法，如同在把19世纪末20世纪初印象派的绘画方法延伸到了文字书写之中。从来都没有纯粹的自然主义，大自然，只有在人类意识的观照之下才有可能存在意义。

4月，我读完了描述接近自然原生态的梭罗的《瓦尔登湖》，也再次部分地重温了居于人类精神和历史成就顶端的马尔罗《反回忆录》、以及夏多布里昂的《墓畔回忆录》。特利的这本《心灵的慰藉》居于期间，提供了异样的感受。

四

15 日，我与女儿从韩国旅行度假回来，把小人儿送回青岛的家，然后独自返回鲁北。

公寓楼上的宿舍里，随着天气变暖，蟑螂开始大规模地扩张地盘，有一次竟然爬上了我的床头。在使用了几次杀虫剂不见效后，我走完了流程，把行李陆续搬向了位于城市东部的公司新公寓。

新公寓坐落在公司东部工业园的服务区内，分给我的是一个位于五层的朝阳房间，是一个 40 多平米的带有独立卫生间的通道，中间用博古架隔开，分离卧室和会客区。房间内有全新的家具，两个酒店标准间的单人床、电视柜、衣柜、带坐垫的三人木制沙发、茶几，以及两台电脑写字桌、办公椅。我像乔布斯一样习惯了极简生活和苦行，除了阅读的书籍、影像文件之类要求尽可能多样和复杂外，最喜欢简单的陈设，脑子里理想的房间状态是只有书柜、书桌和床，最好其余的全是白墙。我把床上的铺陈全部折叠起来，塞进了床底的暗柜里，连同木制沙发上的垫子。只在床上留下了枕头和凉席。白墙、白色的地面砖、白色的节能灯光，搭配深色的门窗套和家具，房间里散发出书籍沉着的气息，这样的环境和体感是我所熟悉的安静的氛围。我喜欢。

有时候生活就是这样，当你着意于自己内心的丰富和对世界的感恩，就会不自觉地对物质所需甚少，而又对每时每刻的所见所闻感到学习和吸收的欣喜。在风中颤抖的树叶，一声赞美，乡音，鸟虫的低语和鸣叫，夜半行车途中对向来车的一次友好的回灯，一阵突然的歌声，某个转瞬即逝的笑脸，一声不经意的问候，寂静深夜里随着你的一声咳嗽缓缓亮起的廊灯，自然会察觉这世界四处布满了能量。新工业园位于城市的郊外，远离了市中心的纷杂和喧哗，在某种意义上，这样似乎也远离了青春，记忆，为了生存而付出的努力，挣扎，远方的梦想，破碎的现实，执着，纠结，以及碎片化的世界。万般种种譬如昨日之零乱，这样的远离，是否某种逃避、或是某种刻意的观照？

五

> “众人把破碎的王冠铸造成钱币，当世的主人占有了它们，烈火中造就了机器，隆隆效力于他的意欲，但它们并没有带来幸福。思乡的矿石执迷着，要从钱币中离去，从那引导它驶向生命之迷津的铁路上离去。它傲然回绝了工厂和金库，没有被卑鄙地熔化，而是复归于坦荡的群山，随后，群山将又一次关闭。
>
> ——里尔克《转折》

与梭罗、特利·威廉斯、西尔万·泰松直接描摹自然的风格不同的是，奥地利伟大的诗人里尔克在他的诗歌《转折》中，则怀着对工业社会泯灭人性和人类尊严的愤怒而直抒胸臆，写下了关于矿石的令人震撼的段落。很多年以后，当我重新阅读里尔克的这首诗歌，我感到自己正在日益变成里尔克笔下这粗砺的矿石。我从遥远的东方，从某个沿海城市里出现，像矿石一样成为机器、成为金币、又从金币复归于矿山，我以内心历程重新走过里尔克所曾经描述过的这一艰难的蜕变之路，我期待着群山的又一次关闭。

此刻，我混迹于同类之中。这是机器的时代，也是欲望的时代。金融危机爆发了，如同信息爆炸，危机的信息在机器罪恶的血管里奔流不止，钱币沿着无形的金融之路隆隆而去，钱币从钱币之中产出，繁殖，它们越来越多，越来越强大，更多的钱币奔向四方，却又无处可去，人们期待它们带来幸福，却不知跟随它们将距离幸福越来越远。钱币，这尚带有矿石的余温和硬度的另类，在这人类和自己的流放地永无停歇地滚来滚去，它不合时宜，每天在机器的喧哗中执迷着离去，渴望回到那可以摆脱生命之迷津的矿山。那坦荡的群山,将是它生命尊严之母。

空闲的时候,我曾经一再地在心里默读着里尔克的这些诗句,就像曾经朗读他的“秋日”便体会到了丰收和酿造,体会到了落叶粉飞、读书、写信的情怀一样,“谁此刻没有房子,就不必建筑;谁此刻孤独,就永远孤独”,此刻,我也在被迫审视包围着我的这一流放之地。这些钱币是什么?钱是人类炮制并用钱喂养的魔鬼,它吞噬着金钱和灵魂,当它缺少食物时,就要嚼食人类自身。人类以智慧生产出来的刑具,贪欲就是那行刑的刽子手。在流放地,卡夫卡以一个旅行者的冷眼,看到了金钱和专制的本质。刑具最终吞噬了使用刑具的人,在行刑者夹杂着痛苦的快感中,他们自愿被机器吞没。我忽然惊醒,我是否正在被那攫取金钱的欲望牢牢捆绑,正向那刑具吞没未来食物的入口狂欢而去?我载负载沉,载歌载舞,骑上欲望的骏马,义无返顾,绝尘而去。

此刻,当我感受到内心的尖锐嚎叫,我也再次想起里尔克,想起他笔下那可使我摆脱迷津的坦荡的群山。

2015 年 5 月

【阅读书目】

黑泽明:《蛤蟆的油：黑泽明自传》
伯格曼:《夏夜的微笑》
陈焱:《好莱坞模式：美国电影产业研究》
玛格丽特·杜拉斯:《情人·乌发碧眼》
《来自北方的中国情人》

【电影观摩】

韩寒:《后会无期》
汤姆·霍珀:《悲惨世界》(2012 年版)
周星驰:《西游·降魔篇》
克里斯托弗·诺兰:《星际穿越》
约翰·拉赛特:《超能陆战队》
米哈伊尔·卡拉托佐夫:《雁南飞》
许鞍华:《黄金时代》

借由仆人之口，电影讲述北欧夏日夜晚的三次微笑：第一次是从午夜到黎明，地平线露出温柔的曦光，它是送给年轻的恋人们的；第二次，天空破晓，鸟声啾啾，此时的微笑献给丑角、傻瓜和无可救药的人们；第三次微笑出现时，天光已大亮，此时的微笑送给那些愁苦、忧郁和孤独的人们。

——英格玛·伯格曼:《夏夜的微笑》

一

已故的文学大师史铁生先生在他的《务虚笔记》里，曾经借助某一个绘画的主人公的经历对世人说："几十年来，他一直在画，一直在画着那个下午。"

暮春，在我的写作之夜，从某种意义上说，我也一样，一直在写着几十年前的某一个出神的下午。在那个下午，我行走在八关山北侧铺着石阶的盘山路上，经受着青春时代的困惑，以及对于未来的某种难以名状的恐惧、希冀。我满怀对于我与你重新结合之不可能的绝望，对于心与心之间象墙一样密不透风的愤怒，我看见历史的荒谬如同一根谴责的手指指向你，而我在唱着一首关于新生代的歌谣，沿着通往山顶的盘山路的石阶孤独行走。山路旁边枯死的黑色树干，如同焚烧过的骨殖，城市的酸雨腐蚀了八关山上裸露着的石头，幽暗的山谷里九个太阳一起升起，青春旷野，心之狂野。那个下午，我的生活，如同在跟随着电影胶片映出的画面跳跃，在城市的钢筋水泥森林里，随时间的洪流蜿蜒而去。

二

有时候，生命中的某一本书、某一部电影，甚至可能仅仅是某个句子，就能让人一见钟情，就此改变生命的走向。我喜欢各种各样的回忆录和传记，从夏多布里昂，马尔罗，卢梭，到欧文·斯通的梵高、毕沙罗、佛洛伊德、杰克·伦敦，以及，后来的帕慕克。

5月的一天，在书店里，我信手乱翻，在帕慕克《伊斯坦布尔·一座城市的记忆》

的第 299 页，起始的一句话击中了我。他写到：“有时候，你的城市看起来像是陌生之地 ……”我吃了一惊，这个句子就像是一声慨叹，满是沧桑的况味，让我想起曾经求学的县城，以及后来的另一座比它大不了许多的滨海小城，想起它们曾经逼仄肮脏的街道，风尘仆仆的人民，以及自己曾经在其中消磨殆尽的时光。我把帕慕克的对于伊斯坦布尔的回忆收入囊中，深夜翻读，它如泣如诉的感慨，点点滴滴的陈述，如同深夜里鸣响在博斯普鲁斯海峡上空的航船的汽笛，让我惊醒，摇撼和沉醉。

我曾经是一个顽劣的孩子，在我的生命中，我曾经不止一次地看到有红色的老虎在体内咆哮。这一切终结于我上着初中二年级的那个暑假。那一年的中考，我像往常一样没有拿到好成绩，气急败坏而又无可奈何的母亲丢给我一把近一米半长、十多斤重的大锄头，让我去锄村东地堰下的四分玉米地。我在胶东半岛夏季的骄阳下弯腰劳作，蓬勃生长着的玉米秸秆淹没了我的身影。地堰根上，是村里传统的碑林，多少年来积攒和掩埋的鬼魂在无声地冲我冷笑。我抬头于玉米叶子中间，汗水滚滚而下，玉米叶子如锯，从我的胳膊和背脊上尖锐地拉过，一拉一道血痕，汗水渗入，刺痛钻心。从那以后，我对于农村的劳作生活痛心疾首，再无半分的留恋。黄昏时分，我完成了锄地任务，回家后狠狠地把那把十多斤的锄头掼到墙角，从此转身投入到了通过读书改写命运的独木桥争夺战中。

一张艳光四射的脸从黑暗的夜色中逐渐显现出来。那是张艺谋的导演处女作《红高粱》的第一个镜头。银幕上，金黄的高粱叶子在风中摇晃。伴随着镜头的出现，是冷漠而超然的男声画外音，这声音如同穿过了几十年的时间的阻隔，带着时间流逝而过的沧桑，讲述着一个似乎与己无关的故事，那是古老相传的、发生在胶东老家、高密的高粱地里的“我爷爷”和“我奶奶”的故事。

1988 年初的一天，我 18 岁，高中，我在胶东半岛中部、一个名为“莱阳”的小县城中学里寄宿读书。第一中学的对面，18 岁的我一个人坐在电影院里，看着眼前银幕上不断晃动着的画面。我感到自己正在走过一个奇异的时刻，过去、现在和将来在这一刻浓缩成一团，青春汹涌的激情与内心深处对于时光流逝的哀伤和感慨，在我那时的心灵之中纠缠不已。我曾经以为，我心已一千八百岁，我在那一时刻已无数次地走过自己孤独的一生。《红高粱》的画面打开了我青春潮水冲决的缺口，我独自慨叹，泪飞如雨。这是电影独具的魅力，它如同我梦中的上帝，牧羊人，守望者，以多变的面貌将我年幼的内心放牧。一群光头光脊梁的汉子在骄阳下的土路上挥汗如雨，轿子是那风雨之中飘摇的小船，轿杠自如旋转，力之舞与那脚下飞扬的尘土共同蒸腾生命动力，酒神的身影在云端显现。而我，此刻早已如痴如狂，魂飞天外。

三

“三年啊，我等了三年啊！我不是想证明我有多么了不起，我只想证明，失去的东西我一定要拿回来。”

“阿 Sir，我不做大哥已经很久了！”

“我曾经发过誓，我再也不要让人用枪指着我的头！”

——吴宇森：《英雄本色》

“你一点也不像是个警察。”

“你也一点不像是个杀手”。

——吴宇森：《喋血双雄》

此刻，出现在我的写作之夜面前的，是我关于录影厅的记忆景象。

隔着岁月的久远和实际地理位置的间隔，我依然能够听到耳畔似乎隐约传来的金属一般铿锵、且永不知停歇的武打片的声音。那是位于莱阳县城街头、电影院旁边的小录影厅里传出的声音。这样的录影厅在莱阳城里有好几个，其中的两个是在两座电影院的旁边，还有几个，集中在莱阳长途汽车站的候车大厅的旁边。那时候，我一个人远离家乡，在莱阳的中学里为了前途而苦学。周末的时候，我一个人踟蹰在街头，耳边听惯了录影厅里传来的武打录像的吆喝。有时候，在每一次暑假或者寒假来临的时候，我一个人在学校的西面、与学校一墙之隔的汽车站等侯长途车，偶尔地也钻进去度过等车时漫长而无聊的时光。那时候，我在这些烟味、汗味、脚臭味、以及说不清是什么味道充斥着的录影厅里，见到了与我所曾经看到过的与大陆电影完全不同的景象，《如来神掌》《南拳北腿》《流星蝴蝶剑》《八大门派》，等等，诸如此类的香港烂片，让我在惊奇和苦笑之余也一样地看得津津有味。

我上着高中的学校西面，是莱阳的老汽车站，两者之间仅隔着一道挡土墙。墙头靠车站的一侧，距离地面只有一米多，而在靠学校的一侧，却有近二丈高。除了大白天老师没在眼前的时候，几乎没有人敢试图在夜里翻越围墙。学校的晚自习在九点钟结束后，一般在十点左右就完全封闭，如果夜间出去，录像放映结束后，便只能绕过大半个学校，从学校前门翻墙而过，几乎要多走出好几里路，这是我高中时候很少翻墙去汽车站里面看录像片的主要原因。

我们中学的前门左侧是电影院，兼开着录影厅。影厅的老板非常敬业，换片的频率很勤。但是我们那时的班主任是个神捕，把我们看管得很紧，平常除了周末，基本没有从前门出去看录像的机会，只能看着每张录像厅门票不足 1 毛钱的价钱，听着录像厅里传来的呼喊声干咽几口唾沫。有时候，趁着吃中饭的间隙，也会借着休息的空挡在学校的前门多流连一会，以便听一遍那生命中难以抗拒的电影之声。

1990 年，我上大二，从那一年开始，我就此走遍、看遍了大学所在的青岛城市里所有的影院和录像厅。

20 世纪 90 年代初，尤其是 1990 年前后，青岛的电影院和录像厅超前发达。我时常去的是人民会堂，那里经常有具有商业头脑的学生组织包场电影，我在那里看到过《大磨房》《日本沉没》；中山路上有两家电影院，叫“中国”和“红星”，我在里面看过《梦境》《天堂窃情》《狼的呼唤》等片子。偶尔的，我也会跟同学去那里看周末的通宵场电影。在中山路南头有一家录像厅，是青岛市科技馆的场地，香港电影黄金时期的几乎所有在大陆发行过的片子，我都是在那里看到的。科技馆东面的安徽路上，老舍公园的南端，是青岛电影放映公司的所在地，他们除了发行电影，也兼营放映业务，开了一家“银海影视厅”，不但在厅里放电影，还放录像片。沿着中山路北行，右转，在即墨路和市场三路一带，有东风剧院和青岛剧院，那里的硬件设施一般，是硬板的椅子，起来坐下时，硬板的椅子总是“哐当哐当”地响。后来东风剧院做了装修，有了软沙发、长椅子和带软垫的椅子，但票价也高得让人难以接受。在西镇、团岛一带，云南路上，是红旗影院；沿着红旗影院门前的大路转上广州路，顺着广州路往北大约一两站距离，是以铁路工人俱乐部的名义出现的“二七剧场”，那里的玻璃都破了很多。有一年冬天，我去那里看片，穿着军大衣，等看完电影出来，整个人都已经冻僵了，除了寒冷，早已忘记了当天看的电影究竟是什么。从那以后，我就再也没去过二七剧场。

当时的青岛城市行政区划里还有台东区，那个区算是当时电影院比较多的地方。在延安路和威海路之间，聚集着台东剧院、遵义剧院、大光明影院等三家电影院，各个电影院的周围，还簇拥着一大批录影厅。从延安二路和大连路的下坡沿着黄台路下去，大约一站路的地方，是青岛市少年宫。那时候的少年宫还没有改扩建，有一个可容纳几百人的大厅，黑色的木椅子，经常针对海洋大学和医学院的大学生放映世界电影史上的黑白片，很多卓别林、奥黛丽·赫本、费雯·丽的经典影片都是在那里看到的。少年宫的票价当时很便宜，一般是 5 毛钱，但我们为了省钱，经常不到售票窗口去买票，而是手里只攥着 2 毛钱，在人们拥挤的时候，遇到检票员阻拦，便顺势将钱塞到看门人手里，成为他们个人的收入，我们也乐得花半价看场电影。

四方区的影院很少，只有一个四方剧院。越过北岭，快到胜利桥一带的纺机剧院当时属于沧口区，这个区域在我们的印象里几乎是类似天方夜潭一样的地方，不只距离遥远，还偏僻。在青岛，我去过的最远的影院是在城市北部的楼山剧院。那时候没有出租车，我经常借了家在青岛的同学的学生月票，转四、五次车到达楼山看一次梦寐以求的片子，来回的时间加上看片，基本需要一天的时间。

四

1997年春天，与其它的年头不同，那年春天的青岛格外潮湿，一两个月少见晴天，阴雨绵绵，淅淅沥沥。那一年，我在青岛这座陌生的城市里没有根据地，租住在城市东部郊区城乡结合部逍遥村一带的农舍里。离开了从逍遥村老乡手中租赁来的四处漏风的小出租屋，我便是汪洋中的一条船，随风飘荡，四海为家。夜里，我在滴着细雨的街道上独自踟躇，形单影只，路灯光把我的身影缩短又拉长，如同上苍在恶意地作弄一个独行者的命运。

在那些青春流浪的日子里，我时常在夜里去的地方就是逍遥村集市街上的影像厅。那时候香港电影的黄金时代还没有过去，徐克，吴宇森，王晶等人正处于电影生产的高峰期，在他们的影像世界里，体现着的也正是香港人当时心态中最为动荡和浮躁的一段时期。他们时常以怪异的电影语言讲述故事，借助于神怪，爆破，赌博，枪战，把人们从现实生活中带离，并把现实之中人们的所思所想，拖入到他们在电影工厂中营造出来的场景之中：战火纷飞中的越南西贡，在发财梦中日益泯灭的人性，喋血街头，历经磨难的友情，不能挽回的爱人，一箱金箔带来了背叛，复仇，乱世儿女；枫林阁中的对酒当歌，小马哥长衣飘飘，他在愤怒地呐喊："三年啊，我等了三年啊，我不是想证明我有多么了不起，我只想证明，失去的东西我一定要拿回来！"而豪哥，他满眼委屈，无奈地表白，"阿Sir，我不做大哥已经很久了！""你一点都不像是个警察"，"你也一点都不像是个杀手"。沧海一声笑，滔滔两岸潮，令狐冲，岳不群，为了武林秘籍，师父屠杀了徒弟，受恩者屠戮了施恩者。残垣断壁中的书生，猛鬼纵横的聊斋世界，被无常的世事驱赶着的张国荣，在昏迷中无助地抱住命中注定无法相守的女鬼小倩，并一遍遍叮嘱："不要回到人间来，人间的生活真的好难啊"。"如果有多一张船票，你会不会跟我一起走？""我要对你说，我爱你；如果非要将这份爱加上一个期限，我希望是，一万年！"而这时，树妖姥姥施展开无所不在的魔爪，黑山老妖遮蔽了天空。我坐在烟雾笼罩着的影像厅里，我的眼睛被这无法摆脱的梦魇纠缠得如此疲倦，我绝望地仰天呼喊，这黑暗的天空啊，何时才是尽头，何时才能晴朗？

而此刻，我的双脚已经迈出了 40 岁的门槛，我站在琵卓河畔守望我的青春岁月。激情早已不再，升华了的是我的梦，而该沉积的是我的骨。我挥手，笑看风生云起，我转身，也不再留恋繁华世相。我不是小马哥，我不想拿回什么，因为除了记忆，我已经不想拿回、也无法拿回任何东西。我虽然已中年发福，有了臃肿的啤酒肚，却依然不能接受坐在马路牙子上看老头打扑克的日子，也许，这就是我一直走着的生活之路所带给我的必然归宿。

五

17 日，周日。

东南风掠过窗外的高压线，传来阵阵呼啸。我坐在办公室的电脑前，默默地观看前苏联诗化电影的代表作之一《雁南飞》。那是一部在前苏联、乃至在世界诗化电影史上都产生过一定影响的影片，生产于 20 世纪的 50 年代，那是一段前苏联的卫国战争刚刚结束、冷战时代已经开始的岁月，那时的影片还是黑白片，它不像《恋人曲》和爱森斯坦的《战舰波将金号》那样著名，却仍然是同类电影之中难得的精品。

在画面上，大雁排成了人字形，有灰的，有白的。

大雁飞过的大地上，年轻的恋人们在奔跑。

河岸的堤坝弯曲着伸向远方。

恋人们把自己的爱人称呼为“小松鼠”，他们在旋转的楼梯上追逐，约会，说着自己的甜言蜜语，谈婚论嫁，爱情，亲爱的，这样的日子让人眩晕。这时，战争爆发了。

鲍里斯在泥泞的战场上冒着枪林弹雨前进。

在后方，维罗妮卡在空袭的环境里，在战争雾霭升腾而起的废墟中，在苦难里，驻守在鹿砦街垒的后面。

我们的目光穿过俄罗斯收割后的麦田。鲍里斯的身体被流弹击中。白桦林在旋转。而他的意念却穿过曾经奔跑过的同样旋转着的楼梯，并向着自己曾经亲爱的人道着永别。他们曾经在参军分手的车站上，在歌声中离别，而这时他们却只能在遥远的西伯利亚的思念中相遇。令人悲痛的消息传来，胜利也随之到来。维罗尼卡经过了战争苦难、内心挣扎的洗礼，她在车站上把一支支鲜花送给归来的素不相识的士兵。

夜里，去滨州的一家咖啡馆沙龙里观看播放的电影《黄金时代·萧红传》。

许鞍华镜头里的萧红颠沛流离，阅尽生活坎坷。她历经饥饿、贫困、孤独、疾病的痛苦、爱人的离散和背叛、丧子的崩溃，并在时代的绞肉机里被命运和苦难所纠缠和折磨。但她却在这样的折磨里迸发出天才的创造力，不屈从于流俗和常规，不为时代洪流的裹挟而放弃自己。她遗世独立，卓尔不群。很多年后，当与她同时代的很多人早已作古、被遗忘，她却得到了不朽。三个小时的影片，不断地贴近、又不断地疏离，这些时代的弄潮儿，他们既是主人公，又是演员、也是观者，他们超越于时间和电影本身，并最终获得了艺术的自由。

我在想，其实真正伟大艺术家的人生道路，并不是普通人所能模仿和追寻的路径，中国的屈原、李白、杜甫、苏轼，近代之萧红，外国的凡高、高更、杰克·伦敦，几乎个个如此。影片里的萧红，其实就是用文字书写和描绘的中国版女梵高。

六

在鲁北的滨州，我时常在晚上去博城的影院观影。电影院的楼下，是一家名字叫“状元红”的快餐店，店里设置有卡座，适合情侣们面对面的就餐、交谈。大厅里也有单人的餐桌椅，留给单身的客人以旁若无人的自由。大厅空荡的空间里，周而复始地回荡着周华健的老歌《花心》，絮叨着“有没有那么一首歌，对你够不够好爱你够不够多”。电影院门外，夏天黄昏的时候，每到城管队员们一下班，烧烤摊便早早地开始了营业，兴高采烈地煽动起烟雾和馋虫们的食欲。他们摆开电视，转播高收视率的电影光碟。世界杯开赛的时候，烧烤摊就把电视频道转到中央五台，让足球把食客们的眼睛晃晕。

我喜欢在这样的环境里就餐，带着微醺的怀旧和小小的放松，或者还有那么一星半点的颓废和放纵。每个礼拜二，下班以后，我经常推掉可能的应酬，或是放下尚未完成的阅读任务，前去影院看他们每周这一天推出的半价场。这样的习惯保留了我大学时代的风格，那时候我们经常结伴去少年宫看每周天推出的两部电影老片场，很多默片时代的经典、以及黑白片时代的情感片，是我们百看不厌的保留项目。

电影是我与书籍一样不可或缺的东西，它与书、运动、旅行、音乐、书写、摄影一起，成为我生命的一部分。电影，同样也是我与外界沟通的管道之一，我的激动，爱恨，迸发的热情，怀念，对于未来和远方世界的憧憬，精神骨架和食粮，都与电影密不可分。在这里，我与那些拯救城市的怪兽哥斯拉、休·杰克曼的冉阿让、梅丽尔·斯特里普的女首相、迪斯尼和皮克斯动画的英雄们成为朋友、莫逆之交，互相给与内心的慰藉、凝视和感动，并时常在歌罢酒足的夜里，让我得以用别人的豪迈，浇一把自己的块垒。这样与电影的情缘，与英格玛·伯格曼经由《夏夜的微笑》所说的如出一辙：

> 借由仆人之口，电影讲述北欧夏日夜晚的三次微笑：第一次是从午夜到黎明，地平线露出温柔的曦光，它是送给年轻的恋人们的；第二次，天空破晓，鸟声啾啾，此时的微笑献给丑角、傻瓜和无可救药的人们；第三次微笑出现时，天光已大亮，此时的微笑送给那些愁苦、忧郁和孤独的人们。

2015 年 7 月

【阅读书目】

钱穆：《国史大纲》（上、下）
裴士峰：《天国之秋》
薛爱华：《朱雀——唐代的南方意象》
蒋廷黼：《中国近代史》

一

夏日，七月，鲁北的平原上太阳耀眼，土地干燥冒火。

我驱车出了鲁北的城市滨州滨城区，沿着 205 国道北行约十公里，转悠来去，杜受田故居难寻。过了杜店转向西一公里，终于发现，一水儿的青砖，深宅大院，厚德堂，太康居，沉甸甸的文化气息，让我仓促间一时来不及消化，那就是杜受田故居所在的村庄。

鲁北的杜氏家族是明清两代以来的书香门第，一门五翰林，杜受田还成了咸丰皇帝的老师。传说当年咸丰帝奕詝与他的弟弟恭亲王奕䜣暗中争夺帝位，道光皇帝有一年春天让皇子们去皇家猎场围猎，众皇子都满载而归，唯独奕詝空手而回，道光问其原因，奕詝按照他的老师杜受田的安排回答说：“春天万物复苏，不忍杀生。”道光赞叹奕詝说：“真仁德之君也。”原来，杜受田深知奕詝的弟弟奕䜣天资骄纵英毅，依靠真实本事与奕䜣竞争，奕詝万万不是对手，所以让他以仁慈取胜，真是皇家宫廷深深、宫斗机虑深沉似海的经典。杜受田的同宗，杜翰，是咸丰后顾命八大臣之一，跟随肃顺，一时权倾朝野。第二次鸦片战争后，慈禧太后在咸丰皇帝驾崩后返回北京，与当时在京的亲王奕忻接掌权力，杜翰就被逐出了权力中心。

杜氏故居掩隐在树木的浓荫里，在鲁北夏日喧嚣的烈日下波澜不惊。这是清末风云激荡之后、21 世纪里的某个学人家族的故居。一百多年前，世界上已经爆发了英国工业革命和法国制度革命，双元革命的浪潮却没有影响到那时的滨州，以及深居于这个城市深处的这个具有举足轻重地位的学人家族。杜受田那时虽身为帝师，却无法看清世界大势，这是当时咸丰清王朝的不幸，也是整个帝国的不幸。辜鸿铭借助李鸿章之口说出的“三千年一大变局”的判断，并没有引起当时、乃至后来多少人的惊醒，此时，悲剧早已注定。

这个民族缺少了两堂课，一是权利课，让人分不出奴隶和强盗，二是逻辑课，让奴隶爱上了强盗。于是上百年来上下左右族群撕裂，争吵不休，悲剧不断。

而在美国耶鲁的中国史博士裴士锋所著的《天国之秋》里，针对这一段纷繁复杂的历史，则提出了另外一个完全不同的陈述和解读。

与 1949 年以后、以至目前为止关于一个半世纪前的那场太平天国运动的主流叙述截然不同的是，裴士锋为解读这场叛乱和平定叛乱的内战提供了一个全球化视角。英国人同时在地球的两端面对着两场相似的内战，中国大清朝的太平天国之乱，以及美国的南北战争。这是英国政府在完成了工业革命之后，除了印度，面对着不同的市场选择。其中的悖论比比皆是。此前英国刚刚完成了因为鸦片贸易引起的中英战争，以及因为换约挑起的第二次鸦片战争。英国人控制了大清国的海关，为了压榨白银取得战争赔偿，英国不得不起而保护大清国，他要在面临失去美国市场后维持并控制另一个可弥补市场损失的市场。他们面对着一场奇怪的复杂战争，一边是即将丧失的纺织工业品市场的现实商业利益，一边是英国议会在不断高调宣扬的道德义务及其道义的选择。英国政府面对这样的互相指责和撕扯，只能在保持中立和有偏向的支持之间不断地纠结。

这是一个奇怪的视角，它不同于至今依然流行于国内中学课本里的历史叙事，没有先入为主的意识形态选边站，逻辑自洽，没有混乱，竟然也没有精神分裂。

二

上大学的时候，我曾经在一本《收获》杂志上读到过作家潘军的一个中篇小说，题目是《南方的情绪》。那是潘先生用探索式的文学手法创作的先锋小说，当时阅读后心里激动得不得了，以至于关于南方的意象一下子就在心里生根发芽了。据考证，潘先生在写这篇小说时，是以当时国内正在开发的热土海南岛为地域表征、并引申到心理 / 意识的变化的。从那以后，到南方去，南方的太阳，南方的风物便成为我心中某种完美的图景。遗憾的是，潘先生后来并没有继续沉迷于南方的文化意象的书写和探索，江湖传闻，他投身于轰轰烈烈的中国房地产开发大潮，成了富翁，不再以文为生了。

再后来，大约 1990 年代中期，史铁生先生在他的诗化小说《务虚笔记》里偶尔提到了更加诗化的南方。看上去，那像是历经了文化大革命幻灭之后的人们内心仅存的安慰，那些在非常年代、非常环境下的非常遭遇的人们，经历了非人的生活，灵魂深处一片废墟，似乎只有对于南方意象的向往还没有完全变成渣滓。

哦，当然，还有高更和梵高这对难兄难弟，他们的画笔依托太平洋神秘小岛上土著人的形象，依靠法国南方普罗旺斯、阿尔的太阳，对内心和世界进行最后的抵抗。还有他们的后来者，中国的海子和骆一禾等，他们是太阳家族的宠儿和追随者，太阳神教的崇拜者，他们自杀的自杀，病逝的病逝，发疯的发疯，个个不得善终。

关于南方，很长一段时间以来，我也喜欢阅读孙甘露、苏童、何大草一类南方作家的文字。这些作家的文字充满着某种梦呓的气质，奢靡，迷离，精致，暧昧而奇诡，有着无拘无束甚至肆无忌惮的想象力，满满地洋溢着天赋的才华和灵感。现在似乎又加进了忽然间崭露出头角的新生代年轻作家简千艾（她新近出版的《紫禁城魔咒》让我读后惊奇得目瞪口呆），以及柏克莱大学已故的史学研究学者和汉学家薛爱华。

薛爱华写了一系列关于唐代风物的大部头，并用各种极其绚丽的意象进行归纳总结，提炼出某种让人迷醉的论说，比如《撒马尔汗的金桃：唐代舶来品研究》，比如《女神：唐代文学中的龙婆雨女》，以及，他的这本《朱雀：唐代的南方意象》。毫无疑问，那是他眼中的中国中古时期的唐代情境。

他们有一种奇怪的思维架构，广阔的视野，丰富的文献，在语言学，历史学，人类学，民族学等多个学科里遨游，最后却抵达了一个古老民族的文化之魂的深处。翻完了该书的最后一页，不由得感慨：最懂得中古时期中国南方的，除了陈寅恪先生，竟然还有一个名叫薛爱华的外国人。

“到南方去，到南方去！”这是高更，梵高，塞尚等人的画题之一。在薛爱华的笔下，中古的唐代南方则是语言，气味，色彩，植物，动物，天气，风物，也是神话，蛮夷，雾瘴，迷离，怪异。在关于朱雀、南方意象的最后一章，有关南方的气味和色彩中，薛爱华总结性地写道：

> “阳光之下的天堂，生活着一群神秘而迷人的仙女。她们的耳畔戴着艳丽的木槿花，那儿和塔希提岛或夏威夷一样，能让人忘却平日的烦恼和恐惧……古老的南方意象，充斥着有毒的植物，蜿蜒的蛇虫，人形的猿猴和猴精，赤色的天空，黑色的森林，巫术、神秘和困惑。荷塘旁边，木兰舟中，慵懒而面色绯红的越女，雾中的神女，唐帝国瓦解后，楚辞所开创的乐观浪漫主义……北方的诗歌朴素而粗犷，它颤抖着，伴着刺骨的霜冻，大漠的寒风，朦胧的月色以及草原上的积雪。但也存在着另一种古老的审美传统，温和、温暖、五彩缤纷的长江流域……”

哦，这温暖明艳的南越之地，竟让人不由自主地向往那绚丽斑斓的色彩了。

三

> 论及明代政治崩溃的弊端，其弊有三，一是内府败毁，二是宗藩林立，三是官僚队伍庞大臃肿，效率几近为零，且忙于互相攻击指责，党争频仍，事情几无可做。
>
> ——钱穆：《国史大纲》

王鼎均先生在他的回忆录四部曲《文学江湖》470~471页上写到：1970年后，台湾出现了全民阅读的热潮。有一次，他去成衣加工厂参观，看到缝衣服的小姑娘利用钉纽扣的间隙，阅读摆在缝纫机上的书本，他凑上前去仔细一看，那钉纽扣的小姑娘阅读的书竟然是钱穆的《国史大纲》!

这真是让人惊心动魄的神来之笔。

1939年，钱穆先生随校南迁，转道香港、衡山、长沙等地，而入滇，后来在蒙自、宜良，在日本飞机空袭中笔耕不辍，坚持书写《国史大纲》，发掘中国先民的文化留存。在书中，钱穆先生回溯了国史从上古时代以降、至于满清末年之后的兴亡更替，梳理史实，道出了隐藏在历史背后的修身、齐家、治国、平天下的大智慧。而在回顾了国史之后，针对晚清以后至抗战期间的历史，钱先生分出了七个章节，论述晚清变法、废除科举、戊戌变法、辛亥革命、三民主义与抗战建国，并满怀信心、雄心勃勃地提出，在抗战胜利、建国完成之后，中华民族的固有文化必将完成对世界的新使命。时值中国抗日战争最为危急、艰难之秋，钱先生书写《国史大纲》的豪情，以及在书中所展现出来的笃定信念、强大精神，真正让后生小子们汗颜。也许，人们时常所谓的“以史为鉴，可以知兴替；以镜为鉴，可以正衣冠”，说的正是这一类的历史著作。与那些以意识形态为准则、篡改史实、颠倒黑白、混淆人性常态的乖谬历史观相比，钱先生的史学道理是真正有醍醐灌顶的大功效。

1963年，钱穆先生在新亚学校开学典礼上演讲时说道：“如何叫做新亚精神？

从浅显易明处说去，犹记我们第一幢校舍落成，捐助我们建筑的某基金会适有人来参观，他表示很满意。我问他满意在哪里？他说：'我知道香港房租贵；但你们的校舍全不在此着想，不仅无教授宿舍，连学校办公室地位也很小，而图书馆和课室却大。'我想，这也就是我们的新亚精神了。精神，本应能随处流露，也可流露在建筑方面的。

从前有一故事说，仙人吕洞宾，能点铁成金，他遇到一乞丐，把一块泥土用手指一点成了金，给那乞丐，但乞丐不要那金，却要吕洞宾那手指。诸位来学校，学校所能尽的责任，则只在传授知识和训练技能上，那些知能，纵有价值，也仅像一块块黄金。什么是能点铁成金的那手指呢？诸位当知，诸位之自身，诸位自己所修养锻练出的诸位之品格，才是那点铁成金的手指。"

1949年以后，那个孤悬海外的岛屿为什么变成了今天的这个样子？那里也曾经有过白色恐怖的时期，也曾经走过亚洲四小龙的辉煌，小蒋承接大统之后也曾掌管中统，并且是严厉镇反的首席责任者，不过他后来却开放党禁，让台岛人过上了有选票自决命运的生活。是什么样的力量改变了世界，以至于产生这样的翻云覆雨、天翻地覆？其中是否也应归因于那个利用工间空隙、如饥似渴地阅读钱穆《国史大纲》的打工妹的小小行为？

变革之路上所产生的机遇垂青于拥有持续学习和持续创新能力的人。变革不可避免地带来组织结构、人事制度、业务方向、人才筛选等诸多方面的剧烈变化，并随之呼唤与之相适应的激励机制、股权倾斜等的结构性变化。适应变革注定不能用常规思想面对。瞬息万变的动荡成为常态，系统失速，无序，是为变革前兆。

阅读不能给人带来即时的收益，尤其不能带来立即可见的实物。但你在不被人注意的角落里付出的努力，会在某个命定的地点等待你，给你结果，给你回答，给你偿付。天底下固然没有白送的午餐，也必然没有白白付出的努力。读书改变命运。你所期待的改变之所以迟迟没能到来，可能就是因为你该读的那几本书还没有读到。所谓的火到猪头烂，等你读完那些书，它们自会默默无闻的闪在一旁，向你展现你期盼已久的幸运。

对世界的一切保有新鲜的心态和新鲜的眼光，哪怕面对千篇一律的旅程，日复一日的劳动，周而复始的时间，刻板枯燥的日常工作，一成不变的对话和忙碌。你置身密闭的舱室，周遭不认识的人群，敌意的环境，陌生的体验，激发你的动力和创意，你就成为那激荡的内核，寻找到意义。西西菲斯的悲剧是外界强加于人的无聊和单调，而他的抵抗却具有普遍的力量和参照。

也许，这样值得深藏的品格，大概就是钱穆先生所说的新亚学校学子们所应该具有的品格吧。

2015年8月

【阅读书目】

苏珊·阿布哈瓦:《大卫的伤疤》
阿莫斯·奥茨:《我的米海尔》
拉莱·柯林斯、多米尼克·拉皮埃尔:
《为你,耶路撒冷》(上、下)
阿多尼斯:《我的孤独是一座花园》

最亲爱的阿梅尔,你名字中的长元音代表着希望,有时空气中会弥漫这记忆的叹息。微风送来橄榄树的香气或爱人秀发的茉莉芳香,已逝的梦想在空中沉寂。时间凝滞不动,如同一具死尸。我睡在那里,恪守我的人性,尽管我没有兑现我的承诺。我血液中涌动的爱,没有人能够夺走。

——苏珊·阿布哈瓦,《大卫的伤疤》

一

早晨,我从彻夜读书的短暂睡眠中清醒。

屋里湿热难当,打开空调除湿仍然没用,全然不似内陆城市的干燥。蚊子也被潮湿的空气缠绕，慢悠悠地在空中神游，像挂多了载重的B2轰炸机。黑色的小咬是阴险的狙击兵，专门在角落里放冷枪，一枪一个疙瘩，腿肚子痒死了。窗外，是迟到的雨季那低沉、抑郁的氛围，云朵乌黑，压到树梢，黑黢黢地跟随远方洋流的方向掠过头顶，随即闻见云层中水汽的味道，空气终于可以舀起来喝了。

一会儿，意料之中的暴雨如期来临了。雨幕低垂，大雨如注，敲打着屋顶，发出山呼海啸般的澎湃声响。天河的闸门打开了，十万水军在摇旗呐喊。奥林匹斯山上的神祇全出来放风，有风袋的打开风袋，有水瓶的踢翻了水瓶。年老的雷神在咳嗽，呼噜呼噜的清理喉咙的声音撒向了人间，全是霹雳的回响。美神维纳斯在玩自拍，咔嚓咔嚓的快门就是一道道闪电。

水帘从窗户上方的遮雨棚边缘上悬挂下来，哗啦啦的水声似乎能冲刷掉我深夜读书所感受到的沉郁和哀伤。我站在窗前，无聊地凝视着沉浸在雨中的厂区的桃林。我在想，有多久没在大雨里痛痛快快地淋一回了？以前在青岛的海边，在沙滩上，在八大关的草坪上，在八关山的崎岖山路上，奔跑，喊叫，想象着自己变得透明、透彻，久违的疯狂，如同隔年的记忆，如期来临——而今天，远方的海边，如同这个国度里的大部分地域一样，空气污浊，机器轰鸣，尾气升到空中，水汽融入了剧毒。几天前，能见度不到十米的灰霾天气长时间盘踞着鲁北平原，一直以来，人们跟这脚下的大地一道，都在期盼着一场能够冲刷世界的暴雨。此时，雨点，雨线，雨幕，雨水，它们从空中落下来，裹挟着空气中浓重的灰霾颗粒，那些凝固了的酸性的灰点，浸润满了水汽就全身变成了酸雨，而在这样的大雨里奔跑，莫非就是自己找死？

我在想，我的父母，我的妻女，我的兄弟姊妹，我的亲友，我的同事、同学、同袍、同胞，他们跟我一样，也要在这样的雨幕里沦陷。一样的世界，又有哪里不是苦难的耶路撒冷？伯利恒马槽里几千年前降临的圣光，可否有朝一日会照耀到这雨幕低垂的角落？

二

夜里，一口气读完了苏珊·阿布哈瓦的《大卫的伤疤》，内心被巴勒斯坦姑娘阿梅尔以及她的家族的苦难充满。碎片般的世界，苦难，战争的血腥，对家庭的撕裂，半个多世纪的挣扎、流亡，纠缠多舛的命运，以及字里行间流露的深刻的爱，无所不在的爱，达于极致的爱、以及绝望，阿拉伯民族的性格，赞美诗一样不断涌起的道白。在《大卫的伤疤》一书中，苏珊描述了巴以冲突过程中，战乱和民族纷争带给巴勒斯坦阿拉伯人的痛苦和伤害。在书中，一个阿拉伯人的孩子被一个犹太人家庭收养，成年后被收养的大卫的灵魂被撕裂成了两半，他白人家庭的价值观要面对着自己亲生的阿拉伯弟弟开着车载炸弹冲进肯尼亚美国大使馆的残酷事实。这是宗教、历史、文化、政治、战争带给现实中的人们的活生生的伤痕，无法愈合。20 世纪八九十年代和本世纪初的那些关于巴以冲突的信息从记忆深处浮现出来，一个民族半个世纪的血泪命运，成为眼前书中描绘的实实在在的痛苦、被清空了希望的时间 —— 此时，眼泪似乎也显得那么苍白和轻飘。

可是，关于这一切，我们又能说些什么呢。

一个人，只想在属于自己的土地上生活，他在那里看望被埋葬的妻子的坟墓，吃自己果园里生产出来的果品和食物，最后却遭到了被枪杀的命运，这一切到底是为了什么？他们是不是要被人有意识的从地图上抹去？那些长着白如百合的皮肤的人，但凡对土地有一丁点的热爱，他们也会从那橄榄树上体会到土地的友好。

古老的耶路撒冷，三教汇流的圣地，她的老城，每一块石头上都焕发着隐隐的神圣之光。19 世纪，这座城市像远在东方的古老中国一样，沦陷于裹挟着工业革命大潮而来的殖民统治。1948 年前后，就像处理印度次大陆的分治一样，英国人也把巴勒斯坦、耶路撒冷推向了分治的道路，并随之不可避免地让这片古老的土地上充满了争端和战火。

三

2013年，我第一次读到了钟志清翻译的以色列作家阿莫斯·奥茨的作品《我的米海尔》，这个系列被莫言称作是以色列作家中写的最好的作品。主人公是一名经常陷入歇斯底里的女子、生活在耶路撒冷的敏感的文学系女大学生汉娜，她与地质系的青年米海尔一见钟情，并结成眷属。她有才华，敏感，对周遭的环境满怀恐惧。十年岁月悠悠而逝，往昔的恋人在情感上悄然发生了微妙的变化，在女主人公不断做过的梦中，她不断地看到两个手持冲锋枪扫射的小人儿，他们扔手榴弹，匍匐前进，尖利的嗓音发出咆哮。年青的米海尔夫人，天生丽质而多愁善感的汉娜，她沉湎于分治后的战争带给人们潜意识里的恐惧，终日追忆旧事，失望痛苦，在遐想的孤独世界里尽情宣泄着自己被压抑的期待和欲望。那是英国占领巴勒斯坦期间留给当地犹太人心理的划痕，从那以后，和平便很少降临巴勒斯坦的耶路撒冷古城。奥茨的书中，清晰地记录了一个民族的苦难历程给每一个身在其中的具体小人物留下的内心创伤。而在果尔达·梅厄夫人的传记里，则详细记载了犹太民族重返耶路撒冷建国的艰难历程，他们的苦难，坚持，执着，忍耐，以及不屈的意志。遥远的东方大陆，五十年代耶路撒冷人神秘莫测的家庭生活和生动丰富、充满神奇色彩的社会文化场景凝聚于米海尔夫人那跳跃、灵动的情绪变化，恰如阿多尼斯的诗句所提示的那样：

“我的孤独是一座花园”。

四

可是，亲爱的，请等一等，不要着急，等一下。你说的这些，你能够确认，是苏珊·阿布哈瓦在书中描绘的数千公里以外的巴勒斯坦地区人民的命运吗？它们，真的不是关于你的周围、你的国度、你的同胞？

我坐回到椅子里，我感到我的脑子里好像出了某种不可救药的毛病，一种与生俱来的可传染的病症。自从开始阅读与耶路撒冷和巴勒斯坦有关的书籍，我的内心也顺带着日益对微博和网络充满了恐惧，以及某种莫名其妙的无力感。我的意识产生了某种推己及人的类比，因着远在中东的苦难，让我甚至只能双眼紧闭，哪怕对于身体周遭的苦难、灾祸也无法直视。这样的情绪从夜间的阅读，延伸到了白天的正常工作中，以至于我每天一打开电脑，来到微博和社交媒体的圈子里，便总是感到眼前发黑。不知道是我的眼睛出了毛病，还是因为天空雾霾笼罩，地上黑云升腾。每天，那些充满黑色幽默色彩的灰色消息总是迫不及待地闯入到我的眼前，让我等这样的小老百姓陷入无法正常呼吸的境地。受尽欺凌和压迫的小摊贩奋起反抗，在与城管的抗争中暴毙街头；钢铁浇筑的住宅楼经不起灰霾天气的刺激，从大楼的根部齐刷刷地折断、摔倒；超载的运输卡车没有压破承重的轮胎，却压塌了钢筋混凝土支撑的桥梁……

我感到自己进入了一个噩梦般的扭曲世界里。我是否要像卡夫卡笔下的主人公们那样，变成某种地洞里的动物，否则又怎么存活？究竟是谁在想让我等如此渺小的生灵滚粗？我们是砧板上的死肉，是否要被经过某种蓝光火石的洗礼和锻造，变成钢刀，变成斧头，变成点燃并高高举起的火把，让铁树开花，让石头长出树木，让那愤怒的火堆铸就的大手，抡起来，像开路的先知、愤怒的约翰一样，刀是刀，枪是枪，水火相向，杀伐世界，并把头颅摆在暴君的餐盘之上，作为下酒的助餐佐料，成就那化名莎乐美的美女们快乐的来源？

五

在阿布哈瓦所著的《大卫的伤疤》第一章《浩劫》里，叶海亚老人一家所在的村庄里的村民被以色列士兵赶进难民营。两年后十月的某一天，他梳洗沐浴，冒着生命危险回到自己曾经生活过的村庄的土地上，并带回了那里成熟了的橄榄。他胜利归来的那一夜，难民营沸腾了。他说道："那些长着百合花一样皮肤的人们，对那片土地但凡有一点的尊重和眷恋，那土地上出产的橄榄也不会是酸涩的。"他去到那里，只是为了看一眼自己逝去的老伴，并在自己的土地上生活，满怀对于土地的眷恋，勇敢，自尊，并被埋葬在那里，即使命运将他们沦落为难民，也不愿像狗一样地苟活着。可是最终，他却被枪杀在应属于自己的土地上，就像某个耻辱的七月，在那炎热的夏天，一个古老东方世界的某地，一个拖着平板车的瓜农，只为卖几个西瓜，却被那城市的占有者们在众目睽睽之下，用秤砣打死在街道上一样。

六

那里的人民啊，让那有眼睛的都看见吧！

为了耶路撒冷，阿訇与拉比怒目相向、口诛笔伐；大卫与哈桑用拳头回击拳头，用钢刀回敬钢刀。期间也有那曾是大卫的孩子，却被抚养长大在身周满是哈桑的环境里，肌肤的差异，文化的变脸让他们倍感纠结与分裂，他们又该怎样面对那如注的鲜血、逝去的生命、阴阳相隔、黑白颠倒的命运？怎样的种子，才可能开出友爱、文明、和平的花朵、结出爱的果实？阿梅尔在想象中看到了自己的爱人遭遇轰炸时的现实图景，那时，她正躺在美国一家社区医院的产床上，脑海里翻滚过她的家族成员们一个个在贝鲁特、在杰宁的屠杀中身亡的画面，她声嘶力竭地呼喊着她的刚出生几个月的侄女、她在儿童时代就为之传递情书的嫂子的名字："法蒂玛！"，而此时，她的女儿正在降生。

让那有耳朵的，都竖起耳朵听见吧，听那互相投毒、互相设置障碍，然后逼着蝼蚁一样的人民去进入所谓的人情社会的，那基础，那深层的原因，——不，这不是人情社会，人情社会的基础是爱——，自从那法西斯的体制进入到这里，这里就感染上了某种不可救药的艾滋病毒，从那以后，这里就到处是毒蛇和美女蛇，这里，不要以最坏的恶意来揣度这里的人，他们就是世界上的最恐怖的地方，没有之一，这里，就是地狱。

亲爱的阿多尼斯，在这样的时刻，在这样的世界里，请告诉我你诗情来源的依据，你为什么要说，“我的孤独是一座花园”？

七

几天以后，我坐在开往南方的火车上，读完了《大卫的伤疤》的最后一页。阿梅尔最终也被一颗子弹夺去了生命，对她而言，那些苦难的日子终结了。我合上书页，目光穿越车窗外飞逝远去的树木。高铁飞速南行，我却一直感觉车在往北去。失去了太阳的参照，我身体的方向系统彻底颠倒、紊乱，不辨东西。我混淆了现实和梦境的界线，睁开眼睛却如在梦中。潜意识的陷阱和锐利，危机重重的梦呓，我在无垠的梦幻的田野上奔跑，被无形的敌人追逐，影像散乱，视线模糊。田野里麦子收获了，大地上露出黄褐相间的斑斓，短短的麦茬显示着曾经有过的生物的痕迹。丰收过后，荒芜依然，此消彼长，自然轮替，都是生命的离歌。

这时，平放在座位前的手提电话铃声响了。我收起幻觉，开始思考出差期间即将要面对的23个问题。

雨季来临了，天地苍茫一片。让那雨水冲决这里，清洗这里吧，让暴风雨来的更猛烈些吧！

> 最亲爱的阿梅尔，你名字中的长元音代表着希望，有时空气中会弥漫这记忆的叹息。微风送来橄榄树的香气或爱人秀发的茉莉芳香，已逝的梦想在空中沉寂。时间凝滞不动，如同一具死尸。我睡在那里，恪守我的人性，尽管我没有兑现我的承诺。我血液中涌动的爱，没有人能够夺走。

2015 年 9 月

【阅读书目】

加来道雄：《平行宇宙》

曹天元：《上帝掷骰子吗》

阿西莫夫：《银河帝国三部曲》

《永恒的终结》

《我，机器人》

“长亭外，古道边，芳草碧连天；
晚风拂柳笛声残，夕阳山外山。
天之涯，地之角，知交半零落；
一斛浊酒尽余欢，今宵别梦寒。”

—— 李叔同

一

在一部曾经风靡一时的新人文连续剧《似水年华》中，导演曾借助女主人公的言语说过：“…… 我在世界的各地到处游走，我的生活就是一个个的框，窗框，那就是宾馆的房间、宾馆的窗户，于是，窗框就成为了我的生活中的一道固定的风景……"

在梦里，我经常回到那栋宿舍楼，那个斜对着楼梯的宿舍，5 号楼，415 室。

5 号楼是位于八关山半山腰平地上的一栋宿舍楼，它以一种凌驾于一切之上的气势傲然屹立。5 号楼的门前是一段长长的台阶，楼前是一溜儿挂着学生管理处、洗衣处、开水间木牌的平房，开水间一直在发出蒸汽喷涌的"吱吱"声。我走上一段台阶，又走上一段台阶，然后，又是一段台阶，又是一段，我走进 415 室。那里面是混合宿舍，分别由化学系的三个、社科系的三个男生组成，西斜的太阳照进了窗户，定格般地出现了几个剪影，他们分别是我的室友，即将伴随我四年的大学时光。

在我青春时代驻足过的海洋大学 415 室里，我停留的时间最长的位置，就是宿舍的窗户边。415 室的窗户朝西，趴在四楼的窗边，向左一扭脸，就可以看到小鱼山公园山头上高高耸立的望海亭。窗户的正前方，是掩映在蔽日的古树群中近半个校园的红瓦建筑。向窗户的右侧远眺，可以俯瞰到青岛这个滨海城市西部的大部分老城区，青岛的标志性建筑——栈桥——远远地伸向海中，孤独地面对着身后寂静的胶州湾以及远方不可遥望的太平洋。在秋天，天气晴朗的日子，极目远望，可以看到胶州湾对面的黄岛。有一年夏天，黄岛油库因雷击起火的时候，我躺在床上，可以望见远处升腾而起的冲天的黑烟，遮蔽了天空。中午的时候，我坐在窗前的书桌旁吃午饭，远处的山头公园观象山、信号山的红色圆球历历在目。而下雨的日子里，我从床上探起身来，可以看见远处灰暗的天空下，强风翻卷起巨浪，扑上了栈桥西侧防波堤的大坝。

二

没有课的时候，我经常趴在 415 室朝西的窗户边，看着眼皮底下蜿蜒延伸的盘山路。我想到在那之前近四年的一个九月，一个阳光明媚的午后，办理完新生入学的手续，我从熙熙攘攘的六二礼堂联合办公的队列中脱身出来，被几个迎接新生的学长簇拥着，一步步地沿着盘山路走向 5 号楼。魂牵梦绕的我的母校，思念中的大学时光，青春时代，回忆中那些即将到来的日子，朗朗书声，清风拂面，那些留下足迹的别致的小房子、厚重的欧式建筑群，法国梧桐逾抱，台阶凝结岁月的印痕。学校里正宗的德式建筑群，六二礼堂，一多楼，地质馆，化学馆，生物楼，八关山上的落日，与 415 比邻而居的小鱼山公园的碉楼。四年曾经驻足，便永志难忘。在夏日，我们翻墙而出，用化学系的白大褂裹着只内穿着游泳短裤的青春去学校前面的海水浴场洗海澡，而在昔日德国兵操演的大操场台阶旁，多情的师兄弟们正在肆无忌惮地泡妞。

转眼二十三年过去了。在梦里，我再一次走近你，你的石砌的墙面，红色的屋顶，法国梧桐荫荫的甬道，清冽的海风迎面而来，你的样子，我的母校，如此真切，如此美丽。—— 每一次的梦境萦回，似乎总是以 415 室内一阵隐隐约约的嘈杂的聊天声开始：

大钊，化学系，体育生，戴着眼镜的校排球队二传手，1 米 86，青岛人，出身于青岛化工学院高级知识分子家庭，一个让我了解到化学中的物理化学、热力学第二定律、以及量子物理入门的人 ——

> “我们所处的世界，就是一个混乱的总和。在任何封闭系统内，墒总是在不断增加。关于热力学第二定律，普利高津和洛伦兹曾经谈论过，他们 ……”
>
> “嗯。”
>
> “老唐，你睡着了吗？”
>
> “睡着了。”
>
> “睡着了你为什么还穿着袜子？”
>
> “有人说穿着袜子睡觉的人，学过的知识不容易漏掉。”

以及，老徐，山东莱西人，一个喜欢太极拳和金庸的大侠，热衷于学习中国古典典籍，对西方经典不感兴趣。由于我曾在高中时候几乎读遍了中国古代文学中的大部分作品，并对渗透于日常生活的酱缸文化深恶痛绝，这导致我俩在认识的一开始就从内心深处产生了极深的裂隙。他所热衷的，恰是我所抛弃的；而我所喜爱的，恰是他所讨厌的。这样的裂隙越来越大，直到我们大学毕业，甚至直到我们毕业之后的二十余年之后，虽然我们同处于一座城市，虽然我们同是莱西的同乡，但终究没能够再互相见过一面——

"其实马尔克斯自己最得意的作品，除了《百年孤独》，还有另外一本很薄的小册子《族长的没落》，获得诺贝尔文学奖以后，他的《霍乱时期的爱情》也很牛逼。《新艺术的震撼》里面说……"

"是啊，繁殖吧母牛，生命短促啊！"

"金庸的境界，佛学和太极理论，尤其是《天龙八部》，宿命论和缘生缘灭的观念，在兹念兹的北乔峰乔大侠，虽万千人我往矣……"

还有，大山，济南人，社科系，体育生，校排球队主攻手，1米85，一个早熟的猛男，喜欢跳抽筋的霹雳舞，经常按照与学校排定的课程表颠倒过来上课学习的怪人。当我们在上微分方程课的时候，他去经管系学工商管理理论；当我们开始学管理理论课的时候，他去数学系学微积分。每个学期末，他是在考试前到老师办公室套来考试题、让我们提前完成答卷的作弊分子，一个学期内只有考试前一天晚上点着蜡烛熬夜用功的人，经常与我一起讨论企业管理问题，一起抽烟——

"我喜欢外语系的那个高瘦的大眼睛的女孩……"

"你拉倒吧，人家已经有男朋友了。"

"企业的经营管理与数学模型尤其是微积分公式之间存在着某种紧密的联系，用公式完全可以解决和解释企业管理问题，泰勒和松下……"

“你拉倒吧，我还没学到这儿呢。别打扰我看《倚天屠龙记》。”

还有，大鹏，社科系，山东栖霞人，一个帅哥，五音不全，对头型比对专业课还用功的好好先生。多年以后，他先去肯德基做职业经理人，后来考上了律师，考上了公务员，当了法官，再后来，他去了一个政府机构搞组织工作，他还成了台湾歌星王杰的最佳模仿者——

“在我离开你之前，所有的话只剩一声再见，眼泪只是一种伤悲，忘记一切需要多少年？”

还有，老程，化学系，体育生，党员，生活委员，校排球队助攻手，1米87，青岛人，热心于班级事务的老大哥，他睡在我对面上铺——

“唉，还是社会主义好啊！”

老程裹紧了被子，翻了个身，迷迷糊糊地说了一句梦话。

那天，老程的这句梦话是我记得最清晰的一句。后来，我们说话时的样子、所有说话的人都被从此定格。午夜的校园，那就是我们曾经放浪恣肆的青春外衣。

三

阿坤，化学系海洋化学专业，也是与我一个宿舍的室友，跟我在同一个宿舍里待了四年。他是山东招远人，曾经久居新疆，说着一口夹杂着新疆和招远口音的奇怪的普通话。他是一个奇才，五音不全，唱歌跑调，却天天喜欢听猛士的士高，听霹雳舞曲；他心地善良，每天却喜欢握着哑铃狂练肌肉；他住在下铺，脑子里却天天想着出去走走，向上攀登；他仗义疏财，却跟在我身后讨要我向他借的那本《梵高论》，整整唠叨了三年，直到我归还给他为止。总之，他是我宿舍里当时极为可疑的精神分裂症候群患者。他研究海洋化学，修有机和无机，修物理化学，做各种奇奇怪怪的试验。在每天的化学专业课学习之外，也经常刻苦攻读马尔克斯和梵高，同时还研究叔本华和尼采、孟德斯鸠，对康德和萨特也不陌生。他有段时间强行拉着我一起去数学系听博弈论和运筹学课程，想从数学算法打通到人文科学，从博弈论和运筹学，一头扎进三权分立民主思想和宪政学说。那时我一直弄不清楚他究竟学的是化学系还是艺术系、哲学系，尤其让人拍案惊奇的是，这些学问在他的脑子里竟然可以和平共处，他没有发疯，也没有分裂。只是，在我们各自分别出去买书时，通常要给对方捎带一本。毕业时，他赠送给我一本《新艺术的震撼》和《悲惨世界的画师 —— 雨果传》。

我已经有两年没见到阿坤了。他毕业后，直到现在还待在当年被分配去的一家制药单位里。先是在研究所里研究分子式，后来主动申请跑去天南地北的卖药，从感冒胶囊到降压灵，什么都卖。有一年，我在青岛流浪，住在阿坤厂子的宿舍里，晚上跟他和他的工友们一起哈大酒，吹牛逼，打扑克，看电影，白天则趁着他去上班，读完了他宿舍里的除了写着分子式之外的全部藏书。那段时间，是我生命中最逍遥、最不经人生愁苦的时光。阿坤，他后来娶了一个美女做老婆，现在，闺女都快上大学了。我一直想找他痛饮，可是一直没找到机会。目前，他依然还在青岛的那家药品生产企业，依然天南地北地跑着担任销售代表。这样的现实，让我觉得有点像梵高与范冰冰通过“非诚勿扰”节目相亲成功了一样不可思议。

隔着岁月沧桑陈旧的尘埃，我在 9 月的读书之夜举目远眺城市稀疏的灯火。我想象着 1990 年冬天，学期末的某个准备考试的夜晚，阿坤坐在图书馆的阅览室桌前，打开手中《物理化学》教材的某一页。我坐在他的对面，眼光越过眼前书桌挡板的上沿，看到阿坤正埋头于他头脑中的世界，我感到我的眼睛正在同步阅读着阿坤的意识流动：量子的概念，概率解释，因果论、实在论、世界的确定性的颠覆，这多么像我们的生活和命运；一个人距离记忆越近，就越靠近死亡，我们无法测度自己的死亡，却可以测算一个城市的死亡率；微观的个体既是粒子，也是波，我们无法确定自己在人生长河中的位置，却在回首时可以清晰地看到生命的轨迹。多么奇妙的联系！我们是自然界的某种复制品，上帝赋予我们选择的自由，却也注定了选择其他的不可能，我们是一群薛定谔的猫，只能在生命的键盘上被 Ctrl+X 和 Ctrl+V，却不能被 Ctrl+C 和 Ctrl+V，我们被不停地剪切和粘贴，我们的命运展开，又卷起，卷起，又展开，而每一次被卷起和展开都是不同的过程，物理化学，这神奇的学科描摹我们的命运……

我想象之中的阿坤合上了书页，发出一声无名的长叹。

四

毕业前的一天夜里，我趴在 415 的窗边向外眺望，我眺望的姿势，与很多年以后我想象中的样子一模一样。在那里，我看到过 5 号楼的男男女女来往穿梭于宿舍、图书馆、教学楼、实验室之间，听到过失恋的男生在水房里凄厉地嚎叫的声音，偷窥过夏天的午后，穿着睡衣披着湿淋淋的长发的女生下楼打开水，被海风吹开了的衣襟下凸凹有致的曼妙身材，也曾经有过在英语四级的考试以后，撕碎了半尺厚的英文试卷，将雪片般的纸屑洒向校园的疯狂。而此刻，发生于宿舍窗前的故事断断续续，清晰可辨而又无法捕捉，只剩下嘴角一丝无奈的忧伤和会心的微笑。

大学时代的集体宿舍，就是一个小小社会的缩影，它打开了我们这些懵懵懂懂的少年在视野上的物理的窗口，打开了心灵深处的认识世界和探索世界的社会的窗口，同样，也不可避免地、有时有意有时无意地关闭了另外的一些窗口。选择开启还是关闭，注定了另一种选择关闭还是开启的不可能。扪心自问，毕业之后的很多年以来，我之选择持久不懈的读书，对于自然科学的追寻，对于最新的物理现象的兴趣，对于哪怕最为荒谬的事实的容忍，对于管理咨询和企业经营的敏感，写作，旅行，歌唱，理想主义，反社会情结，有多少习惯形成于大学的四年之间、又有多少生命的密码，已在那个阳光耀眼的九月的下午，于不知不觉之间，随着那刺眼的逆光，蚀刻在自己内心的石板上？我们的内心如同一张光滑闪亮的光盘，无数的情感，理性，无意识的飞扬欲望，统统被岁月和生活在不知不觉中刻写进去，我们学习各种各样稀奇古怪的理论和知识，只是，我们从来都不曾是机器人。

与我的大多数同班、同级的同窗们一样，我们大多是 1969 年生人。那一年，我出生于山东省胶东半岛海莱山区的一个贫穷的小山村里，闭塞，胆怯，自卑，勤俭。而成年以后的我，则意外地执着于历史、摇滚音乐、社会反思、非主流的思潮、各种影像，并像同龄人一样，不可避免地陷入困顿、迷茫和困惑。1969，发生了什么？历史是不是在那一刻走入了某种谜思？外面的世界上演了伍德斯托克音乐节，45 万愤怒的青年在泥泞中咆哮和毁灭，保罗·西蒙，约翰·列农，金斯博格，麦卡托尼，哈里森，斯达！东西方青年中的精英们被幻灭驱赶进同一片险恶的洪流，大麻、海洛因、政治思潮、捍卫和泯灭的人性、理想主义的破灭、偶像的倒塌、个人命运进入历史和时代的绞肉机。而那一年，在中国，红卫兵运动进入了深水区。头一年，诗人食指还在发出深刻的洞见，高唱《相信未来》，第二年，他的同志和兄弟北岛，就紧接着跳出来大声呼喊并反驳：“不！世界，我不相信！”他满怀愤怒，他对世界和人、对同类进行公然的审判：“卑鄙是卑鄙者的通行证，高尚是高尚者的墓志铭！”

为什么？

五

1992 年夏天，我毕业离开了大学。

离开母校之前，我冒着被室友阿坤及其他师兄弟姐妹们痛骂的危险，把那本从图书馆借阅了三次的《渴望生活》打包进行李，然后以挂失的名义去图书馆交纳了十倍的丢书罚金，从此，该书便理所应当、并极其可耻地为我所有了。借书卡上标注的“14188~29~1/2/3”是我的学号和借书次数，这是母校留给我的除了回忆之外另一种可贵的有形之物。

我常常在心里不自觉地自我安慰：梵高，这个疯子，现代人有多少还会记得他呢？他生前穷困潦倒，食不果腹，满身伤痕，但他留下的画作，在今天全是无价之宝，被珍藏在卢浮宫、海牙等地的博物馆，这样的珍宝是他留给人类的免费的财富，就像他笔下的太阳，温暖和能量都免费给予。而被我以十倍的罚款从图书馆里掉包出来的这本《梵高传》，它的封面上糊着牛皮纸，除了我和阿坤，谁又会在意它呢？在图书管理员眼里，它只不过是馆内六十万册藏书中的一本，而在我，它则是欧文·斯通最富有才华的一本杰作，这个写下了很多内心充满激情的历史伟大人物的传记作者，给世人留下的关于梵高、米开朗基罗、弗洛伊德、杰克·伦敦、毕沙罗等人的记录和描绘，将会让所有感到内心寒冷、炭火短缺的人们反复阅读，求得温暖和鼓励。

六

“我们也曾经是小鲜肉，只是，在沸腾的岁月的大油锅里，我们的青春转瞬间就变成了一根根老油条。”

——14188~332 的李勇

时间是一把杀猪刀，同时，也是对我们每一个人进行执法的行刑队。那个下午，应该是入学的那天午后吧，我们从六二礼堂回形的联合办公流水线上，被迎新的学长带着，傻嘚呵地前往八关山半山腰的宿舍。那天以后的某个晴朗的黄昏，残阳如血，我们端起相机，记录下八关山上摇曳衰草的落日，如同民国 78 年六月初的某个凌晨的黎明，碾碎的梦境和青春梦想。在那个梦想中，黄金时代的青年想要前去解放远方的城市，殊不知，此去经年，便一下子就在外流浪了四十年。

此刻，我的书桌上，堆满了几十本即将要打开翻阅的书籍，专业的，非专业的，技术的，非技术的，营销的，管理的，新经济的。我感觉压力好大，似乎都已经超过了大学时代，甚至都超过了高考前夕，而内心又似乎忽然感到从未有过的快乐，沉浸于学习，生发出创新、创造的动力，生命的活力。时近九月的午夜，我的心里竟然忽然生发出在十二点时候、在厂区空旷的院落里奔走、呼喊明天的太阳的想法。对于青春的回忆,生成了蓬勃而起的勇气,激情,随着翩翩而来的从容的时间,忽然汇成一道洪流,冲决而出。

毫无疑问,成长于 80 年代,青春时光,那是生命里的黄金岁月。从此以后,年轻的印记永不磨灭。何其荣耀!永远生活在那个狂飙突进的激荡里,光荣与梦想,为了远方的向往努力,超越自己,大言炎炎,放眼世界,双目之中无非人类,漫道此身非我有,何必狗苟蝇营,只如同雨生的歌词唱道:一天到晚游泳的鱼,永远不回头。

无数与青春有关的记忆,马尔克斯,米兰·昆德拉,卡赞扎基斯,基督的最后诱惑,香港影像,奥黛丽·赫本,《飘》,《远行》,凯鲁亚克,自由化,basic 语言,第三次浪潮,二次创业,存在主义是一种人道主义,然后,是柏林墙倒塌了,一个庞然大物、欧洲幽灵结出的怪胎解体,诸如此类,我们的大脑随信息时代一起爆炸。

其实,当人们一旦开始回忆时,他可能正在不可避免地走向衰老。勾起神经系统的怀旧,黄金岁月留下的印记在我们的情绪之间留存有很强的力量,无论我们的品味在其他方面变得多么复杂,我们的大脑还是会停留在青春期那一出出激荡人心的大戏剧、小细节里。

我睡着了。

9 月的一天夜里,月光从落地的玻璃窗外照射进来,洒在我熟睡的脸上。我置身的园区里静悄悄的,只偶尔地从公寓对面已经开挖的楼座基坑水塘边,传来几声清脆的蛙叫。而在我的梦中,宿舍里室友们聊天的声音依然嘈杂,情景再现,犹在眼前。

2015 年 10 月

【阅读书目】

伯尔尼埃：《科莱利上尉的曼陀铃》
汉娜·阿伦特：《在过去与未来之间》
萨尔曼·拉什迪：《羞耻》
费尔斯坦纳：《保罗·策兰传》

“我们炮兵连的都是合唱团的成员。在合唱团里，我们有自己的军衔系统，他是半音符，我是四分之一音符，那个是全音符，还有他，是八分之一音符。至于那个在那玩水的，他比较独特，是休止符。剩余的都是十六分之一音符。另外，我还是一个炮兵上尉。”

——《科莱利上尉的曼陀铃》

一

从 2006 年前后开始，《科莱利上尉的曼陀铃》一书，我便曾经很多遍地翻阅，一直爱不释手。2008 年 10 月 26 日，央视的电影频道播放了译制版的电影，由尼古拉斯·凯奇和佩洛普·克鲁兹主演，电影片名翻译作《上尉的曼陀铃》，由约翰·麦登导演。这是一部久违了的电影，这寻觅已久的声光的合成物，还有那献给帕拉吉亚的歌曲，曼陀铃。电影一开始，看到大美女佩洛普·克鲁兹那性感的嘴唇，我便热泪盈眶了，那正是我阅读原著小说时，内心深处想象着的帕拉吉雅的经典形象。

很多年以前，是的，很多年了，我都差一点想不起来了，都几乎记不起了。电影，电影中所记录的一切，以及我开始在自己的大脑里翻来覆去地观看、并映照那光影里所显现的情境中的一切。是的，很多年了。我都差一点想不起来了，都几乎记不起来了。

那是一个时光像停滞了一样的小镇。二战的末期，战争即将结束。背叛，投降，地震和火山，反抗，屠杀，一群被遥远的命令派驻到海岛的士兵，青春，海滩，回家，枯燥的训练生活，还有，桑塔露棋亚，曼陀铃。蔚蓝的海水，在战火粉飞的年代里，我们都是合唱团的成员。

可是，那时候，在开始观看、并映照着自己记忆中的场景的时候，“我们”是谁？“我们”在哪里？“我们”与合唱团的成员之间，在冥冥之中又有着怎样神秘的关联？

此刻，这个正襟危坐于电脑前、手指在键盘间翻飞、大脑被一片缠绵悱恻的哀伤所笼罩、纠缠着的中年男人，你所说的“我们”，到底是什么意思？

二

“记住，在这里唱瓦格纳是要被枪毙的，没有申诉，没有理由，就是枪毙。”

影片的开始，春光明媚。渔夫在打鱼，战争在远方轰隆隆地发生和进行，曼陀铃在弹奏。打仗了，漫天遍野的逃难的人群。“安托尼奥，你还记得我们的海岛吗？”

此刻，出现在我脑海里的，竟然是一副奇怪的画面：一群穿着没有徽章的军服的学生兵，在尘土飞扬的操场上进行军事训练。教官的口令威严而短促，如同在懵懂青春的少年头上呼啸而过的子弹。那个戴着眼镜、面目黝黑的少年是谁？一群半大小子，高中生，他们的嘴唇上刚刚扎出了汗毛般的软胡兹。他们嘴唇干裂，冒着咸水留下的白花花的汗渍。与他们并排的是同一所学校里的其他班级的几个方队，每个方队里都是几十个小子。他们昨天刚演算完了牛顿定律的公式，刚吼叫完《最后一课》小弗朗士的拼写字母，今天就被铁血纪律的老班长驱赶，到操场上喊一二三四。站在训导班长旁边的，是被称为"神捕"的班主任，他总能把那些没认真做分解动作要领的笨蛋提溜出来，让他们在流火的太阳下爆烤。他的眼光毒辣，逻辑缜密，班级里三四对在秘密进行地下恋爱谈判的无辜鸳鸯纷纷被他捉拿归案，包括阿炳和大辉，小卿和老贾，多情的鸳鸯被他轻蔑地吊死在中学生守则的耻辱柱子上，如同被熏烤过的烧鸡。"嘿！小家伙，记住你的口令！"我们要在这次的准军事训练中表现并拿到好名次，半个月后，那被称为神捕的班主任将因此而荣升新职。口令的子弹在呼啸，这些少年们已被专制的口令子弹击中，他们的灵魂抽搐，飞至天外，而现存教育体制的大手却要将他们强行套牢在铁皮的屋子里，并把它们堆砌成冷漠、冷酷的心灵方砖。

这样的场景如此熟悉。是的，这就是我们的高中时代，在位于胶东半岛的某个县城的中学里，我们全员军训，横平竖直的一条条线，整齐划一的思维方式，我们在这样的铁血训练里定型，学会服从，归类，跟随上级的指令和习惯的步伐，不得逾矩，不得退后，失去方向感，保持统一性。两个月后，我们将把军训后的条令复制到学业里，像在数学与物理公式中代入数据，我们不过是无足轻重的十六分之一音符。

三

"记住，在这里唱瓦格纳是要被枪毙的，没有申诉，没有理由，就是枪毙。"

是的。战争。跟谁的战争？谁是我们战争的敌人？我们青春的岁月里战火纷飞，我们的身体被学业和纪律绑架，苏醒并日益沸腾的青春的欲望海水寻找不到栖息的海岛。我们还没走向战场便被子弹击中。我们就是战争机器的零件，在某种不可名状的机制里旋转，加热，并被生活的铁锤所锻打、冲压，成为填充社会底层垃圾一样底座基础的无用螺丝之一。

很多年以后，当我重回当年尘土满地的操场，听见孩子们军事训练时呼喊的口号声穿过久远的岁月，回荡在早已习惯了喧哗城市的噪音的耳鼓里，有人告诉我，荣升后的班主任、那大腹便便的暴君，神捕，早已远赴风光明媚的澳大利亚海岸欢度晚年。我已见到战争最后的结局：神捕是那专制体制的职业司炉工，他每天的固定工作就是用体制邪恶的鬼火烧制、试炼我们，把众多的少年锻造成奇形怪状的扭曲的方砖。他自己则背叛了他向我们彻夜灌输的堂而皇之的累累信条，独自跑到了澳大利亚的花花世界。其实，早在那时，早在那神智恍惚的中年男人尚是个无知懵懂的少年之时，战火便早已在我们的身体里、在我们的灵魂起点处点燃、爆发，它漫无目的地焚烧，在蛮荒的心灵的旷野里蔓延，直至把一片空白的灵魂的白纸烧成废墟，让未来不可预计的种子在那里播撒、成长，成长为漫天荒草、或者参天的森林。而在这无声的战火中间，我没有听到过任何与曼陀铃有关的消息。

“安托尼奥，你还记得我们的海岛吗？”

四

很多年以后，我坐在阳光铺洒的书桌前。曾经玉树临风的少年，如今早已是玉树婆娑、肚腩肥厚的中年人。我的笔记本电脑的光标闪烁，似乎在对我刚刚写下的文字表示怀疑：

你确信你那时的耳朵没有失聪？

你真的没有听到过空气里传过的曼陀铃的声音？

你的记忆是否忠实于自己？

你的手指是否在通过键盘欺骗了你的语言？

那一年，一颗什么样的子弹击中了你？

“你是我所见过的最愚蠢的人，你为了出风头，竟然不惜把自己炸死。”

“你那天跳舞的样子，一边跳一边转头，我永远也忘不了。”

“你以为你们意大利人来到这里，就可以打乱我的生活吗？”

“多么美丽的夜晚，让人想到恋爱的事情。”

“这是一颗爱情的种子，它让人的脑袋里装满了泉水。”

“爱情从眼睛里进去，又从眼睛里出来。”

是的。维多夫罗，普希金，维尔哈伦，“我们经历了非人的生活，只有你，诗歌啊，还依然陪伴着我”，“假如生活欺骗了你，不要难过，不要悲伤”，“一切的路，都朝向城市里去”。那时候，我们三个傻小子是铁三角，三剑客，阿炳，德爱，我们背叛了每天被强行灌输的课本，躲进了艺术的殿堂里望梅止渴。是什么样的阳光在照耀我们，让我们每天夜里，下了晚自习课，挤进弥漫着汗味、脚臭味、腐败的草褥子味道的宿舍里，压低了声音讨论我们热衷的诗歌话题？那时候，海外的风气泛起，第五代导演、朦胧诗、无主题变奏、存在主义、马尔库塞、意识流、黑色幽默、后现代主义，诸如此类的概念如残渣余孽般兴起，在刚刚睁开眼睛看世界的懵懂少年们的头脑里上演六国大风向，红高粱酿造的汹涌的酒浆助燃了我们澎湃的青春激情。我们神采飞扬，自由的风帆引导我们，我们的内心因认出风暴而激动如大海。是的，即使今天我们刚刚被人强灌下一只苍蝇，明天的太阳照样升起，明天我们照常有勇气喝下这碗肮脏生活的老汤。

可是，等一等，请等一等，为什么，我们却分明在内心的某处，听到了一个完全不同的声音，这又是什么意思？

“漂亮宝贝！二点钟方位，向她敬礼！”

……

“下一次你见到他，告诉他我拣到了他的曼陀铃，他把它落在广场上了。”

哦，当然，漂亮宝贝。那当然是一个漂亮宝贝，只不过她也只是个无辜的小女孩而已。她是谁呢？美丽妖娆，火红的唇膏涂抹在她虚荣骄傲的嘴唇上？她烟行媚视，高昂着头颅从我们的眼前无声地走过？她不是电影中美丽、忧伤、外表平静而内心激情如火的意大利乡村女医生，不是佩洛普·克鲁兹所扮演的女主角。

我们暂且称呼她安娜吧，像沃尔克特笔下的安娜，走过俄罗斯战火纷飞的麦田和雾霭沉沉的陈旧的火车站。虽然，我们从未见到她屈尊微笑，虽然，她的笑容里没有宽恕和高贵之美。在她的身后，是几十双手树起的给予那个时期里有伤风化人们的谴责的指头，如同森林般高高矗立。是的，那时候，我们还是很多年后这部名为《科莱利上尉的曼陀铃》的电影里炮兵上尉们的现实身影，我们不是上尉，没有曼陀铃，我们只是一群最卑微、最低级的十六分之一音符，我们身处于遥远东方的 20 世纪末动荡疯狂的中国，我们还是一群被超负荷的准军事训练和学业压的喘不过气来的懵懂的少年。

那个女孩，她又是谁呢？很多熟悉她的人传说，她的哥哥因为车祸离开了人世，她无依无靠，孤独无援，独立承担学业。在那到处都是孤立的个体的世界里，纪律聚拢了漂移的思想，并理所当然的俘虏青春时期的爱情。这个叫安娜的女孩爱上了教官。这是可笑、忧伤而又老套的故事。我依然记得，军训之夜，篝火升起了，这样的夜晚让人想起关于爱情的事情。爱情从眼睛里进去，又从眼睛里出来。几天以后，军训结束后的队伍开拔了。在往后的日子里，她在那古老的小县城里写了很多的信，也收到了很多的信。“我在给你写第 100 封信，这封信我写了无数次，我每天都在等，就像等你的消息和等你回来，等了 100 年。我去看阵亡人的名单，但是都没有你的信。”这是毫无结果的青春时期苦涩的爱情，“你现在所表现出来的一切都是恋爱的证据，但只有等那些证据消失，一旦烈焰烧完，最后剩下的灰烬，就是爱情”。时至今日，她与教官通信的内容早已无从可考，但他们通信的行为本身却超越了小镇居民所能够承受的道德底线。她早已预知了最后的结局，帕拉吉雅，我给你写信是因为我爱你，我可能再也不能弹奏曼陀铃了，我的手像木头一样，因为我感觉它已无法表达我对你的感觉了。在那闭塞的县城里，她成了伤风败俗的代名词。

是的，我清清楚楚地记得，那时候我们没有读到过西方基督教古老文献里的经文，不懂得爱人当如爱你自己的道理。我们的嘴角上没有宽恕。她并没成为圣经里蒙大拉的现实形象，我们也并不是从没有犯过错的人。那时候，我们忘记了她还是我们相处三年的同窗姐妹，那时候，我们每个人都摆出了向她扔出石头的态度，我们是树起的谴责的手指森林中可耻而自以为高尚的一员。是的，“漂亮宝贝，两点钟方位，向她敬礼！”那时候，我们向她敬礼了吗？我不记得了。可是我并没有听到曼陀铃的乐声，生活并没有那么美好，是的，我当然无法欺骗自己。

再后来，很多年以后，回老家的时候，我曾经听人提到过她。据说，高考时她没有进入大学深造，据说，她去到了一个遥远的城市给人打工，据说，后来她被人拐卖到了更远的地方结婚生子，再后来，据说她回到了老家，成为一个老迈的妇人。“依然梦见，依稀想念，在阴雨连绵的早晨，你的脸蛋变成无名女生的脸蛋，莫非是一种惩罚？在姐妹们的围攻中，你是一件使她们感到欣慰的奖赏，她们的指控如同荆棘，将你团团围困安娜，你犯了什么弥天大罪，又制造了什么伤痕？”当然，一切都是据说，我已没有勇气去追究事实的真相。我知道你的感受，你在想，如果他死了，你的世界就会停止。你放心，我会照顾他的，我爱你。在刹那间，我的内心装满了哀伤的海水。

五

“战争结束了，莫索里尼垮台了，我们就要回家了！”

多年以后，我揽镜自照，除了岁月留下的印痕，我没有发现硝烟在面庞上刻画的踪迹。我与那电影里的主人公科莱利上尉合而为一，不分彼此。我沉入了角色，或者，尼古拉斯·凯奇的角色形象附着于我身，我离开了那位于胶东半岛中部的小镇，背着四四方方的行李走进旋转、火热而喧嚣的城市，那里是别样的世界，别样的战场，霓虹闪烁，日日夜夜炼狱与天堂的煎熬。“战争结束了”。三年，三十年，这漫长的岁月给人们带来如此深刻的创伤，比十个太阳的寿命都久远，它让人用一辈子的时间去弥合，有的人一生都无法走出那战争的阴影。回转身望那隘口，看不到一个生灵。战争结束了。战场上尸横遍野。“莫索里尼垮台了”。这是真的吗？我不知道。我感到恐惧，我不愿意自己作为战争结束时唯一的生还者，在战争即将结束时被最后一颗子弹击中而死去。我不是那热爱战争的浪漫骑士，希望在最后的时刻饮最后一弹殉道。回家的路在哪里？关山万里，雾霭重重，我们已在万千世相里彻底迷失。

这时，影片结束的音乐响起，字幕在向上翻滚，我知道并承认那一直不愿意正视的事实：

这只是一部电影，战争并没有结束，它一直都在我们的内心继续进行。

六

汉娜·阿伦特曾经不断地在她的著作里，在过去和未来之间，圈出那些黑暗时代的人们。保罗·策兰则在他的诗歌里，与他记忆和想象之中的亲人们一起数杏仁，寻找那在现实世界里早已崩溃了的锡安山，迦南地，伯利恒。那应许之地的橄榄木在哪里？流淌的奶和蜜又去往何方？只存在于想象之中的葡萄、酒桶、结着雨云的水井，只能让人掩面而泣。

德国哲学家阿多诺说，奥斯维辛以后写诗是可耻的，也是不可能的。奥斯维辛，那是什么地方？它是否可以泛指所有黑暗的时代，所有的不公、不义、屠戮、戕害、所有的罪和恶的集中之地？它与其说是欧洲的某地，勿宁说是一种广义的指代。

你怎知它不会是古拉格群岛？又怎知它不会是卡廷森林、亦或是被化工厂包围着的东方某地？所谓的过去与现在，现在与未来，原本就是同一件事，乔治·奥威尔曾经借助《1984》里的主人公之口说过："谁掌握了现在，谁就掌握了过去；谁掌握了过去，谁就掌握了未来。"

归根结底，这些黑暗时代里的人们不是别人，就是你，我，这世界上的每一个人，被浸润在蒙昧、荒芜、沉默、羞耻、压迫和欺瞒里的每一个人，无从逃避，无处可去，正如那里没有归途，这里没有将来。

2015 年 11 月

【阅读书目】

赫尔曼·黑塞:《乔达摩·悉达多》
塞利纳:《茫茫黑夜漫游》
今何在:《若星汉天空》
《西游日记》
勒克莱齐奥:《奥尼恰》

而一切的路,都朝向城市里去。

——维尔哈伦

一

音乐像潮水一样涌上来,仿佛要将我淹没。这是李宗盛两年多以前推出的单曲《山丘》。这是一个不甘老去的男人面对岁月、向自己的历史致敬和告别的声音,他知道未来的岁月终将老去,死亡终将来临,除了记忆,生命将带不走任何东西。

30 年前的青春岁月,夜晚,上完了自习的年轻人躲进地下室逼仄而潮湿的空间里,抱起吉他翻唱李宗盛的歌曲,他的达观,深情,豪迈,洒脱,让我们一起沉醉于他的沉醉。还有大佑,他的愤怒,喧嚣,批判,感叹和哀伤。以及雨生,他的单纯,青春气质，高亢的音质让我们魂飞天外。还有谁？那曾经披发的王子齐秦，那时他正与很多同龄人心中的女神小贤陷入恋爱。如同一只在城市的街道里流窜的头狼，他用歌声带领像我们一样青春野性的狼群在海边嚎叫，呐喊，那时候，我们都是来自北方冰天雪地的森林里的孤狼。我们，有来自东方的我们自己的凯鲁亚克和金斯堡。

此刻，我们也像自己曾经喜欢的偶像一样老了。我已经大学毕业快三十年了。虽然，很多人在头十年、头二十年就"老"了，在自己还没有年轻过的时候就已经"老"了，被生活磨灭了梦想，随波逐流。就像《山丘》中说的："还未如愿见着不朽，就把自己先搞丢……"

这是只属于我的公路往事。

二

4岁。

留存在我的记忆中最早的关于道路的印象，是老家磨房边上的那条尘土飞扬的乡间公路。

公路有四五米宽，路面上厚厚的一层沙子，路边的植物叶子上落着很厚的土，已完全看不出绿色。路上走的车子最多的是马车，其次是自行车。自行车是清一色的大金鹿。在那条公路上跑着的多数大金鹿都是旧车，锈迹斑斑，偶尔经过的崭新的大金鹿，总会惹来公路两边村民的艳羡，打听这是哪村的新车子。公路上经过的马车多过了汽车，嘚嘚嘚清碎的马蹄子和偶尔的牲口悠长的鸣叫声过后，公路上便有一阵子骚烘烘的马粪尿味道在空气里散播，经久不散。

公路上大约每到上午九点钟和下午三点钟的时候，便分别驶过一辆分跑向不同方向的长途公共汽车，红白相间的外观，车上拉着不多的几个旅客，车顶的行李架子上挂着网兜，瘪瘪的，在呼呼搭搭地抖索着。每到这时候，我总是趴在磨房的小窗户上，看着长途车从远方驶近，在村口的十字路口上停留片刻以后，又一无所获、一无所留地开往远方，当长途车慢慢弱成一个红白的小点时，便转个弯，从我的视野中消失了。这两辆年复一年、日复一日地定时经过村口的长途客车，它们红白相间，它们从哪里来，又要到哪里去，车上的人是做什么的，为什么车上的人可以坐车到远方而村里的人不能，等等，类似这样的问题，像一个长久以来的谜团，在我的心里纠缠，并培育起我对于远方的隐约向往的情结。——很多年以后，我路过许多的村庄，几乎在每一个村庄的路口处，我都能够看到类似的儿童，他们的眼睛好奇地打量着来自远方的路人和车辆，其深邃却如同古井，他们的眼神虔诚而又茫然，无声而又固执地探询着这些陌生人与陌生事物，似乎这些人和物的身上，附着着一种来自遥远城市的消息。

那时候，在我的印象里，为数不多的几次是军队的演习。公路上一辆接一辆经过的是间距相等的军用卡车，拖着蓬布包裹着的火炮。军车一眼看不到头，扬起遮天蔽日的尘土，军用卡车上的后斗里，站着端枪的士兵，他们看见小孩子，脸上笑眯眯的，冲着我招手，并用一种与我的乡音不一样的奇怪的语调，说着我所听不懂的方言。军用卡车的队列里曾经出现过坦克，这些轰隆轰隆做响的铁家伙旁若无人的从公路上碾压而过，履带把公路翻了个遍，形成一条条平行的小沟，这样的车流把童年的我震慑得目瞪口呆，那是我在童年时期所见到的最为可怖的钢铁怪物。

三

5 岁。

公路在我的眼前变得真实可感起来，我感觉自己站在了高处，就位于公路的中央，向前后望去，公路在面前向着远方延伸，看不到尽头。我侧过身体，看见在我身边推着自行车奔走的父亲脸上细微的汗珠。那时候，我坐在自行车前面大梁的儿童跨椅上，每年农历的年末，老爹把我从姥姥身边接回到我们位于另外一个县的农村老家，等到春节过后，再把我送回到姥姥身边。

每次接送的路途上，都是我跟老爹聊天的最轻松的时候。我把在姥姥家里学到的毛主席语录背诵给老爹听，从被人粉刷在大街屋后墙上的《矛盾论》，到看电影时听到的《红灯记》《沙家浜》的台词唱段，老爹则给我讲他所供职的县城里的稀奇物事，电灯，电话，火车，扎辫子的电车，女电车司机，等等。在我们回老家的路上，要经过烟青铁路的一段铁路桥。凑巧的时候，能看见绿色的客运火车从铁路桥上轰隆轰隆地飞驰而过。我曾经问老爹，这条绿色的大虫子躺着都爬得这样快，那站起来可还了得？我记得老爹笑呵呵地拍了拍我的脑门，给我讲有关火车的事情。老爹说，火车在过每一座铁路桥的时候，总是在告诉人们它的起点和终点，不信听听这列火车，它在叫唤着什么呢……哐当哐当，青岛烟台，哐当哐当，青岛烟台，呜……我听着老爹的解释，心里半信半疑，感到这钢铁的大虫充满了神秘。

四

12 岁，初中。

我独自走在从村子通往学校的乡间公路上。

我已经脱离开父亲自行车大梁上的儿童跨椅，开始尝试着用自己的双腿独立地走路。那时候我住在学校里，除了寒暑假，只有每个星期的周六晚上可以回家一次。那是我独立生活的开始，见完全陌生的人，遭遇完全陌生的事，学完全陌生的书。

每个星期一的凌晨，我斜背着书包，在黎明的乡间公路上走 10 公里去学校。冬天的黎明时刻辰光漫长，只有公路泛白的沙子路面反射着微光。夏天太阳升起得早，走着走着，就能听见早起的知了在扯着嗓子叫唤。公路的两边是胶东农村贫瘠的丘陵地带，稀稀疏疏地长着半死不活的庄稼。我后背上的面口袋里，是一个星期的粮食，有时候是一堆地瓜干，有时候是 10 斤玉米面。每个假期开始的几天，我的背上便格外的沉重，那时候我要背上假期期间必须上缴给学校的勤工俭学的土产任务，有时候是 40 斤柴禾，有时候是 20 斤花生。两年以后，我的全家除我以外全部迁到了百里以外的异乡，周末的时候，我只好寄住在姨家，每周要走的路途延长了，先是 15 公里的山路，然后是 5 公里的公路，再然后，又是 2 公里的山路。

那时候，我在公路上踩着沙子行走，路上寂静，内心麻木，时间停步不前，如同几十年一成不变，又像一种挣扎不出的梦魇，人们生活于其中而不自知。周六的夕阳里，我手提着空了的布口袋踏上回家的路，起风了，风吹动路边的树木。下午上完了两节课后的太阳仍然高挂。路上仍然没有几辆车，在我那时的想象里，也许那时的世界上，本来就是只有为数不多的那么几辆汽车，我做梦都想象不到，几十年以后，我将陷入城市拥堵的车流之中，寸步难行。我在公路上奔走，目光被年复一年日复一日周而复始的农村景象缠绕的如此疲倦，从学校到家，从家到学校的一段 10 公里长的乡间公路就是我的整个世界。

我行走在路上，有时候，我偶尔的能够看见在村间流动的电影放映员，骑着两侧带有帆布兜的自行车，垂头丧气地把沉甸甸的电影胶片盒子送往下一个村庄。当放映员的步子在我的村庄路口放慢，一刹那间我的内心忽然燃起某种希望之火，诱惑的影像在我的眼前浮现，顷刻间我期盼着黑夜的降临，在繁星点点照耀下的村庄广场上，洁白的银幕树起了，胶片即将在上面打出纷纭变化的图景，而这些图景，带来了某种来自远方的信息，这样的信息，就是我命中注定的城市之光。

五

15 岁。高中。

曾经有很长的一段时间，我的老家位于胶东半岛的乡下。后来，在我初三年级下学期的时候，随着父亲的工作调动，我们搬迁到了另外的一个城市。那是位于胶东半岛北部山区的一个特殊的地方，偏僻，闭塞。我们家搬迁到那里后的头三年里，我生活中的大部分时间仍然是一直在莱阳的学校里学习，只是离开了村镇，走进了莱阳县城。直到 1988 年的夏天，我经历了人生中的最后的一场考试，才最终告别了那里。

莱阳的县城距离我们搬迁后的家近 90 公里，每天只有一班对开的长途大巴沿着我寄宿学校所在的城市与家乡所在的城市之间的乡土公路往返。繁重的课业，使我只能在每个学期的结束的时候回到父母身边。周末的时候，县城以及县城附近的同学们都回家了，我置身于同窗们走空了的校园，只能不停地从距离学校差不多一公里的城市唯一的书店里搬回图书，填满独处的时间。在那些高中寄宿的日子里，我读完了手头能找到的中国古典典籍，包括诗经楚辞，汉赋唐诗，宋词元曲，明清小说，并读到了后来对我的文风影响至深的茨威格的回忆录《昨天的世界》。我徘徊在李白的烧酒的味道和陶渊明的桃花园里，听屈原发牢骚，看岳飞怒发冲冠，古人们在诗经的音乐声里叮叮当当地砍木头，李鸿章在他的奏折里说他振聋发聩的豪言壮语“三千年之一大变局”。时间在我的身边义无返顾地消失而去，而生活的许多细节对于我犹如过眼烟云。有时候，我坐在学校与长途汽车站之间的墙头上，向汽车站内的广场眺望，看一辆辆发往远方和来自远方的长途车出车和收车。有一天，我看见一群与我一样穿着土里土气的乡下服装的少年，他们背着鼓鼓囊囊的行包，从一辆远来的长途汽车上跳下来，他们向四周看着县城汽车站四处繁华的建筑和招牌，互相拍打着肩膀给自己、也给同伴们打气：“伙计们，远方到了！”很快，他们便消失在了县城熙熙攘攘的人群里。

莱阳。1988 年，夏天，雨夜。我们考试完了最后一门课。那一夜，大雨如注。我们在那个青春季节里的最后一次容身的临时教室，被设置到了学校化学课的一间实验室里。那是我们这个季节的最后一夜。很多同学聚集在一起，互相题写留言，我们各言尔志。那时，也许我们初开的心智里已隐约地意识到，自兹夜之后，我们终将挥手而去，布衣飘动，面向茫茫苍苍的原野，抑或是神秘莫测、未可预知的城市，行将足迹踩遍世界的角角落落。我们追逐青春的眼睑，行将为岁月的火焰吞噬；我们走出这座青春学校的大门，行将为自己积累生活的遗产，那遗产并最终被生活的强盗掠夺。那一夜，大雨如注，肆虐的夏雨没有一刻停顿，仿佛是我们的青春在哭泣。雨夜里，除了雨点击打在水洼里的脆响，我们只听到学校大门外的录像厅放在窗户上的喇叭传来播放香港武打片的声音，那兵器的击打和人声的呼喊如同铁匠铺子里的金属撞击，铿锵声响了一夜。

第二天，雨停了。我捆好了行李。长途汽车站就在学校的西面，与学校一墙之隔。我买了回乡的车票，把行李搬上了站台。我就要离开莱阳，未来在远方等待我。过去就将结束，一天就将开始，我的前途未卜。远游还是留驻，走还是留，这是一个问题。我返回候车厅，在售票口前徘徊。我退掉了车票，把行李从站台搬回候车厅。汽笛鸣响，车辆即将进站。莱阳已从夏日雨夜的沉睡中醒来，人声鼎沸，车辆轰鸣，生活开始，欲望实现，对于未来的向往生出了翅膀。走还是留，这是一个问题。我依然在徘徊。我冲到售票口，买上了车票。我把行李又从候车厅搬回到站台，如是者三五。快要发车了，我在恍惚中听见远方海洋的波涛声，汽笛在鸣响，莱阳还是远方，这是一个问题——这时，我看见父亲委托了同事开车来接我回家，我把行李从站台直接搬上了军用摩托。我坐在摩托车的后座上，回首看见长途汽车站后面的学校在我的身后越来越远，这距离如同一道直至今日仍在延伸着的伤口，不断地拉长，拉长，长到二十年后，长到我走进了城市，长到我被城市打碎并被城市所塑造，长到我再也没有办法、没有勇气前去弥合，长到直至今日，我以一种秋日的情绪，履行一种神圣的仪式，以回忆的名义，从时间的一端匆匆赶回，再看一次这伤口以及这伤口留存给自己的永远的印记——那一刻，似乎在忽然之间，我的额前生出了蛛网般的乱发，这乱发遮盖住了我多年前的笑容，我的心忽然如此苍老。

那一年的夏天，我们去学校里看成绩。阿炳，德爱，还有我。在学校外的小饭馆里，我们三个人怀揣大学的入学通知书，所有的衣兜翻转，把买车票回家所剩余的钱全部掏了出来，那时三人只有几块钱，只够买一瓶一块五的葡萄酒，每人喝一毛五一碗的打卤面条。虽然那时的我们豪情万丈，直把世界看做景阳岗，恨不得先喝上它十八碗，把吴钩看了，栏杆拍遍，让满天下的人们都一同领会这登临意。是青春的岁月里没有沉醉，还是恰恰相反，我们的青春里竟全是沉醉？生活如水银泄地，百年里全是醉啊，放我些疏狂又何如？那时，我们怀揣简单的理想，远望未来的里程，一万年来谁著史，三千里外觅封侯，是谁将在一年后，在无兵无马的城市的街道里见证兵荒马乱，又是谁，将在没有消防车呼啸而过的城市狭窄的道路上历经烽火岁月？——那一日的离别，一走就是二十年，如同一个漫长的瞬间，一次漫长的眨眼，比一百个太阳的寿命还要长久，这瞬间把我们生生撕裂，又让我们在这撕裂的痛苦之中体味珍贵。

六

18 岁。大学。

我离开家，走进了城市，这个城市距家直线距离 200 公里。我感到自己似乎以某个特定的、不可避免的事件为标志，跨越了某种在许多人不可逾越的界限，走进了一个梦幻般的世界。我在城市里看到并进入了笛卡儿、斯宾诺莎、马尔克斯等人编织着的虚幻世界，我看见了比尔·盖茨和尼格罗庞蒂等人规划和描述出来的数字的王国，这个王国在无情地吞噬着我的位于胶东老家的破落世界。我感到困惑和哀伤。同时，我也在城市密如蛛网般的道路、在人类心灵像墙一样不透明的封闭之中走失、迷路。我找不到城市的出口，我在图书馆里翻掘，跟随科本的摇滚音乐和约翰·丹佛对落基山脉的赞美，在梦想的乡间小路上徜徉，渴望自己的身心与他们一样，随喷气机归去。

22 岁。毕业。

我留在了城市，独自在水泥的森林里浪迹天涯。距家的直线距离仍然是 200 公里。为了摆脱每天的孤寂感，我经常踏上开往远方的长途车出门旅行。起先是 200 公里，然后是 400 公里，然后是 500 公里，然后是 1000 公里，2000 公里。我的路越走越远，眼前历经了各种各样的乡间公路，省级公路，高速公路。有时候我搭乘火车和飞机，但是更多的是乘坐长途汽车。我在公路上吃简易的包装食品，住类似汽车旅馆一样的低等旅店，我想去看那些久违了的乡间景象，却感到自己再也无法跨出公路的水泥路面所局限的范围一步。慕尼黑的 61 号公路和凯鲁亚克的形象在我的眼前闪回，我在想，在路上，是不是一种生活方式？

多年以后，我重回位于胶东的老家。我坐在长途汽车的前排，看见新建的高速公路摧平了胶东的丘陵，这缓慢起伏的高速公路把曾经的那条沙土路面的乡间公路排挤在一边，并使它逐渐沦落至废弃。我在高速公路的某个高处的出口下车，路边的石碑提示我，远处丘陵脚下的破落的山村就是我的老家。在冬天的凛冽寒风中，我的神情委顿，眼神恍惚，我似乎看见村口的老井边沿，石头上，坐着一个懵懂的少年，在冬天，在夏日，在炎热的烈日下面，午后，黄昏的村口，他依然在向过往的行人殷切而执着地打听着来自远方城市的消息，他坐在那里，已经快三十年了。

七

我的生活，以及对于生活的态度，是一张相片和它的底片。我所阅读的书籍的内容，时常充满了绝望、黑暗、丑陋和阴郁，而我的生活本身却是明亮的，少见灰霾。成长需要各种各样的营养，即使是灰暗的，绝望的营养。道路就是河流，如同科波拉在《现代启示录》中，借助康拉德《黑暗之心》的框架溯河而上，寻找库尔兹上校发疯的源头，我也从《奥尼恰》的河流中，追溯到了自己的成长历程。

那本塞利纳的《茫茫黑夜漫游》，算起来已经买了近三十年了。那还是 20 世纪 80 年代末，在我上大学的时候，跟同宿舍的舍友阿坤一起，从青岛中山路的古籍书店里淘换来的。那时候我们少年不识愁滋味，硬把青春期的躁动症看做对于既定社会的反叛，把世界看得一团漆黑。我们喜欢阅读类似的文章，这样的趣味保持了很久，就像在很多年以后，我读到保罗·奥斯特的《幻影书》和《神谕之夜》一样，我依然会为其中的那些满是历尽沧桑之后的睿智而陶醉。我们努力地阅读这样的文章和段落，以便让我们自己的内心深处自欺欺人地相信，我们周遭的生活就是这个样子。其实，假如偶尔的一次不小心，把自己的真实面目展露出来，可能会发现，一个人的阅读生涯像一颗耀眼的恒星，不经意之间，就能把很多周围的人们照亮、温暖。

1994 年，我在贫瘠的胶东半岛上继续游荡，塞利纳如同一个在茫茫黑夜里行走的盲眼的先知，不知要把我带去何方。那时的半岛依然贫困。夜里，我在城市郊外的十字路口留驻。那是过往的货车司机们歇脚的地方，也是中国城市郊外最早的汽车旅馆，社会底层人群的会聚之地。30元一夜的妓女，少葱缺盐的饭菜，空气中时时弥漫着高度烧白酒的凛冽味道。城市的郊区，麻湾，偶尔闻得到胶东农村偷种的罂粟的奇异香味，饭店的老板娘继承了十字坡好汉的优秀传统。当然，我没有被麻翻在地，我一贫如洗，不值得一包蒙汗药，我保持读书人的斯文，以两小时的洗碗求得一餐晚饭和一间散发着怪怪的油污味儿的上等客房。在那里，我的思维陷入停顿，我走进了精神的零度状态。我曾经怀揣着建设堂皇的灵魂大厦的理想，那大厦的规划蓝图在我心中铭刻至今。而时至今日，我的眼前却只有瓦砾遍地的废墟。

阅读让我的意识在一定程度上突破了时间和空间的限制。很多年来，我一直在阅读的间隙里不自觉地写写画画。我把写过、画过的内容汇总起来，储存在电脑、或者书柜的某个角落里，期待着它们有朝一日会显现在阳光之下，无论数量有多么多、内容有多么庞杂，它们都只是我22岁之前生涯里的一些断片，某个怔忪的下午，青春，随水而去的懵懂年华。

岁月终将改变我们，虽然我们曾满怀豪情的想去改变世界。我们无法改变任何东西，只能眼睁睁地看着世界和时间像雕刻刀一样地把我们无情地雕琢、蚀刻。在路上，音乐响起，眼睁睁地望着道路在延伸，那温暖我的人，是自己唯一的安慰。

八

歌声，像潮水一样涌上来，仿佛要把我淹没。我睡着了，在梦里，我看见海洋大学、我魂牵梦绕的母校，道路两侧的樱花开了，花海澎湃，是另类的潮水。

2015 年 12 月

【阅读书目】

沃尔克特、聂鲁达、布罗茨基等:《最明亮与最黑暗的》

穆德爽(筱木):《米斯特拉尔传》

帕勃罗·聂鲁达:《聂鲁达自传》

斯卡尔梅达:《邮差》

"旅人啊,是不是浪费了光阴,
把道路推向更远处,
却又回到起点感叹,
消耗故我,再来告别,
以作为又一次起程?"

——聂鲁达《告别》

一

这是智利诗人聂鲁达在《告别》中的诗句。

时间过得真快。一转眼,我在鲁北滨州平原上的日子就要满三年了。此刻,时近午后三点,而雾霾沉沉,仍未散去,天空依然是一片压抑的灰白,我心却早已腾空而起，想象着在别样的冬日，在寒风起时，独立高岗，迎风朗诵这样豪迈而沉郁的句子。我感到大风吹动面颊，雪花飘起云端，海浪扑上甲板。

二

1994年，是我离开大学的第二年。曾经的青春梦境紧紧跟随现实的脚步，成为碎片化的世界，如同北岛所言，酒杯相碰，清脆如许，满是梦破碎的声音。我在青岛的街头游荡，孑孓孤影出没于青岛大大小小的书店和电影院间。那时候，大地书屋的老张还在，我经常往位于安徽路7号的这间不大的书店跑。偶然一次去那里，看到了一本世界著名诗人作品选集《最明亮与最黑暗的》，里面收录了二十位获得诺贝尔文学奖的诗人的诗作，包括沃尔科特，布罗茨基，米沃什，聂鲁达，佛罗斯特，埃利蒂斯等人的经典作品，其中，沃尔科特写的《安娜》和聂鲁达《二十首情诗与一首绝望的歌》让我沉迷。

三

《最明亮与最黑暗的》。

为什么？在这样的一个午后之后的读书之夜，我忽然就拿起了这本书呢？这么多年来，它原来一直待在我远在青岛的家中书柜的某一个不起眼的角落里，那么安详和沉默。而今天，却在这样的一个时刻，在此前、在另外的一个时刻被无意中翻检出来，并在此时拿出来捧读，为什么？

在我的记忆里，这本书我总计买过三本，最早的那本，是在1994年的时候买到的。那一年，我的师弟阿彬已经动身去了西部非洲毛里塔尼亚的努瓦迪布，跟那里满身汗臭的阿拉伯人一起，从大西洋里捞鱼。他给我来信，并在信中跟我说起身在西非的寂寞和孤独。那天，我从自己每月107块钱的生活费里拿出一点，买了这本《最明亮与最黑暗的》，还有一本卡暂扎基斯的《基督的最后诱惑》，以及一套张爱玲的全集给他寄去。生活艰难，我们像两条远隔重洋的小鱼，依靠对于书写和文字的爱好而互相勉励、劝慰，并最终熬过了生命中的那些最艰难的日子。很多年以后，每次当我重新回忆起这段给阿彬寄书的经过，我的内心便充满了哀伤的潮水。

四

沃尔科特在诗中写到：

“依然梦见，依然思恋，
在阴雨连绵的早晨，你的脸蛋变成
无名女生的脸蛋，莫非一种惩罚，
既然有时，你屈尊微笑，
既然微笑的嘴角已挂有宽恕。
在姐妹们的围攻中，你是一件
使她们感到欣慰的奖赏，她们的指控如荆棘
将你团团困住，
安娜，你犯了什么弥天大错，制造了什么伤痕?”

而聂鲁达则写到：

“时间到了，我的爱，
该摘下这忧郁的玫瑰，熄灭繁星，
把玫瑰的灰烬埋在泥土。”

我记得，在史铁生的诗化小说《务虚笔记》里，他曾经不只一次地借助于其中主人公的语言提到这个意象，时间的老人，玫瑰的灰烬，泥土，爱情是那袖子上的灰。

那时候，我没有前去认真地考据，这样的意象是来自于聂鲁达，还是艾略特。

五

1995 年的夏天，我曾经遇到过的阿毅考上了山东师大的中文系。在等待入学的日子里，她在大地书屋的老张那里帮忙做店员。她是个聪慧而又善解人意的女孩子。那时候我还是单身，她时不时地张罗着给我介绍女朋友，帮我安排约会，每次约会履行结束后，还要我总结约会对方的优点缺点与她讨论，经常搞得我苦笑不得。快开学的时候，我在她服务着的书店里买了一本《最明亮与最黑暗的》送给她。几天后，她踏上了西去的列车，消失在济南尘土飞扬的城市深处，从那以后，我依然在这个沿海的城市里漂泊，居无定所，而阿毅，她则肯定也有了自己的大学生活。再以后，她可能也要读研、出国、结婚、生子。只是，从那以后，我们便再也没有收到各自的音信。

窗外，已是应该华灯初上的时分。灰霾笼罩，天地一片漆黑。我调亮了灯光，随意地翻开这本书已经略显陈旧的书页，仿佛那些文字里，蕴藏着某种我永远无法知晓的高贵之美，青春，友情，初次萌发的爱，别离，以及，远行。我轻声朗读，泪水不觉汩汩而下。

那是我生命中第一次接触到聂鲁达饱满诗情中的信息。

六

1997 年 3 月，在青岛香港东路的一家即将倒闭的商场书店里，我看到了一本描述当年一些几乎与我同样境况的聂鲁达的自传，以及那本《最明亮与最黑暗的》。其中的很多句子和段落深得我心，像是某种不明所以的启示，某种因缘，于是我毫不犹豫地把它们买了下来。

在聂鲁达的自传里，他记叙了智利当时的社会图景，记叙了他的启蒙老师米斯特拉尔，智利南部的森林和高山，寒冷和连绵的阴雨带给他诗情和想象，并以文字的形式将这诗情和想象传递到远在万里之外的某个中国青年的记忆深处。

2012 年，循着聂鲁达的文字踪迹，我找到了米斯特拉尔的传记。网络化时代的特征已经把生活与阅读的便利发挥到了某个新境界，除了一些敏感的内容，你可以寻找到几乎任何印刷品，即使是远在天涯海角的南美，即使是在很多人看来孤僻生冷的神学。在米斯特拉尔的传记中，我从中领略到南半球西风带凛冽寒风的严酷和生活的艰难。米斯特拉尔身居八万人的小城镇彭塔阿雷纳斯，那里大风鼓荡，位于南美大陆的最南端，她当了一名小学老师，并在那样的生活环境里歌唱玫瑰，面对死神，她把个人的悲痛升华为全人类的弥撒，渴求理想，补求怜悯，让被压迫和被遗弃的人群里迸发出反抗和不平的声音。彭塔阿雷纳斯，瓦尔帕莱索，康赛普希翁，那一天，这奇异的地名，西班牙文的发音，连同某种青春神秘的气息，触碰着我的嘴唇，为我的记忆增添了异域的别样色彩。

七

2014 年 2 月，春节刚过，在我的青春岁月过去近二十年以后，我第一次踏上了智利的土地。我身不由己，无缘深入那狭长大陆的南方，拜谒心中诗神的故居，只在北部炎热干燥的沙漠、高原地带徘徊。高斯金博，拉塞瑞纳，伊基克，阿里卡。南半球正是夏天，午后，骄阳似火，在没有尘霾的晴空之下鸣响，安第斯山脉静静矗立。无遮无拦的夏日阳光照耀下的漫长旅途，采矿探测车摇晃着车载天线，发出低沉的轰鸣声。同车的人在烈日的烘烤下昏昏入睡。一首西班牙文的歌曲在车里依依呀呀的咏叹。安第斯山脉的盘山公路回旋往复，向远处的高原攀爬而去。大胡子的向导里贝里不知疲倦，驾车在盘山路上扬起一路风尘。远处的高原上，山鹰在辽远的安第斯山脉上方湛蓝的天空里盘旋。

阳光下，我从车窗伸出手去，像是要把浩瀚、遥渺的高原、沙漠揽在怀中，全部吞噬而下、一起带走。我想起自己曾经经过的那些独行的旅程。一个人乘坐红眼航班，一个人坐长途夜车，一个人驾驶夜车，一个人在末班车已经停了的城市街道上徜徉。这样的情形，生活里有过多少回？那些转瞬即逝的人和事，那些近了、又远去了的路灯光，那些在长夜车内断断续续的歌声，乡村音乐，午夜收音机里播音员略显疲惫和沙哑的嗓音。一路之上，你沉默寡言，默默无语，内心深处是否在发出嚎叫、呼啸？旅行，在路上，这是不是某种荒凉？此刻，在这样明亮的太阳下，地球的背面，万里之外的故国已是万籁俱寂的午夜。置身于异国他乡，语言不通，神情委顿。在浩瀚大洋的岸边我思念内陆，在天涯边陲我怀恋故土。这是不是一种远离？

八

4 月 2 日，东太平洋上距离伊基克一百公里的地方，一场八级地震袭击了城市。地震引发了海啸，并摧毁了伊基克的港口。油漆斑驳的船只被海啸的巨浪掀翻，露出了寄生着牡蛎、海红贝壳的黑色船底。我站在伊基克城市边缘的高地上，远望被小船破裂的木板塞满的港口码头，满心悲哀和伤感，并在无尽的遗憾和撕裂般的纠结里黯然叹息。

九

4 月 14 日，森林大火袭击了智利中部的第二大城市瓦尔帕莱索。2 月中旬，我在圣地亚哥的街头徜徉、在伊基克的高地沙丘上远眺的时候，还在想，我就这样与瓦尔帕莱索擦肩而过了。那时，我曾设想，在未来的某日，当 5 月的阳光照耀大地的时候，我将前去瓦尔帕莱索。没想到，仅仅两个月之后，这梦中的城市瞬间便几乎成为我生命中的绝响。

森林大火前的瓦尔帕莱索，图景中的城市，像极了我曾经的青春的家园，远在黄海之滨的青岛。它花花绿绿的房子，起伏的城市道路，滨海的潮湿，闲散的行人。

这远方年轻的城市，如同爱人。在智利首都圣地亚哥的街头，我想象着，并在想象中看见自己站在瓦尔帕莱索邮局柜台前提笔写信，十三亿人，十三亿马尔克斯笔下无人给他写信的上校。一万汉字里挑不出十个描述心中的万般情绪。语言背叛了，它异化为怪兽，默无声息，冷眼旁观，看把母语粉碎和遗忘到几许 —— 而聂鲁达的学生和晚辈，作家斯卡尔梅达则在电影和小说《邮差》中，用南美的气质，陈述着主人公马里奥给聂鲁达邮寄去他故乡生活图景的录音：

> “第一，海湾的海浪，轻轻的；第二，海浪，大声的；第三，掠过悬崖的风；第四，滑过灌木丛的风；第五，爸爸忧伤的渔网声；第六，教堂的钟声；第七，岛上布满星星的天空，我从未感受到天空如此的美；第八，我儿子的心跳声 ……”

瓦尔帕莱索，瓦尔帕莱索，这富有节奏的音节在唇与舌尖间产生奇异的触碰，是海浪轻轻拍打礁石的低语。这声音带着我的心情飞越到 20 年前的青岛，大学时代，青春气质。太平洋两岸滨海的明珠城市，高低错落的街道，台阶连接起色彩斑斓的建筑。瓦尔帕莱索，远方的城市啊，我与你尚未谋面，便已倾心。

十

米斯特拉尔说过，“无论哪个国家的黄昏，晚霞都是我的伤痕”，这真是流浪者的心语。我在想，滨州鲁北平原的寒风、青岛一天天不停歇地涌动着的无情的海浪、太平洋浩瀚的水域、安第斯山脉闪耀的积雪、无尽的寂寞旅途、奔波途中所见的城市的灯光，以及此刻，席卷瓦尔帕莱索城市的大火，又何尝不是我的伤痕。额头的伤口撕开了，一万光年之久远。

十一

20日，智利国家电视台播发的报道中说，瓦尔帕莱索的森林大火仍然未能得到有效控制，国家和城市已经进入紧急状态，当地居民被劝告撤离。

在电视画面中，冲向天空的浓烟笼罩了我梦中理想的城市。瓦尔帕莱索，那满是涂鸦和绘画的街道、墙壁已被烟尘吞噬，一同被吞噬的，似乎还有我的梦，我的向往，我的青春岁月，就像很多年来，我一直的茫然，是不是我一直在做梦，一个乱七八糟的梦？奇怪的是，在那个梦里，我似乎一直都在努力的写写画画，这城市忽高忽低、曲里拐弯的道路、街巷，把我的梦境缠绕得如此疲惫，如此混乱，让我似乎陷入某种梦魇，无法走出，也无法摆脱。这是我记忆中的城市，它深入我的骨髓，消失在内心深处，并顽固地不再浮现，只有在夜深人静时，化身为槟榔的壳子，在脑海咀嚼、回味，蚀魂销骨。我无法不去想念那远方的城市，如同我无法不去追随远方那心灵的故乡、追随那灵魂飘荡的地方。

十二

4月底，站在圣地亚哥国际机场的登机口，我满怀留恋地再次回首这被地震和大火摧残的大地。泪眼朦胧中，我看见它满目苍痍，却又焕发出勃勃生机，安第斯山脉再次托起这不屈的城市和人民。我想到了即将回归的远在万里之外的青岛，它的海风，乱石铺路，红红绿绿的屋顶，天主教堂缓缓飞起的鸽群，钟声，海浪，记忆中的城市，除了自己，谁也无法带走。八大关的落叶，洁白的广玉兰，八关山的夕阳和荒草，山下大学校园里学子突然的歌声。那是20世纪的80年代末，我刚刚考上了大学，提着不多的行李，第一次走进青岛。那时候的青岛还是一个小城市，主城区域限制在现在的山东路以西，山东路以东就是散发着发酵过的人粪尿味道的农村菜地。那时候，我的宿舍在八关山山腰的四楼，上铺。阴雨连绵的上午，我躺在床上，侧一下头，就可以看到隐在薄薄的雨雾中的西镇城区，栈桥前伸进海里，孤独而寂寞，浪花翻卷，拍打着岸边的礁石及防波堤，像是看着黑白的电影默片，无声无息地流淌着历史的故事。

我想起，在上学期间，我时常去往西镇一带，那里有我感兴趣的红旗影院，坐落在云南路上，还有二七剧场，在火车站西面的广州路上。影院的椅子都是硬板可翻动的，每当电影结束，都是叮叮当当的一片翻椅子的巨响。除了影院，就是四川路、贵州路一线的前海，没课的时候，我常去那里坐在海边的石头上发呆，看同样悠闲的人们甩杆子钓鱼，或者下网子捞螃蟹。有时候，我们则在城市里漫无目的地徒步行走，穿越城市南北曲曲折折的街道，在晓翁村铁路道口边的小酒馆，记录下曾经盲目的青春。在市北区河北路老房子的天井的一角，愣怔的某个刹那，脑海里忽然响起的数十年前风尘女子迎接客人的欢声笑语，咚咚作响的木制楼梯旋转而下，油漆斑驳，时光跟随着脚步倒转，那是二十年前的自己，瘦小、枯干。马路上已经绝迹的小巴，撇着青岛口音的海味普通话，光膀子的小哥提着塑料袋装啤酒 ……

在这短暂而惊人的回眸一瞥之间，何其鲜明的反差！毕业生，崔健，唐朝，甲壳虫，灵魂里的列侬、麦卡托尼、斯达，还有火车站沉闷的汽笛和腐烂的旧枕木的味道，转眼来到的离别 —— 就如同此刻，与瓦尔帕莱索、与圣地亚哥、与智利狭长的大陆间的临别之际 —— 那时，我们曾在那里用歌声送别上下铺的兄弟，还有你，在湖北路的街角，你的样子，你的呼吸，阿毅，晓静，Jeanne，阿畅，你稍瞬即逝，翩翩身影，海风无法留下你的长发，这众多的面孔幻化成同一张面孔，就是你，很多年了，你记得或是不记得，回忆就在那里，沉淀，发酵，并期待着有朝一日绽放出灿烂的花朵。

飞机的引擎开始发出低沉的轰鸣，法航的机长用温软的法文提示起飞的信息。我收回思绪，并借助和跟随那黄金的翅膀、钢铁的大鸟一道，从此永远地离开了那里。

十三

我的期待，那远方神秘的大陆，安第斯山脉俯瞰的旱极沙漠和太平洋万顷的波涛，五千年不规则的鼓点，原始的喊叫，遥望南极，一片神奇的陆地，安第斯山脉的山谷里经常升起伟大的声音，向西化为太平洋怒吼的波涛，米斯特拉尔、聂鲁达，我敬仰的诗神和热情的诗歌王子，地震和海啸包围的城市，我的心，我的梦想。

十四

> “除了旧制度，一切都在为变革而斗争……旧制度的生活产生于中世纪的巨大蛛网，这蛛网比制造机器的钢铁更结实……但是，有人相信变革，他们进行了变革，使变革取得了胜利、开花结果，可了不得啊！春天，是不可抗拒的！”

我心中的诗神，帕勃罗·聂鲁达，生命中并非没有过黑暗的时期和时刻。1969年，聂鲁达回到智利，在瓦尔帕莱索沿圣安东尼奥公路往南约40公里的黑岛定居，写作。他为阿连德总统竞选而努力，并赢得了选举。1973年9月11日，阿连德总统被军事政变推翻、并殉职，聂鲁达则被软禁。斯卡尔梅达的《邮差》，形象地记录了聂鲁达被软禁期间的行止，他的坚贞、勇敢、永不磨灭的对于爱与正义的坚守。9月23日，聂鲁达在黑岛病逝，他在瓦尔帕莱索的住宅及在圣地亚哥守灵的住宅，则被智利法西斯分子洗劫一空、并被捣毁。

而今天，至少在我去往智利的时候，智利已经延续了近三十年的民主和自由，而聂鲁达在瓦尔帕莱索黑岛的住宅，已经成为全世界恋人们的圣地。恋人们在他的住宅外的栅栏上写满了留言：“帕勃罗，你教会了我们什么是爱”，“感谢你帕勃罗，我们因你而爱”，“帕勃罗，我们将像你一样去爱”。瓦尔帕莱索的黑岛地下，地震不停地冒出头来，摇撼大地，那些栅栏上的字以及写满字的木板像是充满了生命，不停地跳跃，整个世界与这栅栏一起，因为这所住宅里的主人播撒下了这么多的爱而摇动不已。

聂鲁达说得对，“春天，是不可抗拒的！”

十五

困惑缠绕着成长的脚步和历程。记忆和困惑具有某种生活的共通性，一旦机缘巧合，便会激发隐藏在内心深处最为刻骨铭心的印痕的显现。自然的，社会的，它与岁月相纠缠，让人在困惑中警醒，思索，并与之和解和融合，就像此刻，我与鲁北平原平静的告别，最终，它们将共同组成生命中不可或缺的部分。

后　记

几十年来，我似乎一直都在试图通过文字来书写时间，或者说，是书写时间、事件在人的心理上的投影。这样的书写如此艰难和复杂，以至于我笔下的时间和事件在心理上的投影不时地出现偏移和跳跃，它们或端正，或歪斜，有时候还像时间在大质量物体处弯曲一样，体现出在心理投影上的扭曲和变形。

这部20余万字的有关读书、生活、感悟的书稿终于完成了。如同心上一下子放下了一副重担，整个人都感到了轻松和虚脱。严格来说，这部书稿我在有意识状态下准备了三年；在无意识状态下，则应从我开始跟着外婆认识海莱山区农村墙面上的语录文字起算，一直准备了四十年；而真正的书写，只用了不到一个月的时间。

在2015年12月中旬到2016年元月中旬期间，我每天早晨6点半准时起床，用冷水拍脸，以确保自己全天的清醒；然后是用早餐，洗漱，7点半准时走进办公室并坐到电脑前。我与同事们交接工作，并思考即将展开的“开放状态下隐居文字”的书写。我暗自仔细计算和评估自己的心理状态，像自己独自在夏天的夜晚、在博城的公园甬道上完成一万米的长跑训练时一样，力争均匀地分配情绪和能量，确保自己每天能完成一万到一万五千字左右的工作量。

剩下的工作主要是修订、修改和增补、删减了。在完成书稿的主体后，我终于可以拥有相对充足的闲暇的时间，可以从容地检索材料，确定书稿中引用部分的资料的准确性，并配合编辑人员更正行文过程中的疏漏及错别字等。这是我头痛的事情，却也是必须要做的工作之一。感谢润德的张强先生，他在百忙之中安排人手帮我印刷、排版校对，帮我减轻了大量压力。他是我十多年的老朋友，不但通篇阅读书稿，还总是准确无误地摘录出我在书写过程中感到得意的章节，鼓励、激励我，使我得以完成这一繁琐的工作。

在书写过程中，我长时间待在鲁北，没能经常回家看望我的爸妈、妻女，尤其在2015年12月中旬以后，我过多地关注于书稿，有时候竟然连电话也忘记拨打。我要向他们表示深切的歉意，并以此献上诚挚的感激，书稿里的每一个字，都渗透着家人无声和无理由的支持、理解与爱。

我要将感恩献给我的前同事和领导以及现同事和领导——周华先生、徐健女士。他们在我西游三年来，一直给予关注、关心和鼓励、爱护，让我得以努力积累并顺利完成书写工作。

我要将感激献给我的同窗张静女士，她在我书写的过程中，不断审阅我已经完成的文字，为我提出意见和建议，并不吝于鼓励和鞭策，让我不敢偷懒，奋力前行。

我也要将感激献给我的朋友卓婷伉俪。2015年4月的时候，我曾带着女儿与他们夫妇前往韩国游览，在旅游途中，他们为我这部即将动笔的书稿提出了诸多建议和设想，并在我书写过程中殷殷致辞，予以支持。他们还积极奔走，为我推荐出版社和编辑，从而使书稿得以顺利付梓。

我同样要把感恩献给中国海洋大学14188专业的我的大学同窗们，他们与我一起在大学里度过了青春时代，是我生命中最璀璨的华章之一，也是我书写本书的最原始动力之源。

同时，我要向文化发展出版社的武赫社长、肖贵平主任、罗佐欧先生、孙烨女士致以诚挚的感谢，在书稿审阅期间，他们在百忙之中认真地阅读，并与我反复沟通和磋商修改意见，不但指出了书中的诸多差错，也对书稿的布局和形式等提出了宝贵的修改建议，还给我详细介绍了有关发行和宣贯的心得，让我这个出版业的门外汉受益匪浅，并让我对未来的书写充满信心。感谢我的高中同学、作家夜深女士，她在遥远的美国阅读全篇，并为全书写下了点石成金的序言，让我感到受宠若惊。同时感谢我的同行、也是同甘共苦兄弟马建国先生，感谢他带领团队为本书的出版前后奔走，付出心血。

最后，我也要向书稿中所有出现过的人物致以感谢和感恩，是你们在生活中给予我经历和感悟，并共同度过曾经的难忘时光。

2016年2月1日